本书为北京外国语大学青年教师科研启动项目《人工智能技术在新媒体传播中的影响与创新研究》研究成果，项目编号：256500124001

视听传播与媒介研究

李鹤伊 ◎ 著

中国书籍出版社
China Book Press

图书在版编目（CIP）数据

视听传播与媒介研究 / 李鹤伊著 . -- 北京 : 中国书籍出版社 , 2024.5

ISBN 978-7-5068-9850-8

Ⅰ.①视… Ⅱ.①李… Ⅲ.①视听传播—传播媒介—研究 Ⅳ.① G206.2

中国国家版本馆 CIP 数据核字 (2024) 第 080451 号

视听传播与媒介研究

李鹤伊 著

图书策划	成晓春
责任编辑	张 娟　成晓春
封面设计	博健文化
责任印制	孙马飞　马 芝
出版发行	中国书籍出版社
地　　址	北京市丰台区三路居路 97 号（邮编：100073）
电　　话	（010）52257143（总编室）（010）52257140（发行部）
电子邮箱	eo@chinabp.com.cn
经　　销	全国新华书店
印　　刷	天津和萱印刷有限公司
开　　本	710 毫米 ×1000 毫米　1/16
字　　数	260 千字
印　　张	13
版　　次	2024 年 8 月第 1 版
印　　次	2024 年 8 月第 1 次印刷
书　　号	ISBN 978-7-5068-9850-8
定　　价	82.00 元

版权所有　翻印必究

前　言

在全球社会经济形势日益变革，科技人文主义蓬勃发展的时代背景下，世界发生着数码化、媒介化、智能化的多维转变。信息技术和产业模式正经历一场快速的变革，变革的关键动力来自崭露头角的新兴技术，如人工智能、大数据、物联网和区块链，这些技术已经开始重塑全球的竞争环境。受益于最新视听技术的传播手段正在朝着一种全方位的互动模式迈进，实现了用户全角度的视觉体验、全空间的听觉享受、多方位的接触和完整流程的参与以及全感官的沉浸。随着技术创新的推进，视听媒介与多元领域相结合开辟了传播的新途径。在中国媒体行业发展的过程中，随着新技术不断迭代更新，视听媒介载体从有形的携带式逐渐变革到虚拟的穿戴式，用户的体验感也从实际的"在线"进入虚拟化"在场"。

本书第一章为传播视角下的视听媒体，介绍了视听媒体的基本内涵与定义、视听媒体的传播特征与现状、视听媒体的传播意义与价值三个方面的内容；第二章为新媒体视域下我国视听传播业态，介绍了传统媒介的"繁荣"与"萧条"、新媒体的诞生与多媒介融合、电视与视频网站的竞争与合作、移动短视频的规模化拓展；第三章论述了主流媒体的视听变革与实践机制，对主流媒体视听融合发展战略演变、主流媒体视听融合体制机制变革、主流媒体视听的平台化建设、多元化创新四个方面进行介绍；第四章为全媒体语境下主流媒体的视听融合，主要介绍了主流媒体深度融合的焦点维度、主流媒体深度融合的实践方法，并强调全媒体语境下增强主流意识形态影响力的意义。第五章为视听新媒体的信息传播策略，分别提出整合传播：构建视听媒体产业链、精准传播：建立关键用户思维、品牌传播：突显品牌及个性化价值、社交化传播：拓维社交的互动性；本书第六章为人工智能时代视听新媒体传播路径，包括视听新媒体的数智化变革、视听新媒体的内容创新、视听新媒体的传播渠道拓展、数智视听的发展亮点与展望。

  在撰写本书的过程中，作者有幸得到各专家学者们的帮助，在此表示真诚感谢，但作者仍在学术的道路之上探索，书中难免有疏漏之处，希望广大同行及时指正。

李鹤伊

2024 年 2 月

目 录

第一章 传播视角下的视听媒体 1
- 第一节 视听媒体的基本内涵与定义 1
- 第二节 视听媒体的传播特征与现状 6
- 第三节 视听媒体的传播意义与价值 15

第二章 新媒体视域下我国视听传播业态 21
- 第一节 传统媒介的"繁荣"与"萧条" 21
- 第二节 新媒体的诞生与多媒介融合 24
- 第三节 电视与视频网站的竞争与合作 35
- 第四节 移动短视频的规模化拓展 38

第三章 主流媒体的视听变革与实践机制 43
- 第一节 主流媒体视听融合发展战略演变 43
- 第二节 主流媒体视听融合体制机制变革 51
- 第三节 主流媒体视听的平台化建设 55
- 第四节 主流媒体视听的多元化创新 72

第四章 全媒体语境下主流媒体的视听融合 87
- 第一节 主流媒体深度融合的焦点维度 87
- 第二节 主流媒体深度融合的实践方法 96
- 第三节 全媒体语境下增强主流意识形态影响力 100

第五章　视听新媒体的信息传播策略 ······ 104
第一节　整合传播：构建视听媒体产业链 ······ 104
第二节　精准传播：建立关键用户思维 ······ 113
第三节　品牌传播：突显品牌及个性化价值 ······ 120
第四节　社交化传播：拓维社交的互动性 ······ 126

第六章　人工智能时代视听新媒体传播路径 ······ 133
第一节　视听新媒体的数智化变革 ······ 133
第二节　视听新媒体传播内容创新 ······ 142
第三节　视听新媒体传播渠道拓展 ······ 156
第四节　数智视听的发展亮点与展望 ······ 180

结　语 ······ 196

参考文献 ······ 197

第一章 传播视角下的视听媒体

在全球社会经济形势日益变革，科技人文主义蓬勃发展的时代背景下，世界发生着数码化、媒介化、智能化的多维转变。从远古时代人类声音、符号记号的传播，到文字书写与印刷术的诞生，到文字配合图像影像的综合传播，再到19世纪视听媒介如雨后春笋般勃发，20世纪新媒体的袭来，再到当今人工智能时代视听媒介物本身愈发成为具有思想力的主体甚至挑战人类，视听媒介及传播在人类认识世界，人与社会、人与国家的关系中具有重要意义。人类在生命中通过触及各类可视化媒介，在历史中感知着万千信息源。

第一节 视听媒体的基本内涵与定义

以互联网为基础的视听媒体，如目前人们生活中高度依赖的微信、微博，抖音、快手短视频，爱奇艺、腾讯等视频网站，网络电视、视听类媒体客户端已经成为移动用户的常用媒介，而传统电视的收入、收视率、市场份额等早已处于下降状态。相比于传统媒体的传播流程，勃兴的视听媒体具有毋庸置疑的优势："视听内容形态多元化和分众化；内容来源多样化；内容体验丰富化；传播渠道（终端）无所不在"。[①]

"媒介"一词源自拉丁语"medius"，广义的媒介指处于两者之间的事物或现象，它在传播过程中起到连接信息源和信息接收者的桥梁作用。媒介不仅包括传统意义上的工具或平台，如报纸、电视和互联网，还可能是一个更为抽象的环境或系统，比如语言、文化乃至心理状态。媒介理论家如马歇尔·麦克卢汉（Marshall McLuhan）等将媒介视为"人类延伸"的一种形式，强调媒介本身对人类社会的影响和作用。

[①] 庞井君.中国视听新媒体的现状与发展趋势[J].新闻战线，2011（9）：54-56.

而"媒体"通常被认为是"媒介"这一更广泛概念的子集，它指的是具体的传播工具，这些工具传递信息、符号和娱乐内容。媒体通常与新闻机构、出版社、电视台等组织密切相关，并且与大众传播的概念紧密相连。在现代社会中，"媒体"一词经常特指那些专业从事新闻报道和信息传播的机构或平台，如报纸、杂志、电台、电视网络、网站等。这些媒体构成了社会信息环境，影响着公众的认知、态度和行为。

尽管"媒介"和"媒体"在使用上存在交集，但区分它们的关键在于理解"媒介"更多地指一种传播的过程或手段，而"媒体"则侧重于指特定的传播实体。此外，"媒介"在学术讨论中往往涉及更多的理论考量，如媒介决定论观点认为媒介本身就能够影响社会和文化的形态，其影响力不仅仅局限于内容的传递。

从历史的角度来看，随着社会的发展，媒介和媒体的范围和功能不断扩展。传统的媒介，如书写和口语，使得信息能够跨越时间和空间传播。随后出现的印刷媒介，如报纸和杂志，极大增强了信息传播的规模和速度。电子媒介，如广播、电视和互联网，再次革新了信息的传播方式，使得实时、全球性的传播成为可能。这一过程不仅仅涉及技术的进步，也反映了人类社会结构和文化的变迁。

目前，进行媒介研究主要有美学、社会、技术、历史等多种路径。[①]学者如列夫·马诺维奇、马克·汉森、基特勒、厄尔基·胡塔莫、全喜卿等认为媒介的新旧并非线性的，往往是周而复始、循环往复的，且媒介本身具有主体性和生命力。然而，对于媒介的本体论究竟是什么？什么是新媒体？学界始终处于开放式的讨论中，但是研究者普遍认为计算机与媒体的碰撞融合影响了对其本身的定义，媒体已经无法与计算机割裂，新媒体（New Media）就此诞生。"全喜卿（Wendy Hui Kyong Chun）认为硬件比软件更重要[②]；吉尔特·罗文克（Geert Lovink）、本克勒（Yochai Benkler）关注新媒体是否能促进社会新型互动形式。[③]尤金·塔克

---

① Mitchell, W. J. T. and Mark B. N. Hansen. *Critical Terms for Media Studies*[M]. Chicago: University of Chicago Press, 2010.

② Chun, Wendy Hui Kyong. *Updating to remain the same: Habitual new media*[M].Cambridge：MIT press, 2016.

③ Geert Lovink. *Uncanny Networks*[M]. Cambridge Mass：MIT Press, 2002.

（Eugene Thacker）重点强调关注信息网络而不是仅仅关注使用计算机的个体。[①]特里·弗尔（Terry Flew）认为马诺维奇可能高估了新媒体通过网络数据库进行存储、分发和操纵的能力，而低估了其他要素的持续重要性，如媒体的持续叙事和叙事维度。"[②]大致来说，新媒体具有交互性与即时性、海量性与共享性等特征。新媒体是"以数字技术和网络技术为中介，能够同时满足公众或用户信息需求和传播欲望的媒体形态"[③]。也有部分学者表示，"从现实角度来说，新媒体一般被认为是在20世纪末全球科技水平不断飞速发展的前提下，以网络和数字技术为基础，能够使信息传播的内容和速度得到极大丰富和提高，有效扩大信息传播领域，并且与传统媒体拥有截然不同表达方式的新型媒体"[④]。此外，新媒体是与传统媒体相对的概念，持这一部分观念的学者认为，"新媒体是指所有以互联网传播为技术手段，以达到传播信息功能的媒介综合体"[⑤]。

新媒体本身是一个宽泛的概念。它是一种利用数字技术、网络技术、移动通信技术和智能技术，通过互联网、宽带局域网、无线通信网、卫星等渠道，以电视、电脑和各种移动（智能）终端为主要输出终端，向用户提供信息和服务的传播形态。新媒体是信息科技与媒体产品紧密结合的产物。目前比较热门的新媒体不下数十种，如移动电视、交互式网络电视（IPTV）、微博、微信、手机游戏、搜索引擎、新闻客户端、智能音箱、可穿戴设备等。作为全新的传播媒介，新媒体能够在与传统媒体的激烈竞争中脱颖而出，并且给传统媒体带来巨大冲击，得益于其个性化、社交化、智能化、移动化、交互性、即时性、容量大、多媒体化、易于检索等突出的特点。

传统媒体在漫长的发展过程中形成了一整套相对完善的工作流程、一批素质较高的专业从业队伍和庞大受众群体，在大众传播领域依然占据主体地位。新媒体是在传统媒体的基础上基于现代科学技术发展起来的新兴传播媒介，它以崭新

[①] Eugene Thacker, Alexander Galloway. *The Exploit: A Theory of Networks*, University of Minnesota Press, 2007：56.
[②] 李鹤伊.新媒体的未来与历史化演进——《新媒体的语言》[J].传媒论坛，2021，4（17）：29-31.
[③] 陆地，高菲.新媒体的强制性传播研究 [M].北京：人民出版社，2010：16.
[④] 王喆.新媒体时代主流意识形态安全研究 [D].吉林：吉林大学，2020：16.
[⑤] 张强.全媒体时代电视与新媒体的融合发展思考 [J].传媒论坛，2024，7（02）：52-54.

的传播技术和传播理念不断对传统媒体发起挑战，但这并不意味着新媒体将替代传统媒体，传统媒体也不会因此退出历史舞台，它们将在很长的一段时间内共同存在，并且相互依存，相互促进，共同发展。本书中的新媒体并不是指某一特定新生的媒体。

新媒体无法脱离屏幕而单独存在。手机、电脑、iPad、电视、腕表、楼宇大屏、全息影像等，共同组成一个信息互通、内容共享的、以各种电子屏幕或全息屏幕为主体的媒介环境，人们可以通过多屏信息化来满足人机交互的需求。在人类生活中屏幕无处不在，屏作为联结世界的窗口，仿佛每个视窗都是电脑终端，联通着信息、文化、智识、交流、传播与共享。[1]

屏幕作为现代社会中最常见的信息展示平台，已经渗透到日常生活的各个方面。在艺术创作与展示领域，屏幕更是一种重要的艺术媒介。

首先，屏幕技术的迅速发展，为艺术家提供了更为丰富的创作工具和表达方式。随着分辨率的提高和色彩呈现能力的增强，屏幕能够更加精准地展现艺术家的作品，无论是细腻的画面还是生动的动态效果。数字艺术、视频艺术和交互式艺术作品常常依赖于屏幕这一媒介才能得以完整表达。例如，数字绘画和三维动画等现代艺术形式，就是直接在屏幕上创作并展示的。

其次，屏幕能够跨越时间和空间的限制，使艺术作品的传播更为广泛。艺术展览常常受限于地点和时间，而屏幕则允许艺术作品通过网络等数字媒体迅速传播，实现全球范围内的观看，这不仅扩大了艺术作品的受众群体，也为艺术家创造了更多的交流和合作机会。

此外，屏幕本身与观众的互动性，也成了艺术创作的新领域。触屏和感应技术等使得艺术作品能够响应观众的行为，产生不同的艺术效果。这种互动性为艺术家提供了新的表现手段，艺术的接受方式也由此变得更为多元。通过屏幕的介入，互动艺术打破了传统艺术作品被动观赏的局限性，使得观众能够直接参与到艺术创作和体验过程中。

屏幕媒介的商业潜力也不容忽视。艺术品的数字化使得其复制、销售和租赁变得更为方便，成本更低，艺术市场的边界因此得到扩展。数字艺术作品可以通

---

[1] Anne Friedberg. *The Virtual Window: From Alberti to Microsoft*[M]. Cambridge: The MIT Press, 2009：22.

过屏幕展示设备以订阅或一次性购买的形式进行交易，这种模式为艺术家提供了新的经济收益途径，同时也为消费者提供了更多元和灵活的选择。

值得注意的是，屏幕媒介也引起了艺术界和批评界的深入讨论。传统艺术媒介如画布和纸张与观众之间存在一种物理上的"真实感"，而屏幕则被看作是一种"虚拟"的展示方式。这一转变引发了对艺术本质、审美体验乃至艺术与观众关系的重新思考。

视听媒体，作为信息传播的一种形式，指的是那些结合视觉和听觉元素来进行交流和表达的媒介。这类媒体以视觉和听觉为主要感官刺激，在传递信息、娱乐和教育方面发挥着不可替代的作用。视听媒体的种类繁多，包括但不限于电影、电视、视频、广播以及各种新兴的数字媒体平台。

视听媒体的发展可以追溯到19世纪末，早期以录音和摄影为代表，它们分别开启了声音和图像记录的新纪元。进入20世纪，随着电影的诞生和广播的普及，视听媒体开始迅猛发展，并逐渐成为大众传播的主要方式。电影不仅在技术层面实现了视觉和听觉的同步，而且在艺术形式和社会文化功能上都有了突破，成为影响深远的文化产物。广播则凭借其即时性和便捷性获得了广泛的受众基础。自20世纪初播放第一档节目以来，广播就以其独有的传播优势赢得了无数听众的喜爱。随着技术的进步，广播从最初的单一声音传播，发展到包含音乐、剧目、新闻和其他多种格式的广播内容，极大地丰富了视听媒体的内涵。

电视的出现标志着视听媒体进入一个全新的时代。电视机一度成为家庭娱乐的中心，电视节目和广告成为社会文化的重要组成部分，并对大众的生活方式和观念产生了重要影响。与此同时，电视媒体也开始承担起教育和信息传播的功能，比如通过新闻节目传递时事信息以及通过教育节目进行公共教育。

随着数字技术的兴起，视听媒体再次迎来了革命性的变化。数字化不仅极大地提高了媒体内容的质量，还使得媒体的生产、存储和传播更为便捷和高效。互联网的普及更是让数字视听媒体传播到了世界的每一个角落。在线视频平台、流媒体服务、社交媒体等新型媒体形式，正在重新定义着视听媒体的界限和功能，同时也在改变人们获取信息和娱乐的方式。21世纪的视听媒体与互动性、多媒体和网络化特征密切相关。移动设备和应用程序的普及以及社交媒体的兴起，都促进了视听媒体内容的个性化和社会化。用户不再是被动接收信息的人，而是可以主动参与内容创造、分享和评论的人。这种双向互动性进一步增强了视听媒体在社会交流中的作用。同时，随着虚拟现实（VR）、增强现实（AR）等新技术的发展，视听媒体的表现形式和体验方式正在发生质的飞跃。这些技术提供了更为沉浸式和具有真实感的观看体验，为教育培训、娱乐游戏以及远程工作等带来了革命性的变革。

第二节　视听媒体的传播特征与现状

一、视听媒体的传播特征

（一）数字化

根据原国家新闻出版广电总局公布的有线电视数字化时间表，2010年中国实现了全面广播电视的数字化，2015年停止了模拟广播电视的播出，与广播电视全面数字化相适应，广播电视内容制作环境走向数字化、高清化。2022年，广播电视媒体在政策、经济、技术等的影响下积极推进数字化转型。在"一云多屏"的发展格局下，为了提升网络传播能力，广电媒体逐步加强在微博、微信公众号和抖音等大型互联网内容平台中的账号建设。同时，大力建设数量繁多、功能齐全的自有应用，主要涉及视频服务、新闻资讯、音频服务三个门类，实现从新媒体平台上的主流媒体到"主流新媒体"的转变。

从影视内容制作流程来看，无论是全数字制作还是采用胶片拍摄的数字制作，其后期制作过程，如特效处理、剪辑、合成等，早已实现了全数字化。广播电视媒体与视听节目的数字化，为音视频数据的存储、传输、分享及版权交易的结算等提供了便利，也加速了电视与互联网、手机的融合发展。

（二）非线性

传媒技术经历了从线性到非线性传播模式的演变，这一过程不仅表明了视听媒体的本质，还重塑了接收者与媒体内容的互动方式。

在线性传播时代，电视和电台等传统视听媒体主导着信息的单向流动，即从制作人到观众。然而，随着数字技术的兴起和互联网的普及，非线性传播逐渐成为视听媒体的一大特征，表现为内容传播的多向性、交互性和用户控制性。非线性传播的特征首先体现在观众对媒体内容接触和消费的多样性上。不同于线性传播的固定时间表和预设节目单，非线性传播允许用户根据个人的时间表和偏好选择内容。数字化和网络化的媒体平台，如视频点播服务（VOD）、流媒体以及个性化推荐引擎，赋予了观众前所未有的自主权，使他们能够随时随地挑选节目，打破了传统媒体的时间和空间限制。

在这样的背景下，观众不再被动接受信息，他们能够与媒体内容产生互动，甚至参与到内容的创造和改变中。例如，某些互动式网络电视节目允许观众通过投票或社交媒体反馈影响剧情发展。这种模式不仅增强了媒体的沉浸感，也为媒体分析带来了复杂性，因为每个观众的体验都是独一无二的。

非线性传播还促进了信息的多向流动。在传统的线性模型中，信息流动自顶向下，从媒体到观众。而在非线性模式下，观众能够以评论、分享和二次创造内容的形式参与信息的传播，形成从底向上的信息流动。这种模式强化了社区和网络群体在内容传播中的作用，观众群体也由此成为信息传播的重要节点。此外，非线性传播还意味着内容创造的分散化。用户生成内容（UGC）的模式，让普通观众也能成为内容创造者，他们能够利用数字工具创造并分享自己的视听作品。这种现象不仅改变了内容的生产方式，也打破了专业与业余制作人之间的界限，从而影响了媒体内容的质量、多样性和可达性。

视听新媒体的非线性传播，充分满足了受众随时随地看电视与听广播的需求，同时，也极大地满足了受众个性化选择视听内容的需要。电视节目具备了点播、直播暂停、回放与快进的功能，用户依据个人的兴趣定制、分享、在线评论、签到、互动参与、上传与下载电视节目，这彻底变革了传统广播电视的线性传播规律。

（三）视听化

视听（Audio-Visual）开始成为传媒内容的主要形式，其概念已经超越了传统广播影视的范畴，并具备新的内涵和外延。"视听传媒"概念的内涵是现代电子视听信息传播媒介，外延包括传统广播影视、各类视听新媒体业务以及通过数字化、视听化处理出现的其他各种视听形态。互联网的高度迭变，使网络电视剧、网络微电影和短视频成为用户文化消费的重要内容。以当下欧美火爆流行的ReelShort网络短剧为例，它融汇了传统电影和现代网络视频的诸多要素，既有系统策划与制作体系、完整故事情节，也具备网络视频碎片化特征。微时长、微制作和微投资是竖屏短剧的重要特征，一般在几分钟以内。从"影视"到"视听传媒"的概念转型，体现了电视、电影、移动屏幕融合发展的趋势。视听已经成为文化表达与交流的主流形态之一。"随着科技与文化融合的加速推进，视听文化形态将成为人类历史上听说文化和阅读文化之后的第三个主导文化形态。"[1]

人工智能时代视听媒介激发了人们新的感知与思维变化，人们越来越快地打破知识藩篱，对世界产生新的理解。高科技不仅仅带来媒介形态的变化，更赋予人们永不停歇的梦幻追求。从科幻电影的持续风靡、短视频的大行其道，到虚拟与现实交织的智能科技影像奇观，高科技视听传媒极大地改变了人们对当下社会秩序的认知，改变或者创造并且加速触发人们思维形态的变化。所以，无论我们主动追踪时代变化还是被动地追随时代变化，都无法避免被时代所改变。发生改变的不仅是环境景观、生活方式，更多的还是人的处事方式和心理感知。这一切反过来又促使人们看待世界和改造世界的方式方法发生变革。

二、视听媒体发展现状

（一）视听媒体整体发展背景

互联网改变了人类信息的传播途径，在此基础上的各种新媒介给长期占据"霸主"地位的传统电视、报纸、广播等传统媒体迎头痛击。曾经在传统媒体企业的工作人员，都会对传统电视断崖式跌落有切肤之痛，也明确意识到传统电视在抢占新的渠道、打造新的视听媒体时存在的种种困境，还手乏力乃至节节败退、退无可退。或许接下来的一代，根本不知道电视台是什么组织，报纸是什么，但传统媒体毕竟存在过，辉煌过，又面临着艰难的革新，让人不得不承认这是一个壮美的落幕，也是一个恢宏的开启。

媒介技术变革最明显的变化是传播信息门槛降低、大众全面参与，个体的传播力量被激活，传送和接收终端实现随时随地更新，各种数据会被充分利用，媒介越来越追求人性化和智能化。受众也是传播者，社交化传播激活了个体的力量和自我存在与表现的可能。在以互联网传输、卫星传输等为传输渠道的多屏时代，

---

[1] 庞井君. 媒介融合背景下我国广播电视发展的基本趋势[J]. 中国广播，2013（1）：22.

出现了一个由随时随地可见的多屏幕组成的信息互通、人机互动、内容共享的媒介环境。未来各种"全景式"（Panarama）屏幕将挤占人们全部的生活时空。"传播方式将由以播出机构为主导的'广播'式传播，变为以用户为主导的'选看'式传播，用户的个性化需求将得到充分释放"①。尽管传统媒体探索出诸如"坦帕新闻中心"等媒介融合产品，推出了《雪崩》等融合新闻作品，但技术的发展已经让传统媒体面目全非，孕育出的新产品吞噬着原有的母体。未来的媒体绝大多数是视听媒体，传统电视只能是其中一小部分，传播影响力还有市场占有率会不断被瓜分、萎缩。

"新媒体不仅改变了电视的节目内容，分化了传统意义上的观众，更是从根本上改变了电视的性质与内涵。"②电视不再是线性传播视听内容的载体，而会成为具有综合功能的电子屏幕、客厅里的一件摆设。"目前，媒介变革有两个最显著的特征：一是各种媒介的相互融合与渗透；二是不断涌现各种新的媒介，即媒介的融合与裂变。"③在以互联网为基础的媒介技术推动下，媒介改变了人们的收视习惯，生活习惯乃至思维模式和社会结构，像法国著名学者、政治家与资深传媒人让诺埃尔·让纳内所认为的那样引发了"新的集体交流模式"，让传统的社会结构几乎颠覆，"引发了政治权力、国际关系、市场体制、资本运营、组织结构、公民社会、生产方式、工作模式和交往方式等几乎人类社会所有领域的深刻变革"④。任何组织和个人在这样一个大的技术主导的文明变革中，不得不顺应这样发展的趋势。对传统媒体人来说，"媒体融合背景下，两个重要概念发生了变化：一是'广播电视'向'视听媒体'的转变；二是'受众'向'用户'的转变"⑤。昔日传统媒体时代，信息选择有限，仿佛等候小贩按时送达的几件商品。而今，信息传播如同现代化超市，种类繁多，消费者可随心所欲挑选，原有的小贩式服务已显得过时。面临新媒体时代的浪潮，立足于互联网，传播方式需要强化其即时、便捷和互动的特质。在大数据的浪潮中，云技术的应用成为传播更新的关键；

---

① 袁正领.传统电视媒体如何进行战略转型[N].光明日报，2014-7-19（10）.
② 余志为.电视会消亡吗？——论新媒介格局下电视媒体的未来[J].现代传播（中国传媒大学学报），2012，34（09）：19-23+50.
③ 崔保国.技术创新与媒介变革[J].当代传播，1999（06）：23-25+33.
④ 刘卫东，荣荣.网络时代的媒介权力结构与社会利益变迁——以当代中国社会意识形态为视角[J].新闻与传播研究，2012，19（02）：20-27+110.
⑤ 高宪春，解藏.媒体融合背景下视听媒体创新途径再分析[J].电视研究，2014（01）：62-65.

同时，加速市场资本的流动与用户的培养成为电视行业的当务之急，这既是发展的瓶颈也是挑战。

随着科技的进步和社会的发展，视听媒体在现代传媒生态中扮演着越来越重要的角色。现代社会节奏加快，人们越来越倾向于通过快速、直观的方式获取信息和娱乐。视听媒体以其生动的画面和声音，满足了消费者的需求，尤其是年轻群体，他们更习惯于通过视频内容来接收信息。随着4G、5G网络的普及和云计算技术的成熟，视听媒体内容的传输和处理变得更快、更稳定。高清、4K甚至8K的高分辨率视频成为可能，而视频压缩技术的提升也使得在较低带宽下仍能观看到高质量的视频。此外，智能手机、平板电脑、穿戴式屏显等移动设备的快速更新，使全视听场域享受视听媒体内容成为可能。

内容创作和分发渠道的创新也是一个重要因素。社交媒体和视频分享平台的兴起，让用户不仅能够消费内容，还能够创作和分享个人的视听作品，这种双向互动极大地丰富了视听媒体的内容，并形成了一个活跃的参与者群体。同时，流媒体服务的出现改变了传统的内容分发模式，用户可以按需选择观看，不再受电视台节目安排的限制。

视听媒体的商业模式也在不断演变。广告商开始将更多的预算投入视听媒体上，因为相比传统媒体，视听媒体有着更精准的目标受众定位和更丰富的互动方式。同时，订阅模式的流媒体服务也证明用户愿意为高质量的内容付费，这为内容创作者提供了新的收入来源。

如何看待当下媒介生态条件下电视媒体的融合发展与创新变革，以及如何赢得更多受众认同，是一项值得深入探究的课题。当下传统电视工作者肯定对麦克卢汉"媒介即讯息"这句格言刻骨铭心。正如麦克卢汉所说，"现在，我们不得不理解和控制新技术，因为新技术的力量来得突然，总体冲击力太大"[1]"电视依附的社会结构正在改变，这种改变，……其实蕴含着更大的前提：电视如何面对正在被互联网改变的社会结构。"[2]

在互联网、社交媒体以及流媒体服务的强力冲击下，传统电视的收视率和广

---

[1] [加]马歇尔·麦克卢汉.理解媒介——论人的延伸[M].南京：译林出版社，2011：522.
[2] 黎斌.电视融合变革——新媒体时代传统电视的转型之路[M].北京：中国国际广播出版社，2011：29.

告收入持续下降。在内容同质化严重的当下，传统电视台必须通过高质量、差异化的内容吸引和留住观众。这意味着传统电视需要投资更多的原创节目、采购独家内容，或是发展具有地方特色和文化内涵的节目，从而创造出与网络视频平台不同的观看体验和用户黏性。

技术创新是传统电视转型的关键。传统电视机构可能会通过引入高清、4K、8K等高清晰度技术来提升图像质量，同时利用人工智能、大数据等技术来优化节目推荐，提升用户体验。此外，互动电视、跨屏互动等新型服务的开发，将有助于电视媒体适应多屏时代的观众行为。

商业模式的创新也是传统电视媒体生存发展的突破口。除了传统的广告收入，增加付费内容、会员服务等收费模式，以及与电商平台的深度合作，都将是未来电视媒体探索的方向。此外，品牌联合营销、内容＋产品的跨界合作也将成为新增长点。

面对全球化的市场与竞争，传统电视台可通过制作具有国际影响力的节目，拓展海外市场，或者与国外媒体机构合作，进行内容的交流和共享，以此提升自身的国际竞争力。此外，策略上的合作与整合，将成为传统电视媒体的一大出路。电视台可能会与其他媒体机构，包括报纸、广播、在线平台等进行更深层次的合作，实现资源共享、优势互补。同时，传统电视机构也可以通过并购重组等方式整合行业资源，提升整体的市场竞争力。

在总体趋势上，传统电视媒体的发展将是一个由单一平台向多元化媒体平台转变的过程，不仅包括内容产出的多样化，还包括传播方式和商业模式的创新。在这一过程中，如何保持内容的质量和特色、如何有效利用新技术提升用户体验、如何在激烈的市场竞争中寻找新的盈利模式，将是传统电视媒体机构需要面对的重要课题。

（二）视听媒体的破局维度

虽然列夫·马诺维奇在《新媒体的语言》中对于新媒体的理解是双向的，即新的也是"旧"的，旧中又有"新"，且从可计算性、全景化、编码性等方面对新媒体进行了概括。但本书仍遵循相对普世的、大众传播学视域下媒体线性发展的视角。在当前的视听产业中，集体创作和数据驱动的内容开发正在取代过往的精英主导模式。大数据的集成和分析，成为塑造节目内容的关键。媒体机构在全球范围内正利用用户留下的海量数据来提炼内容，旨在提供定制化的媒体体验，以此促进观众互动，实现社会与经济双重收益。当然，视听媒体发展对编辑和制作人的思维方式、讲述方式、故事架构及表达方法、摄像与视频编辑等都会有巨大的影响。

在大数据时代背景下，视听传媒格局正在经历一场深刻的变革。这场变革不仅仅是对技术手段的更新换代，更是对思维模式、内容生产模式、盈利运作模式等多个层面的全面挑战。随着数据驱动决策成为新常态，传统以直觉和经验为主导的决策方式正受到质疑。视听传媒行业的从业者需要适应将数据分析融入日常工作的新要求，这不仅需要他们掌握数据分析的技能，更需要他们在理解大数据的基础上进行创新思考。这种思维上的转变是深刻而痛苦的，因为它要求人们放弃一部分直觉判断，而转向依赖数据驱动的洞察。这对于视听传媒领域的内容创作者、制作人、编辑以至于营销人员都是一种考验。内容生产模式也面临着根本性的变化。在大数据时代，内容生产不仅要基于用户行为数据来策划、定位，还需要通过算法逐渐学习用户偏好，以提供更加个性化的内容。这意味着内容生产必须更加灵活，能够快速响应数据反馈，从而进行迭代更新。这种模式在一定程度上简化了传统的内容生产流程和结构，要求生产团队具备跨学科、跨领域的工作能力，以及快速学习新技术、新工具的能力。同时，数据分析的广泛应用也对内容的原创性和创新性提出了更高要求，因为在数据的指导下，过于公式化的内容生产会受到观众的冷落。

在大数据时代，盈利模式正从单一的广告支持模式，转变为多元化的盈利模式，包括但不限于用户付费、内容定制、数据分析服务等。在这种多元化盈利模式下，视听传媒企业需要更加精准地定位用户，更加科学地进行市场细分，以便发现并挖掘潜在的盈利点。这不仅需要对大数据进行深入分析，还需要对盈利模式进行创新设计。同时，随着个性化内容的兴起和用户对隐私保护意识的增强，如何在保护用户隐私的前提下进行合理的数据收集和分析，以便实现精细化运营，是另一大挑战。

多元化的传播环境造成了信息爆炸的现象，也使得受众的注意力变得更加分散。面对如此复杂的传播环境和多样化的受众需求，利用大数据进行有效的传播显得尤为重要。大数据分析能够帮助媒体从海量信息中识别出受众的行为模式和偏好。通过对用户在各种平台上的互动行为进行跟踪和记录，可以获得对受众特征和需求的深入理解。例如，通过分析社交媒体上的点赞、评论和分享等互动数据，可以发现特定内容对某一受众群体更具吸引力。此外，搜索引擎查询记录、网站访问路径和在线购物行为等数据也能提供关于受众兴趣和购买倾向的宝贵信息。不同于传统的人口统计学分析，大数据使得市场分析可以更加细致和动态，甚至可以实现几乎个性化的定制服务。通过分析受众的具体行为和偏好，可以创建出更精确的受众画像，从而为不同群体量身定制传播内容和策略。此外，基于大数据的预测模型能够预测受众的未来行为，为传播策略的制定提供参考。机器学习算法可以根据受众的过往行为和反应来预测他们对未来某些事件或信息的反应。这种预测不仅对内容创作和发布有极大的帮助，还能够指导广告和营销活动的时间和方式，优化资源分配。

在运营环节有效利用大数据技术，不仅可以提高内容的个性化程度，增加用户黏性，还能优化广告投放效果，提高竞争力。内容是视听媒体的核心，而运营团队需要对市场趋势和用户需求有深刻的理解，以确保内容的吸引力和相关性。通过市场研究、数据分析和用户反馈，运营人员能够为创作团队提供洞见，帮助他们制作出既符合受众口味又具有原创性的节目或电影。同时，通过精细化的内容管理，运营团队能够确保内容生产的高效性和质量控制，从而在激烈的市场竞争中脱颖而出。运营环节在视听媒体的分发和推广中扮演着枢纽角色。有效的内容分发策略能够确保视听产品通过合适的渠道到达目标用户。在数字时代，分发渠道多样化，包括传统的广播电视网络以及流媒体平台、社交媒体和视频分享网站等。针对不同的分发渠道和受众群体，运营团队需制定不同的内容包装和推广策略。这不仅包括选择合适的发布时机和平台，还涉及搜索引擎优化（SEO）、社交媒体营销和影响者合作等现代营销技巧，以提高内容的可见度和吸引力。对于现代视听媒体而言，用户体验的优化是运营不可忽视的一环。用户体验涉及用户与视听产品的每一个接触点，从用户界面的设计到交互方式，再到个性化推荐和客户服务。运营团队需要确保用户在各个接触点上的体验是流畅和愉悦的，这不仅能够提升用户满意度和忠诚度，还能够通过口碑效应吸引新用户。例如，流媒体服务的算法推荐系统能够根据用户的观看历史推荐相关内容，提高用户粘黏性，并进一步优化其运营效果。商业模式的创新同样是视听媒体运营中不可忽视的部分。随着收入来源的多元化，如订阅费用、广告收入、版权销售等，运营团队需要探索和实施有效的商业模式以确保收入流量的稳定和增长。例如，某些流媒体平台通过订阅制模式减少对广告的依赖，提高了用户体验；而其他平台则通过精准广告投放，以数据驱动的方法最大化广告收益。

媒体行业，一旦踏入公众视野，即受其固有社会功能的驱使，必须兼顾公益与效益。市场竞争的残酷性促使其采取商业策略。兼并与联盟是媒体圈的常态，尤其是在竞争激烈的环境下，综合实力强、内容备受欢迎且资本运作高效的媒体机构往往能够突围。"互动与个性化服务理念被引入新媒介经济运营中，导致大众传播机制革新和传媒产业重构，促进媒介产业链和价值链重组"[1]。另外，媒体集团的资本化运作将会使媒体集团越来越壮大，风险抵抗力不断增强，形成一种马太效应，正如"数字革命在它的深层核心，是与权力相关的"[2]。

随着技术的飞速发展，视听媒体正在经历一场革命性的变革，从单一的信息传播渠道逐步向集成多种功能的动态智能传播系统演进。这种系统整合AI技术、大数据分析、云计算以及物联网等多种前沿技术，形成能够实时响应用户行为和环境变化的智能体。这种综合性体现在对内容的个性化推荐、交互式体验、自适应传播策略以及跨平台内容分发等多个层面。

个性化推荐是动态智能传播系统的显著特征之一。利用机器学习和用户行为分析，系统能够精准预测用户的兴趣偏好，并据此提供定制化的内容。此外，智能推荐算法也在不断优化，能够实现越来越精细的用户画像刻画和内容匹配。

交互式体验则是这种系统应对用户需求的另一大进步。通过虚拟现实（VR）、增强现实（AR）以及混合现实（MR）技术，用户能够沉浸在一个由视听媒体创造的虚拟世界中。这种交互性不仅提升了用户体验，也为内容创造者提供了一个全新的创作平台。

自适应传播策略是动态智能传播系统智能化的又一体现。系统能够根据外部环境的变化（如社会热点、政策导向等）和用户群体的动态变化，自动调整推送内容和形式。这种策略的灵活性和适应性，使得信息传播更加精准和有效。

---

[1] 莫智勇.数字传播媒介平台化与产业机制探析[J].现代传播，2015，37（06）：114-117.
[2] [美]马克·斯劳拉.大冲突：赛博空间和高科技对现实的威胁[M].北京：中国人民大学出版社，2011：152.

跨平台内容分发是综合多元功能的直接结果。在动态智能传播系统中，内容能够在不同的设备和平台之间无缝转移和同步，包括智能手机、平板电脑、电视以及其他联网设备。这种跨平台能力极大地扩大了媒体内容的覆盖范围和影响力。

此外，动态智能传播系统还在内容生产过程中发挥着至关重要的作用。利用自然语言处理和图像识别等技术，系统能够协助内容创造者产生更加丰富和高质量的媒体产品。同时，通过分析用户反馈和参与度，系统也能实时指导内容的优化和调整。

第三节　视听媒体的传播意义与价值

"理解传播，即理解我们所在的社会和时代；传播的目的是按照社会阶层的变化和现实力量的对比关系来营造文化和意识形态的合法性。"[①] 媒介生态研究从微观方面对信息生产与传播、媒介经营与管理等进行研究，宏观方面要对媒介与技术、媒介与社会等内容进行研究。只有将微观与宏观联系起来，才能了解当下媒介发展状况与未来发展的可能形态。"实际上，大部分后来成为媒介生态学经典基础的著作都体现了思考技术和文化关系的这种新思想和新方式。"[②]

从宏观层面来看，大多数历史学家从经济、政治、文化发展以及战争引发的变革去研究历史，而美国历史学家威廉·麦克高希则另辟蹊径，大胆从媒介角度去认识文明的兴起与消亡，指出人类历史上出现过的五种文明形式："帝国文明、宗教文明、财富文明、娱乐文明、计算机文明。"[③] 这也是波兹曼媒介开辟新文明的一个诠释。在威廉·麦克高希看来，"帝国文明的维系有赖于伟大的象形文字的发明"[④]，人类文明的演进历程，可视为知识、信息与思想的传播史。在这一历史长河中，每一次传播技术的重大变革，均标志着一种文明形态的转变，推动社会结构、文化形态与认知范式的根本改变。早在史前时期，口头传播就是人类社会的主要信息传递方式。这一时期的文明特征以小规模、亲密型和口头传播为核

[①] 李欣，汪凯. 媒介呈现与公共话语 社会分配报道研究 [M]. 上海：复旦大学出版社，2014：1.
[②] 邵培仁，廖卫民. 思想·理论·趋势：对北美媒介生态学研究的一种历史考察 [N]. 浙江大学学报，2008（3）.
[③] 笑阳. 偷窥历史学家的书桌 [M]. 北京：中央编译出版社，2011：16.
[④] [美] 威廉·麦克高希. 世界文明史 [M]. 北京：新华出版社，2003：112.

心。信息传递的局限性，导致了知识的局域性保留，文明的发展速度相对缓慢。然而，就是这种基于口头传达的文化，催生了精细的记忆艺术和故事叙述传统，为后来文字记录的发展打下了基础。

随着文字的发明，信息传播的范围和速度出现了革命性的飞跃。楔形文字和象形文字的出现，使得信息能够得到长期保存和跨地域传播，人类文明的积累与传承因而成为可能。文字不仅促进了行政管理和宗教教义的标准化，也为后来文明的形成提供了基础，如汉字的形成对中华文明的传承与发展起到了关键作用。

再往后，印刷技术的出现，尤其是活字印刷术的发明，在传播技术的发展史中占据了举足轻重的地位。它标志着信息传播方式的又一次根本性变革，降低了书籍制作的成本，极大地提高了文本的可获得性，从而使得文化、科学和思想的积累与传播进入了一个全新的阶段。印刷术的普及，促成了文艺复兴的出现，进一步催生了启蒙运动，最终导致了现代科学革命与工业革命。

进入工业革命后，娱乐文明呈现出质的飞跃。机械化生产解放了大量的劳动力，同时也创造了更多的闲暇时间，娱乐活动开始从精英阶层扩展到广大的民众。电影、广播和电视的发明，使得娱乐内容能够迅速传播到全世界，形成了真正意义上的大众文化。这个时期，娱乐逐渐从传统文化的补充转变为主流文化的核心。现代信息技术的发展使"娱乐至死"的现象愈加明显。互联网和智能手机的普及，为人们提供了前所未有的丰富娱乐资源和即时满足，从视频游戏、在线视频到社交媒体，娱乐内容几乎占据了人们日常生活的大部分时间。这种现象的源头可追溯至20世纪后半叶，尤其是电视和其他大众传媒成为家庭娱乐的中心后，娱乐的形式和内容开始趋向碎片化、即时化和感官刺激化。

在传播技术的进化过程中，"计算机文明"的出现如同一场突变，其对当代世界的影响和变革是深刻且全方位的。信息传播经历了从手稿、印刷到数字化文本的转变，而计算机与互联网技术的结合，实现了信息传播速度的指数级提升。这种加速度不仅限于文字，还包括图像、音频和视频等多媒体形式。信息存储的能力也得到了前所未有的增强，云计算的出现意味着数据可以离开本地硬件，被远程存储和访问，这极大增强了信息的可获取性和持久性。进而，计算机文明使知识的生产和分配出现了根本的变化。在数字化时代，知识生产变得更加民主化，任何人都可以创造和发布内容。这导致了知识和信息的激增，也带来了信息过载的问题。搜索引擎和个性化算法成为解决这一问题的关键工具，它们根据用户的历史行为和偏好帮助用户筛选信息，但同时也引发了关于数据隐私和信息泡沫的讨论。

此外，计算机文明也促进了经济结构的转型。自动化和人工智能的发展使得许多传统行业的就业结构发生了转变。一方面，自动化机器人和算法取代了许多重复性劳动力，提高了生产效率；另一方面，新兴的技术岗位要求更高层次的教育和技能。这种变化在某种程度上加剧了就业市场的分化，产生了对劳动力培训和再教育的需求。在全球化的语境下，计算机文明加速了全球经济和文化的一体化。互联网的普及使得跨国公司能够轻松地管理全球业务，文化产品可以迅速传播至世界各地。这种迅速的全球连接性同时也带来了各种挑战，比如文化同质化和网络安全问题。

计算机文明还深刻地影响了社会的政治结构。社交媒体平台成为政治讨论和社会运动的重要场所。从正面来看，这促进了政治参与和民众对政府的问责；从负面来看，虚假信息和网络舆论操纵也对民主和公共讨论的质量构成了威胁。同时，数字监控技术的发展也对个人隐私权发起了挑战。环保与可持续发展领域也受到了计算机文明的深远影响。通过数据分析和预测模型，科学家可以更准确地理解环境变化，并推动政策制定者和公众采取行动。在能源管理、资源优化等方面智能技术，也正成为支持可持续发展目标的重要工具。

计算机文明对教育的影响也不容忽视。在线教育的兴起打破了传统教育的空间和时间限制，使得终身学习成为可能。同时，计算机和互联网技术的集成也在改变着教学方法和学习体验，为个性化学习提供了多样化的可能。

新的视听媒体风起云涌促使整个媒介传播环境不断发生变化，初始只是为了提高人们对信息的可视化需求，而随着功能增多慢慢渗透到生活中的方方面面、点点滴滴，影响深远。新华社人工智能技术的"AI主播"，网络春晚上的另一个虚拟的"撒贝宁"，都让普通人期待这种虚拟技术"飞入寻常百姓家"。可以说，如果互联网技术更发达，电脑自动甄别、整合、选择、处理能力进一步提高，人们可以将计算机看成人脑的延伸，到时候，所有的计算机、物件信息与人脑连通，那人类就进入了真正的"超体"时代。事实上，OpenAI在实现人工智能生成内容技术ChatGPT的基础上已经逐渐走向了"超体"的时代。人，甚至"机器人，"

作为信息汪洋大海中的一分子，生存状态和个体价值与现在将有天壤之别。当然，同时引发的传播伦理规则问题、身份归属问题、浮尘效应问题等也将浮出水面。

视听新媒体的兴起与发展，正在对传统电视媒体的信息传播形式和效率产生深远的影响。传统电视媒体，作为一种线性播放的信息传输方式，长期以来被认为是主流的大众传播手段。然而，随着互联网技术的飞速发展和新媒体平台的不断涌现，信息传播的格局正在经历一场革命性的变化。

首先，传统电视的固定播放时间表和非互动性特点，在新媒体面前显得愈发不足。视频网站的出现使得观众能够根据个人时间表自主选择观看时间，实现了"点播"功能。此外，视频网站还提供了个性化推荐、评论互动和社区讨论等功能，极大增强了用户的参与感和满足度。这种灵活性和互动性，是传统电视所不能比拟的。

微博、微信等社交媒体的出现，更是将信息传播的速度和广度推向了一个全新的层次。社交媒体以其即时性、去中心化和用户生成内容（UGC）特点，打破了信息传播的时间和空间限制。用户不仅可以实时接收到新闻资讯，还可以即刻表达自己的观点和情感，与他人分享。这种形式的信息传播，更加凸显了传统电视媒体新闻报道的滞后性和局限性。

链接视频和微信互联电视的出现，则进一步扩展了新媒体的传播边界。链接视频通过嵌入社交媒体或其他网站中，使得视频内容能够在更广阔的网络空间中传播，进而增加了观众接触和观看的机会。微信互联电视则是将社交媒体的功能与电视观看体验相结合，为用户提供了更加丰富的电视互动体验。这些新形态的视听媒体，正在逐步改变人们获取信息和娱乐内容的方式。

随身携带的智能设备——如智能手机和平板电脑的普及，也极大地推动了移动视听媒体的发展。手机电视让观众可以在任何时间、任何地点接入电视节目和视频内容，满足了人们对于便捷性和即时性的需求。在这种情况下，传统电视的时间限制和空间限制更加明显。

此外，楼宇电视和公交电视等新兴媒体，在特定的公共场合提供定制的内容，拓展了视听传播的场景，增加了观众接触信息的节点。尽管这些媒体的个性化程度不如个人使用的移动设备，但其针对特定场合的信息传播，也在一定程度上削弱了传统电视媒体的影响力。

20世纪初，社会学家和心理学家开始对大众传播现象进行系统研究。早期研究主要集中在报纸、电影和广播等新兴媒体对社会及个体的影响上。其中，芝加哥学派的研究者对城市化进程中媒体的作用给予了关注，认为媒体是现代社会中不可或缺的一部分，这对社会互动和个体认知产生深远影响。

基础的大众传播理论源自对传播过程的分析，其中最著名的模型是拉斯韦尔的"谁在什么渠道对谁说了什么，结果怎样"模型。这个通信模型强调了传播过程中的五个基本元素：传播者、信息、媒介、接收者和效果。此模型的提出，标志着传播研究的开始，也确定了后续研究的基本框架。在此基础上，不同学者提出了多种传播理论。例如，谢宁和韦弗的数字通信理论，侧重于传播过程中信息的传输和接收，而不涉及信息的内容。这一理论将通信视为一个技术性问题，并试图解释如何最有效地传输信息。而另一种理论，即斯图亚特·霍尔的编码/解码模型，关注的是信息的生产和解读。霍尔提出，信息的编码和解码过程并非总是一致的，接收者根据自身的文化背景和经验可能会有不同的解读。

在传播媒介方面，麦克卢汉的媒介即信息理论为理解媒体的社会影响提供了一个新视角。麦克卢汉认为，媒介的物理形态和使用方式本身就影响了社会和文化，改变了人类的感知、理解和互动方式。另外，卡茨和拉扎斯菲尔德的有限效果理论提出，媒体对个体和社会的直接影响有限，个体的社会关系和个人特征在传播过程中起到了缓冲作用。该理论强调了观众的选择性以及人们在媒体影响下仍然保有自主性的观点。在大众传播中，议程设定理论也非常重要。麦考姆斯和肖认为，媒体虽然不能告诉人们怎么想，但它能够告诉人们应该考虑什么。媒体通过强调某些话题，忽略其他话题，间接地影响了公众议程的设定。

随着互联网的出现和蓬勃发展，特别是21世纪以来，信息的生成、流通和消费都经历了根本性的转变。互联网的广泛普及降低了信息传播的门槛，每个用户都可以成为信息的生产者、传播者和接收者。因此，大众传播不再局限于单向流动，而是变成了多向互动的复杂网络。这种变革对传统的传播理论构成了前所未有的挑战。人工智能的快速发展进一步推动了这一进程。算法驱动的内容分发系统能够根据用户过往的行为和偏好来推荐个性化信息，这不仅改变了被动接收信息的局面，也使得信息的传播更加精准、有效，从而削弱了传统大众传播理论中"全知全能"媒介的概念。在人工智能的辅助下，传播的动态性和互动性被进一步放大，受众被重新构建为积极参与者，而不再是被动接收者。

多元智能传播体系是指通过数据分析、机器学习等技术手段，实现内容创造、推荐和评估的高度个性化和智能化，这对传统大众传播模式造成了冲击。不同于传统媒体时代信息传播的"弹药库"模型，即大量库存信息被统一发送给广大受众，现代的多元智能传播体系呈现出"定向导弹"的特性，即信息根据每个用户的具体情况被精准送达。这种模式的崛起表明，传统的"大众"概念正在逐步被"个体化"所取代。

此外，社交媒体平台的兴起为传统传播理论的消解提供了另一个视角。在这些平台上，每个人不仅是信息的接收者，也是传播者和评论者。这种参与性和互动性的提升使得信息的流动趋向去中心化。

随着多元智能传播体系的不断发展，信息的传播和消费变得越来越个性化、去中心化和社交化。这些特点表明，传统大众传播理论中关于信息流动的基本假设和理论模型需要被重新审视和修正。需要有一个新的理论框架来解释在当代社会，信息如何在网络中流动，以及这种流动如何影响社会结构和个体行为。

尽管传统的大众传播理论在当今时代不再适用，但这并不意味着大众传播的消亡。相反，它仍然在新的形式和渠道中发挥作用。新的传播实践正在重塑大众传播的概念，而这些实践本身也在随着技术进步和社会变革而不断进化。未来的传播理论必须涵盖互联网、人工智能和多元智能传播知识体系，以适应飞速发展的信息社会。

第二章 新媒体视域下我国视听传播业态

"互联网+"背景下，中国视听传播领域的发展风起云涌。然而，随着视听新媒体的兴起和渠道资源迅速扩张，传统电视的生产与传播优势不断削弱。中国视频网站的发展创新与颠覆表明，精细化、专业化、大制作的优质视频内容在新媒体环境中仍然具有极强的生命力。但这也传递出传统电视发展式微的深层逻辑——单向、线性的传播闭环主导下的精英模式正暴露出更多的问题。

第一节 传统媒介的"繁荣"与"萧条"

一、电视市场局部发展乏力

近几年来，中国电视市场的发展一直处于局部繁荣与整体乏力的焦虑中，无论是在节目形态上还是在电视频道的市场格局上，这一特点都愈发突出。

在节目形态的表现上，中国电视界呈现了一幅看似"热闹"的画面，尽管电视剧和综艺节目依然保持较高的市场热度，但电视新闻、纪录片等其他领域的发展却较为乏力。近年来，虽然出现了一些有影响力的节目，比如在电视新闻领域，山东卫视的《调查》栏目因独特的时效性调查报道而引发了一定的话题讨论和口碑传播。在纪录片领域，中央电视台播出的中国首部4K摄影纪录片《第三极》观看效果震撼，中英联合摄制的纪录片《孔子》引发了中国文化"走出去"的探讨；除了视角宏大的纪录片外，从微观叙事切入的三集纪录片《我在故宫修文物》也在2016年成为现象级作品，获得观众的一致好评，然而，零星的亮点依旧无法改变整个电视新闻和纪录片领域的低迷发展状态。在市场竞争下，这些作品并没有推动整个节目类型的更新和改进。

在电视剧领域，受到"一剧两星"政策的影响，产量过剩得到了一定程度的缓解，但这一政策也导致市场发生了深刻变化。一方面，引发了"大剧"竞争，作品质量参差不齐；另一方面，频道编播策略调整，市场反应不一。由于首播频道数量受限，因此出现了跟播的策略。例如，河北卫视依靠跟播优势，在黄金时段跟播《庆余年》等热门作品，市场反响良好。但对于更多二三线卫视而言，这一策略并不适用，影响也非常有限。而湖南卫视、东方卫视、浙江卫视等一线卫视则开始尝试推出周播剧以尽量减少"一剧两星"政策的不利影响。前些年《叛逆者》成为这一策略典型的成功案例，但也有很多周播剧并未达到预期效果。周播策略的投入和风险都处于高位，短期内难以完全复制和被广泛接受。

一方面，季播真人秀的规模不断扩大，引进模式仍然是主导，原创节目力量薄弱。灿星传媒引进了韩国节目《了不起的挑战》并在中央电视台播出，为央视综艺节目注入了新活力。湖南卫视等一线卫视打通周末三天晚间综艺带，促成季播节目常态化。在节目规格上，《奔跑吧，兄弟》《我是歌手》等现象级节目热度依旧，《一年级·大学季》《最强大脑2》《国家宝藏》《中国诗词大会》《见字如面》以及《朗读者》等新生热议节目则凸显了电视综艺的文化教育属性。另一方面，常规综艺生存空间受到挤压，央视与各大省级频道的周播综艺的强势地位逐渐消解，聚合观众注意力的能力有限。此外，政策因素影响节目生产，受到"一剧两星"与《关于加强真人秀节目管理的通知》等相关政策影响，催生的"920节目带"新时段尚待开发，真人秀节目的操作难度进一步加大。

二、传统电视广告活力衰减

视频网站已成为当代社会生活不可或缺的一部分，它以独特的方式吸引着全球范围内的观众，同时也对传统的广告行业产生了深远的影响。

首先，视频网站能够提供用户数据分析，这是传统电视广告所无法比拟的。视频网站能够追踪用户行为，分析观看习惯，从而提供更加精准的广告定位。这种基于算法的精准营销大大提高了广告的转化率，更能吸引广告商投放广告。相比之下，传统电视广告往往缺乏精确的用户数据支持，无法实现如此精细化的市场分割和个性化推广。

其次，视频网站具有（传统的电视广告模式明显缺失）交互性和社交性，用户可以直接在视频下方留言、点赞或分享，这种即时反馈和社交互动为品牌提供了即时的市场反馈和口碑传播的机会。因此，广告内容更容易被传播和讨论，这也使得具有高度社交属性的视频广告成为品牌青睐的营销工具。对于传统电视广告而言，缺乏这样的互动性使其在竞争中处于劣势地位。

此外，视频网站可以为广告提供更为丰富的形式和更大的创造空间。除了传统的视频广告，还可以通过品牌植入、内容营销等多种形式进行推广。内容创造者可以与品牌合作，将广告自然融入吸引观众的内容中，增加广告的吸引力和说服力。与之相比，传统电视广告的形式相对单一且固定，创新空间较小，难以满足广告商和观众对于新鲜感和创意的需求。

视频网站的即时更新和海量内容库也为用户提供了自由选择内容的机会，这对于传统电视广告来说是更大的挑战。观众可以随时寻找自己感兴趣的内容，甚至可以选择跳过广告或订阅去广告服务。这种趋势使得传统电视广告面临观众流失的问题，广告的到达率和影响力都有所下降。

视频网站的全球化特性也对传统电视广告构成了威胁。视频网站可以跨越地域限制，吸引全球用户，而传统电视广告往往局限于特定的地域和受众。对于有意向拓展国际市场的广告商来说，视频网站提供了一个更具吸引力的平台。这不仅仅是因为其全球覆盖的能力，也因为其能够通过数据分析针对不同文化背景的受众进行定制化的广告推广。

随着用户习惯的改变，传统电视产业链不断松动，传统电视衰微已经成为现实。我国电视广告在2014年出现拐点，电视广告收入规模开始呈现负增长。从国内广告业的整体环境来看，电视广告原有的主流地位已经难以维持，而网络广告收入稳步增长，并在2014年首度超过电视广告，2017年的网络广告收入达到3508亿元，增幅也仍保持在20%以上，其收入规模已是电视广告的三倍以上。[1]

从更微观的层面来看，央视和几大一线卫视拥有更具影响力的内容聚合效应，而其他大部分频道在内容生产和运营方面显得力不从心。虽然近几年电视广告的整体收入在下滑，但收视份额较高的五大卫视（湖南卫视、江苏卫视、北京卫视、浙江卫视和东方卫视）的广告收入持续上升；与此同时，五大卫视黄金档、周播

---

[1] 中国互联网络信息中心（CNNIC）.第41次中国互联网络发展状况统计报告[EB/OL].（2018-03-05）[2020-03-07]. http://www.cnnic.net.cn/hlwfzyj/hlwxzbg/hlwtjbg/201803/P020180305409870339136.pdf.

档刊例价格逆势上涨，广告时间段也呈现集中化趋势。可见，我国电视市场的马太效应愈发显著。而在我国网络广告的收入中，与电视形成直接竞争关系的两类平台的广告规模都在以较大的涨幅增长。第一类是在形式上与电视相似的网络视频。虽然网络视频广告的类型在不断多样化，但目前还是以贴片广告为主。第二类是在功能上与电视相似的网络新闻资讯平台，移动端新闻资讯广告收入规模整体变化趋势与互联网新闻资讯广告规模变化相符，从用户渗透率和市场发展前景来看，未来移动端新闻资讯业的市场规模还将进一步扩大。

电视开机率近年大幅下降，广播电视收听收视群体集中在老年人群体，随之而来的是商业模式活力的进一步减弱，网络电视迫切需要适应互联网时代的下一步转型。

第二节　新媒体的诞生与多媒介融合

没有任何一个时代，像当下这样各色视听媒体空前繁荣，也让时空缩短到如此程度。各种门户网站视频专栏、各大视频网站、微博微信中的视频链接和视听公众号、楼宇电视、公交电视、航空电视以及当下兴起的VR/AR视频、短视频直播、全息投影、Google眼镜技术等不断涌现。比如微信的各项功能已覆盖全景式生活项目，与支付宝平台渐渐呈现出大户垄断局面。

2014年，美国维亚康姆公司、21世纪福克斯影业公司、康卡斯特公司和华特迪士尼公司等纷纷表示，某些频道的广告收入急剧下降。而且，电视正在经历一场"结构性的"变革，越来越多的观众更喜欢广阔而繁杂的网络世界。从国内来看，目前在互联网巨头BAT支持下的视频网站资源越来越丰富，市场占有量越来越大，并不断发展新兴业务，实现网络生态的全产业链布局。而"今日头条"等依靠智能算法和受众喜好在视频业务方面全面发力，勃兴态势令人刮目。

与此同时，国内广电网络整体收入近些年远远落后于两大电信运营商，通过电脑、平板电脑、手机等收看视频的网民比例不断攀升，乃至手机成为观看视频信息最主要的工具。

一、视听媒体制作主体多元化

（一）传受双方界限逐渐模糊

进入新视听媒体时代，社交媒体平台、博客和视频分享网站等新型媒介打造了一个多向互动的信息传播环境。在这个环境中，用户不再是被动接收信息的对象，他们可以即时发布自己的观点、评论、图片和视频，成为信息的共同生产者和传播者。内容的创造、编辑和分享变得前所未有的便捷，这使得信息生产者和消费者的边界变得越来越模糊。

此外，算法技术的应用也促使这种界限模糊化。搜索引擎和社交媒体平台的算法，能够根据用户的历史行为、兴趣偏好等因素，个性化推荐信息内容。这种个性化推送不仅提高了用户参与度，也使他们在不知不觉中成为信息筛选的一部分。用户的每一次点击、分享和评论，都在影响着算法的调整，进而影响其他用户的信息接收。这意味着用户在信息传播过程中扮演的角色更加复杂，他们既是接收者也是传播者，甚至在一定程度上是编辑者。而随着人工智能和机器学习技术的发展，内容的自动化生产也在提高。机器不仅能够根据预设算法生成新闻报道、文章和图像等，而且还能学习用户行为，自动优化内容的推荐。这些技术的运用，进一步淡化了信息的生产和消费界限，使得内容的生成和流通变得更加去中心化。

尽管新视听媒体为信息传播带来了便利性和广泛性，但这种界限的模糊也带来了挑战。信息的真实性和准确性成为大众关注的焦点。在一个人人都能成为信息发布者的时代，如何辨别信息的真伪，确保其权威性和可靠性，成为需要解决的重要问题。此外，算法推荐可能导致信息茧房效应，限制用户视野，降低信息多样性。用户在享受个性化服务的同时，也可能会失去接触不同观点和信息的机会。

（二）草根叙事与精英打造并存

草根叙事的兴起可归因于社交媒体平台的普及与开放性。普通用户通过微博、博客、短视频等形式发声，借助平台的算法推荐机制迅速获得关注，形成了以个体经验为核心的叙事模式。草根叙事中的个体经验常常具有鲜明的真实性和独特性，能够引发共鸣，并在短时间内迅速扩散。此外，草根叙事不受商业利益的直接影响，更易于展现社会现实的多面性，为公众提供了更为多元的视角。

与此同时，精英打造的内容在多媒体和技术支持下呈现出更加专业和优质的特点。媒体组织和内容创造者通过深度调研、专业剪辑、高水准制作，提供了符合专业标准的优质内容。精英打造的内容具有系统性和权威性，对公众议题进行了深入分析，提供了独到见解，对公众观点形成有着重要的引导作用。

互联网媒体在草根叙事与精英打造之间形成了一种动态的平衡。草根叙事满足了用户对个性化、多样化内容的需求，而精英打造的内容则在深度和质量上为用户提供了保障。从内容创造的角度看，两者并存使互联网媒体生态更加丰富多彩，为用户提供了宽广的选择空间。从传播效果来看，草根叙事更易在短时间内获得高度关注和广泛传播，而精英内容则在深化公众理解和思考上起到关键作用。

然而，这种并存也带来了一些挑战。草根叙事可能存在信息的碎片化和准确性问题，而精英打造的内容则可能因为过度专业化而难以触及广大群众。因此，互联网媒体在发展中需要寻找到草根与精英内容之间的平衡点，既要保证内容的多样性和个性化，也要保证信息的准确性和权威性。

（三）针对媒介性质制作节目

一方面，新视听媒体平台在传统电视台、电台的基础上，整合了网络视频、短视频、直播、社交媒体等新形式，因此在制作节目时必须考虑到平台的特性和用户习惯。在内容上，新媒体尤其重视即时性、互动性和用户参与性，节目内容往往需要具备快速的更新频率，以及强烈的视觉冲击力和互动体验感。

另一方面，根据媒介性质制作节目的发展趋势也反映了个性化时代的到来。不同平台拥有不同的用户群体，这要求内容制作者必须深入分析用户数据，了解用户偏好，并据此制作出符合用户口味的个性化内容。例如，年轻一代用户更倾向于使用移动设备观看短视频和直播内容，因此在节目制作时需要考虑移动端的显示效果和操作便捷性。

同时，媒介融合已成为新视听媒体发展的一个重要特点。现代媒介不再是单一的传播形式，而是形成了内容、平台、技术三位一体的融合传播格局。节目制作必须结合多媒体技术，如AR、VR等，以提供沉浸式的观看体验。这种融合传播不仅能够吸引观众，也能为广告商提供更为精准的营销渠道。

（四）新旧视听媒体的制作方式逐步一致

技术进步是推动新旧视听媒体制作方式统一的主要驱动力。随着数字技术的普及，电脑软件和硬件的不断更新换代，视频和音频的制作、编辑变得更加便捷和高效。此前，传统媒体的制作往往依赖于昂贵的专业设备和复杂的后期制作流程，而现在，即便是低成本的新媒体项目也能够通过先进的技术手段，达到与传统媒体相媲美的质量标准。例如，智能手机的高清摄像功能和各类易于使用的视频编辑应用，已经使高质量视频内容的制作不再是传统媒体的专属。

消费者的消费习惯也在推动视听媒体制作方式的统一。随着互联网的普及，人们越来越多地接触和消费在线视频内容，这导致新媒体在内容制作上不断学习和模仿传统媒体的经验，以满足观众日益增强的质量期待。同时，传统视听媒体为了吸引互联网观众，也在不断借鉴新媒体的制作手法，如使用更加轻松活泼的语言风格和更加灵活的节目形式。

内容分发的多元化是促使视听媒体制作方式统一的又一重要因素。传统视听媒体开始拥抱在线平台，优化他们的内容以适应网络传播的特点。这不仅仅体现在对内容格式的调整，如短视频和直播，同样也包括制作过程中对于搜索引擎优化（SEO）和社交媒体共享性能的重视。而新媒体内容制作者为了让内容能够在各种平台上生存和传播，也在不断采用传统媒体的叙事技巧和制作标准，以增加内容的权威性和可信度。

跨平台内容整合的需求也驱动制作方式统一。在多屏时代，观众希望在不同的设备上获得相似的观看体验，这要求制作人员在制作时考虑内容在不同平台上的表现。因此，无论是新媒体还是传统媒体的制作人员，都在努力学习对方的技术和标准，以确保内容在任何平台上都能呈现出最佳效果。

随着大众参与到生产视听内容中，视听媒体内容将会呈现出简单化、即时化、碎片化、社交化等特点，同时还存在诸如内容版权问题、质量问题、如何盈利等。在视听节目制作方面如何融合发展，曾推出《中国好声音》的原浙江卫视总监夏陈安认为，以互联网为基础的新的视听媒体具有年轻人的思维习惯和制作特点，而传统电视的制作团队更具有精英意识，这两种思维方式如果有效结合，才会产生更多具有突破性的节目（表2-2-1）。

表 2-2-1 IPTV 与网络视频的区别

	IPTV	网络视频
内容特性	连续内容流	离散内容片段
内容选择	数百个节目"频道"	数百个内容文件
内容格式	一种或两种格式（由提供商进行选择）	针对多种播放器的多种格式
传输网络	专用 IP 网络	公众互联网
收看设备	通过 STB 使用观众电视机	用户 PC 显示屏、便携式设备

二、视听媒体传播渠道多样化

（一）受众选择渠道种类拓展

进入 21 世纪，互联网的普及使传播渠道发生重大变革。网络视频平台的出现，使得视频内容的生产和分享变得更为容易，用户不仅仅是内容的消费者，同时也成了内容的创造者。这一点在社交媒体上表现得尤为明显，用户生成内容（UGC）的兴起打破了传统媒体的信息垄断，推动了信息的民主化流通。

传播渠道的多样化也使内容分发更具个性化和碎片化。流媒体服务如 Netflix、Amazon Prime Video 和 Hulu 等，利用大数据和算法推荐技术，为用户提供个性化的内容推荐服务。这种服务不仅基于用户的观看历史，也取决于用户的搜索习惯、评分和偏好等多种因素。这种技术的应用极大地丰富了受众的选择，并使受众能够在海量的内容库中找到符合个人口味的内容。

卫星电视的普及也使得偏远地区的受众能够接触到更广泛的信息和文化内容。尽管卫星电视的覆盖范围广泛，但内容的多样性和即时性通常受到限制，这也促使受众开始寻求更加灵活和实时的信息传播渠道。

（二）移动端成为主要路径

技术进步是推动移动端设备流行的关键因素。高速的无线网络技术，如 5G 技术，为移动端设备提供了高效率、高速度的数据交换能力。处理器的性能提升使得移动端设备能够处理更加复杂的任务，如高清视频播放与交互式应用程序的流畅运行。此外，移动设备界面的优化，如多点触控屏幕技术的应用，也大幅提升了用户体验。

社会结构的变化也促进了移动端设备的普及。现代社会的快节奏生活和高流动性要求信息传播方式具有即时性和便捷性。在这样的社会背景下，移动端设备由于其便携性和即时联网能力，成为满足现代人日益增长的信息和沟通需求的理想选择。不论是社交网络的实时更新，还是即时新闻的快速获取，移动端设备都能快速实现。

随着自媒体和短视频等新型内容生产方式的兴起，传统的视听媒体内容生产方式和分发模式受到了挑战。这类新兴内容形式符合移动端设备的使用习惯，因为它们通常更加碎片化、更具互动性，并且制作成本相对较低。这一趋势不仅改变了用户的媒体消费习惯，也使移动端设备成为主流的内容消费工具。

此外，随着移动端用户基数的不断扩大，企业和广告商逐渐将营销焦点转移到了这些设备上。通过精准的数据分析和个性化的广告投放，移动端营销能够更准确地触达目标受众，提高营销效果。这种以数据为基础的个性化营销策略是移动端环境下的产物，并进一步加深了移动端在媒体传播中的地位。

（三）各渠道间相互补充

目前，传统媒体因其权威性和正式性，依旧在传播重大新闻事件或官方信息时占据主导地位。然而，随着网络媒体和社交平台的崛起，这些内容能够迅速在互联网上广泛传播。例如，电视新闻频道的热点报道，往往会被社交媒体用户转载与讨论，从而实现信息的二次传播。此外，这种补充关系也在于互联网媒体能够迅速对传统媒体的内容进行反应和评论，形成一种多层次的公共对话场域。

不同的媒体渠道往往吸引着不同年龄和兴趣偏好的受众：年轻人往往更倾向于通过社交媒体来获取新闻和娱乐内容，而年长人群可能更习惯于观看电视或收听广播。在这一点上，通过跨渠道的内容分发策略，媒体机构能够扩大其影响力，覆盖更广泛的受众群体，实现内容的最大化利用。

不同渠道的特性也激发了不同形式的内容创造。例如，视频平台鼓励创作者制作短视频和直播，而播客则适合制作长篇访谈和故事叙述。多样化的内容形态不仅满足了不同受众的需求，也促进了媒体内容的创新与多元化。此外，不同渠道之间的合作，如电视节目与社交媒体的互动，也为内容的创新和拓展提供了无限可能。

从营销和广告的角度来看，多渠道相互补充同样至关重要。广告商和品牌为了触及更广泛的受众，往往会将广告投放于多个渠道。这不仅可以拓宽广告覆盖面，还可以通过不同渠道的相互引导和内容定制，提高广告的针对性和效果。同时，利用数据分析技术，可以更精准地衡量各渠道广告的效果，进一步优化跨渠道的广告策略。

三、视听媒体制作投入规模化

（一）传统电视制作节目的投入越来越多

在技术层面上，传统电视节目制作成本增加与数字技术发展密切相关。高清、4K 甚至 8K 分辨率的镜头与后期制作设备的更新换代，需要投入大量资金。此外，视听特效的广泛应用也要求更高水平的技术支持与创意设计，这无疑增加了制作的复杂性及成本。例如，以视觉效果为卖点的综艺节目，往往需要大量的后期制作和特效插入，从而提高了整体投资。

节目内容的竞争加剧迫使电视制作单位不得不提高内容质量，以吸引和保留观众。优质内容的生产涉及优秀创意人才的筛选与培养、高标准剧本的打磨、艺术指导、场景布置等多方面的精细工作，这些无一不对制作成本造成压力。随着观众审美和需求的提升，高水平的原创节目越来越受到追捧，而这些节目的制作周期长、成本高，制作单位不得不增加投入，以维持在激烈的市场竞争中的生存和发展。

另一个不可忽视的因素是市场经济。广告收入作为电视台主要的财政来源，广告商对节目品质的要求也在不断提升。这迫使电视节目制作方在节目品质与市场吸引力上投入更多，以获取更高的广告收益。同时，电视台在节目制作上的投入也体现了其对品牌形象的塑造和长远发展的考量。

此外，随着互联网及移动设备的普及，传统电视节目制作也面临着与新媒体内容的竞争。流媒体平台的兴起，让观众拥有了更多的选择，传统电视为了吸引观众回归，往往需要增加投入制作高质量节目。这种竞争不仅存在于内容层面，更体现在观众体验上，例如互动性、多平台同步播出等方面的创新，均需要较多的技术和资金支持。

（二）视频网站、短视频平台的制作成本不断提高

当然，就目前自媒体中的大量视听节目来看，相比传统电视节目的制作，自媒体或普通创作者在拍摄、剪辑、后期包装、特效制作、字幕表现等方面远远没法跟专业人员相比，成本投入也相对有限。自打击网络盗版以及传统电视媒体实施独播战略、自建视频网站以来，许多视频网站立即警觉，开启了大制作战略。爱奇艺、腾讯视频、优酷等视频网站为自制视听内容展开了"烧钱"大战，打破小成本、粗制作、低品质的魔咒，成为斥资多、质量佳、点击率高的视频网站。

有优秀的制作团队，才能有精良的电视节目；有严谨的管理制作流程，才能有严谨的内容，有专业的素养和良好的政府资源，才能有权威的信息；传统电视媒体节目品质稳定、节目形式创新、制作内容精良，值得新的视听媒体学习。

在过去的十年内，视频网站和短视频平台这两种媒介的内容制作成本不断提高。技术进步是视听媒体成本增加的重要因素，视频平台为了追求更高的观看体验，不得不投入巨额资金升级设备和技术。比如高清摄像机、专业剪辑软件、服务器存储以及数据传输带宽都需要高额的投资。此外，为了提供稳定流畅的播放体验，视频平台还需要增强其内容分发网络（CDN）的能力，这也对资金提出了更高的要求。

内容创作成本的增加也非常明显。优质内容的创作需要优秀的剧本、导演、演员等，而这些成本逐年上涨。同时，为了吸引用户，视频网站和短视频平台都在制作高质量的原创内容，这意味着更长的拍摄周期、更高的场景布置和服装道具制作成本，更多的后期特效的制作费用。随着视频网站和短视频平台数量的增加，为了抢占市场份额，各平台不得不通过提供独家内容、增强用户体验等方式来吸引用户，这无疑增加了运营成本。例如，平台为了保证内容的独家性，不惜高价购买或制作版权内容。

现代观众对视频内容的质量有了更高的要求。他们不仅希望内容具有较高的娱乐性和艺术性，同时还希望视频能够为视觉和听觉带来极致的享受。为了满足用户的这些需求，制作者不得不在内容质量上下足功夫，这自然也就增加了制作成本。

版权和合规成本的增加同样不容忽视。国内外版权法律日趋完善，这要求视频平台对上传内容进行严格的版权审核，以避免侵权。此外，随着监管政策的逐

步紧绷，视频平台需要投入更多的资源确保内容审查的合规性，这些都会增加平台的运营成本。

（三）民营资本不断参与节目制作

随着制作成本的增加，主流视听媒体正在越来越多地依靠资本市场的力量。例如，上海广播电视台和云南卫视等领先的传统电视机构正在积极融入资本市场，创新商业模式，其中上海广播电视台的资本策略尤为成功。举个例子，在线视频平台的收购与合并事件屡见不鲜，优酷与土豆的合并便是一个典型事件，通过这种方式两家公司加强了市场地位并扩展了产业链。直播领域也吸引了众多投资，例如周鸿祎对花椒直播的投资和王思聪对熊猫TV的投资，巨头企业如百度和阿里巴巴也纷纷布局直播领域。网红经济亦受到资本的热烈追捧，诸如papi酱等网红都通过这一渠道收获了庞大的利润和极高的知名度。

视听行业的蓬勃发展必然引入更多的资本注资，"宁可错投，不愿错过"的投资理念已经成为市场的共识。近年来，资本运作形式层出不穷。但是值得注意的是，省级电视台需要创新体制和制度，快速对接市场，同时保持公共利益，利用资本的力量快速完成转型。虽然资本可以决定市场规模，但并非唯一影响视听内容成本的因素。市场认可的关键不仅在于资本投入的多少和成本的高低，更在于如何捕捉观众心理和文化精髓，创作出高品质的视听作品。投资规模虽然重要，但真正决定视听节目成败的关键在于内容质量。

四、视听媒体传受互动常态化

（一）闭合式传播模式逐步转变

在视听媒体的传播体系中，用户需要的不仅仅是相关信息被形象生动地告知，同时更希望切实地参与视听节目的制作或者与节目互动起来，让个人与信息有一种联结感和共存感。因为媒介发展到现在，信息的传播方式、流动方式发生了巨大变化，单向的精英的闭合式传播模式已经发展为平等开放的多向度互动传播模式，"被动接受信息的受众正在迅速变为主动使用信息的用户，普通个体受众有越来越多的操纵和参与视听媒体生产和传播过程的条件和机会"[1]。同时，对用户

---

[1] 高宪春，解崴．媒体融合背景下视听媒体创新途径再分析[J]．电视研究，2014（01）：62-65．

或者信息上传者来说，他们在制作、上传视频与其他传播者（受众）交流的过程中，构建了自己的虚拟人际网络并与一部分志同道合的人建立起相对固定的关系，在深入交流加固联系的同时，也需要让这个开放平台不断壮大和完善。而闭合式的传播，难以满足受众这方面的需求。

（二）受众主体地位上升

人类对信息的渴望往往是通过互动得到满足的，互动作为信息沟通的重要反馈形式，在未来的媒体发展中占据核心地位，它将推动观众与媒体内容的整合。观众不仅对节目的生产质量有所期待，同时也寻求在观赏过程中的互动和沉浸式体验。在媒体领域内，已有众多创新举措如用户评论区、点赞系统、实时弹幕及打赏机制等，可以增强用户参与度。例如，去掉评论的淘宝就失去了互动魅力，变成了线上的商品目录。博客、微博、微信及各大视频网站和短视频平台都在通过文本、图像和语音交流等手段积极与用户互动。博客和微博通过评论和私信，微信和抖音等应用通过点赞、评论和私聊功能来促进交流。视频平台如腾讯视频，通过"牛评"、打赏、投票、弹幕等方式加大了互动的力度。随着新功能如微信摇一摇、互动直播的引入，观众能在互动中娱乐，感受到与节目的联系。未来的IPTV、手机电视、智能电视和微信互联电视将进一步整合这类互动功能。就像在微电影中观众可以参与剧本创作，或在电子游戏中对角色进行体验式互动和创意提议一样，这些都是互动的体现。基于互联网的视听内容具备实时互动和分享的属性，一个能引起广泛共鸣的视频会迅速吸引来自不同地区观众的评论，我们正在进入一个微观评论时代，而这个时代充满着富有洞察力的评论。

（三）传统电视借助新媒体突破单向传播

传统电视节目在制作时，往往需要依据固定的节目模式和播出时间进行内容策划和制作。相比之下，新媒体给予了制作团队更大的自由度，使节目内容可以更加多样化，形式可以更加灵活多变。例如，一些传统的电视节目开始尝试制作短视频或片段集锦，通过社交媒体平台进行推广，从而吸引年轻观众群体，扩大节目的社会影响力。

在传统的电视媒体模式中，观众的参与度相对有限，通常仅限于收看节目和参与调查或电话互动。而在新媒体平台上，观众能够通过评论、分享和参与线上讨论等方式，直接参与到节目的传播和讨论中。一些电视节目制作方甚至专门设计互动环节，如线上投票、观众话题挑战等，以此提高观众黏性和参与感，打造一种新型的观看体验。

在商业模式上，传统电视节目也在探索与新媒体的融合。在过去，电视节目的盈利主要依靠广告收入和版权销售。新媒体环境下，电视节目制作者开始尝试更多元的盈利模式，例如通过与视频平台的合作分成、节目周边产品的销售，甚至是启动众筹项目等方式来增加收入。这些新型盈利方式为电视节目的持续发展提供了更为稳定的经济支撑。

（四）交互式传播引发传播效应

交互性的提升是开放式信息传递的重要体现。在传播学中，曾经有一个被称为"皮下注射理论"（或"魔弹论"）的观点，它认为特定的信息传播可以迅速而广泛地影响人群，就像药物注入人体或子弹穿透皮肤一样。但随着传播环境的演变，这一理论似乎与时代不符，现代社会的传播追求的是浸染式的传播。尽管如此，考虑到当下媒体的多样化、平台的增长和内容的创新性，我们不禁要思考，是否还会有"魔弹"效果出现。观察现实中的现象级综艺节目和它们所引起的广泛影响，可以发现：几乎全社会都会对此发表评论，而这些讨论会在网络上迅速传播并持续数周之久。然而，这不只是简单的信息传递，而是观众在各自的节点上发挥作用，利用个人资源和网络互动，共同创造了强有力的传播效应。

五、视听媒体竞争差异化

新视听媒体，如网络视频、网络直播、视频博客等，以其便捷性、互动性和个性化等特点，迅速吸引了大量用户，对传统电视、广播等视听媒体产生了巨大的冲击。新视听媒体的兴起，改变了人们获取信息的方式和娱乐习惯，使传统视听媒体的受众基础受到侵蚀，广告收入和市场份额也随之下滑。

"互联网+"战略的提出旨在实现互联网技术与传统产业的深度融合，全面推动经济社会的创新和发展。在视听媒体领域，这一战略促进了传统媒体和新媒体的融合发展。许多传统视听媒体机构开始积极拥抱互联网，通过建立自己的网络平台、开发移动应用等方式，拓展新的传播渠道和业务模式。然而，这种融合并非毫无

34

挑战，传统媒体在转型过程中需要解决版权、内容创新、商业模式等一系列问题。

随着智能手机、平板电脑、智能电视等多种智能终端的普及，人们可以在不同的设备上接触到丰富的视听内容，这就是所谓的多屏时代。在这一时代背景下，视听媒体市场出现了明显的分化。一方面，用户的观看习惯变得更加碎片化，对内容的需求也更加多样化；另一方面，不同平台和终端之间的竞争日益激烈。为了吸引和留住用户，各大视听媒体平台纷纷推出差异化的内容和服务，比如原创节目、高清直播、互动社区等。

在新视听媒体的冲击、"互联网+"战略的推动以及多屏时代的背景下，视听媒体市场的竞争变得更加激烈。一方面，新兴的视听媒体平台凭借技术优势和创新能力，迅速崛起，对传统媒体形成挑战；另一方面，传统媒体积极转型的同时，也在探索与新媒体的合作机会，以共同开发新的市场空间。此外，随着市场竞争的加剧，版权问题、内容质量、用户体验等也成为各方关注的焦点。

第三节　电视与视频网站的竞争与合作

近年来，随着互联网视频的蓬勃发展，人们对电视行业转型的探讨已经逐渐转化为实际行动。电视和视频网站之间的多方面互动展现出了电视在互联网时代的指引作用，为电视迎接即将到来的转型带来益处。

然而，随着时代的发展，传统电视在经营模式和传播机制方面出现了老化问题，这使得它难以继续保持"第一媒介"的重要地位。随着"互联网+"时代的到来，传统电视行业面临着更多的挑战和机遇，需要不断创新和转型以适应新的市场需求。事实上，传统电视不断尝试新的节目编排方法，而视频网站也在加速推动自制内容的发展，由此，我们能够看出，"内容为王"的观念在互联网时代仍然至关重要。换言之，从本质上来看，优质内容仍然是视频发展的核心所在。

一、电视与视频网站激烈角逐

在竞争激烈的优质资源领域，电视与视频网站的竞争势头交替，这为我们提供了一个重要的关注点：即在追求优质资源的背景下，具备合理、创新的内容运营策略至关重要。

随着智能手机、平板电脑等电子设备的广泛普及及 5G 网络的快速发展，视听新媒体正呈现蓬勃发展之势。在这个背景下，曾经忠实于传统电视传媒的观众群体，正逐渐向视听新媒体靠近。这一趋势不仅改变了消费者的媒体偏好，也给传统电视行业带来了巨大的挑战和机遇。传统电视媒体通常采用单向传播方式，即一对多的传播模式。因而接收者通常是被动接收信息，受到时间和空间的限制。视频网站与传统电视传媒的竞争主要体现在视听新媒体和传统电视传媒之间信息内容传递方式不同。视频网站明显改变了电视传媒的传播方式，使观众从原来的被动角色转变为主动角色。选择在线视频平台观看节目的观众不断增多，而传统电视节目的观众却逐渐减少。这导致了视频网站与电视台之间的竞争加剧。视频网站具有更多的节目选择和个性化推荐功能，可以更好地满足观众的个性化需求。而传统电视节目受时间和频道限制，无法提供如此多样化的内容和个性化推荐。因此，视频网站在内容吸引力上具有明显优势，吸引了更多年轻用户和互联网用户。另外，视频网站还具有跨平台观看、随时随地观看的优势，观众可以通过手机、平板电脑、电视等多种设备随时访问视频内容，大幅提升了用户的观看体验。而传统电视则受限于电视机的观看环境，无法实现随时随地观看。

在视听新媒体盛行的社会，各种类型的视听新媒体已经广泛融入广大观众的日常生活中，成为他们生活中的一个重要组成部分。门户网站、社交网络平台等原本不那么引人注目的平台，如今地位迅速提升，而这种变化恰恰能够反映出视听新媒体的价值。如今，观众可以根据个人喜好和需求自主挑选他们感兴趣的内容。同时，越来越多的视听新媒体依据大数据算法精准定位用户的习惯和兴趣，有针对性地提供相关信息。比如，小红书、微博、抖音、今日头条等平台。

二、电视与视频网站互惠共赢

随着网络自制节目产量大幅增加，网络节目对电视台的反向输出速度也在逐步加快。这种现象不仅确立了电视市场的积累优势，还揭示了网络节目返销频道背后的战略逻辑：视频网站正在逐步深入内容生产、营销推广等创新领域，并以更开放的态度拓展自身发展空间。例如，爱奇艺推出的《我去上学啦》和《爱上超模》等节目成功输出至电视平台，这不仅扩大了节目受众群体，增强了网站的广告吸引力，还对提升视频网站的品牌形象起到积极作用。此外，视频网站还针对电视台热门节目推出衍生节目，如腾讯视频的《剧透好声音》是电视节目《中国好声音》的有力补充。

与此同时，传统电视媒体并非束手无策，也开始与视频网站合作，展现出顺应时代潮流的正确态度。例如，浙江广电与腾讯视频在播出平台、内容资源、广告宣传等方面展开全面战略合作。可以看出，虽然视频内容市场的竞争激烈，但最终的结果并非零和博弈，而是在互惠互利的合作中实现共赢。这种深度合作不仅是当下的趋势，也是未来视频内容产业实现可持续发展的关键。

要实现传统电视媒体与视频网站的合作，需要从以下几个方面入手：

一是发挥各自优势，保持市场份额。传统电视媒体虽然面临着新媒体发起的挑战，但仍具备信息发布的权威性和深度报道的优势。因此，可以借鉴新媒体的传播速度和信息量优势，同时保持自身的权威性和详实报道，以吸引更多受众。

二是创新传播方式，借力网络技术。传统电视媒体可以利用互联网技术，最大化传播速度和质量，充分了解受众喜好，改进节目内容和形式，并通过各种互动平台与受众互动。

三是组建产业链接，综合优势互补。在新媒体时代，各种电视媒体形式构成了一个完整的媒体生态系统，传统电视媒体可以利用新媒体资源，构建完整的产业链，满足不同层次客户、不同群体的需求，提升竞争力。

三、电视与视频网站的发展需立足平台

湖南卫视新媒体平台芒果TV是经典示例。芒果TV依靠与原生平台湖南卫视的"台网联动"，牢牢把握内容与渠道的共同优势，通过生产优质原创内容或独播自有平台内容的方式获得竞争优势。芒果TV面向湖南卫视的年轻用户群扎根"粉丝经济"，继续深耕受众特征，不仅继续深度运营了卫视的王牌综艺与热门剧集，也由平台自主产出包括《明星大侦探》《百万秒问答》《妈妈是超人》等在内的大量优质自制节目，进一步巩固了湖南卫视的传播优势。自2017年起，芒果TV开始向湖南卫视支付版权费用，并于2018年开始提供内容反馈。在2017年，芒果TV实现了4.89亿元的净利润，成为国内主流视频市场中首家盈利的综合性视频平台。这意味着芒果TV在视频内容市场的竞争中取得了显著成就，并在盈利能力方面取得了重大突破。这一成就不仅展示了芒果TV作为综

合性视频平台的实力，还表明了其在内容付费和内容输出方面的策略的有效性。芒果TV通过与湖南卫视合作，成功实现了内容版权付费反哺，为自身的发展注入了新动力，进一步巩固了其在国内视频市场的领先地位。截至2019年上半年，芒果TV全平台日活量突破6800万，预计全年收入过百亿、利润过10亿，相当于在互联网上再造了一个湖南卫视。[①]2022年，芒果超媒公司实现营业收入137.04亿元，同比下滑10.76%；归母净利润18.25亿元，同比下滑13.68%；基本每股收益0.98元。报告期内，核心主营业务芒果TV互联网视频业务实现营业收入104.18亿元，同比下降7.49%。[②]与此同时，中国中央广播电视总台在新媒体转型方面取得了新的进展。借助互联网时代受众市场和用户习惯的变化，中央广播电视总台推出了"新央视"产品组合，包括"三微一端"（微博、微信、微视和央视新闻客户端）。这一举措是央视转型道路上的一次成功尝试，有助于中央广播电视总台更好地利用自身的优势媒体资源，同时促进传播渠道的进一步拓展。芒果TV和"三微一端"的成功试水间接反映出电视频道可以在新媒体平台建设方面采用更为有效和高效的"台网联动"形式。尽管这种"自我繁殖"的策略并非适用于所有电视频道，但为该领域的革新与突破提供了创新启示。

第四节　移动短视频的规模化拓展

短视频作为一种重要的网络视听形态，在2021年实现全面、快速、高质量、创新性发展。舆论宣传阵地功能不断巩固，内容形态更加丰富，创作主体日益多元，平台融合化和差异化趋势凸显，产业更加活跃成熟，监管更加严格规范。

一、内容形态更加复杂

2021年，国家广播电视总局（以下简称广电总局）继续以实施"新时代精品工程"为抓手，着力推动网络视听精品创作，组织了"弘扬社会主义核心价值观

---

① 芒果TV.芒果TV2017年行业率先盈利4.89亿[EB/OL].（2018-04-02）[2020-03-07]. https://corp.mgtv.com/a/20180402/1703577703.html.

② 界面新闻.芒果超媒：2022年归母净利润18.25亿元，同比下滑13.68%，芒果TV互联网视频业务收入下降7.49%[EB/OL].（2023-04-21）[2023-5-18]. https://www.163.com/dy/article/I2SEN25E0534A4SC.html.

共筑中国梦"活动、主题原创视听节目征集活动、网络视听节目精品创作传播工程、季度优秀网络视听作品推选活动等工程项目，推动短视频主题创作持续繁荣，涌现出《领袖的足迹》《习近平的扶贫故事》《钟南山》《数说中国扶贫》《唐宫夜宴中的国宝》《中国新疆·跨越1400公里的生命接力》《百年大党——老外讲故事》等短视频精品力作。

泛知识、泛文化类短视频广受关注。一方面，知识类短视频内容需求旺盛，增长迅猛。《2021抖音泛知识内容数据报告》显示，2021年抖音上的泛知识内容增长迅猛，播放量年同比增长达74%，比例已占平台总播放量的20%，成为最受用户欢迎的内容之一。其中，最受欢迎的是生活技能类短视频内容，增幅达219%，科学普及类短视频快速崛起，增幅达207%。另一方面，文化类短视频获得广泛关注，频频出圈。从之前的《如果国宝会说话》短视频风靡全网，到2021年《唐宫夜宴》《洛神水赋》短视频火爆出圈，文化类短视频正在成为传承中华传统文化的有效载体。《2021抖音数据报告》显示，抖音短视频平台的国家非遗项目覆盖率达99.42%，相关视频数量同比增长149%，累计播放量同比增长83%。快手国家级非遗项目覆盖率也达96.3%。文旅类、综艺类、动画类、微短剧类等种类细分领域内容也发展迅速，获得用户和市场广泛青睐。[①]

短剧迎来快速发展。2021年主流短视频平台相继推出短剧扶持计划，如抖音推出"短剧新番计划"，快手发布"加强版星芒计划"和"剧好玩计划"，微视则推出"火星计划2.0"等，各平台从流量、资金、IP等方面入手，助推微短剧多元化、精品化生产。根据快手短剧行业大会公布的数据，2021年1月至10月，快手短剧的日活用户规模达2.3亿，总播放量超过7700亿，短剧创作者总收入超10亿元。优酷、腾讯、芒果TV等长视频平台也积极发展短剧，推出5—10分钟/集的短剧，涉及古风、甜宠、喜剧、悬疑、互动剧等诸多类型。腾讯视频于2021年底推出"十分剧场"短剧品牌，目前已上线《大妈的世界》等10余部短剧作品。

短视频形态日渐丰盈。随着5G、AI、虚拟现实（VR）、增强现实（AR）等新技术的应用，竖屏视频、沉浸式视频、互动视频等短视频新形态也迎来较大发

---

① 21世纪商业评论.抖音泛知识内容报告：视频播放量增长74%，生活技能类最受欢迎[EB/OL].（2021-10-13）[2023-09-05]. https://www.toutiao.com/article/7018409993640624653/.

展。例如，2021年五四青年节期间，CGTN推出适合海外社交媒体平台观看和分享的系列竖屏视频《中国青年观》，通过原创短视频的方式展现了新一代青年人多元的价值观和生活方式，全球阅读量近300万次。山东台闪电新闻推出沉浸式交互视频《关键一步》，撷取建党百年中四个影响深远的抉择瞬间，透过"关键一步"沉浸式视频互动体验，生动展示中国共产党百年奋斗的伟大历程。

二、创作主体日益多元

主流媒体加速布局短视频。短视频为媒体融合注入了强劲动力，成为媒体融合的标配和显性指标。主流媒体全面进入短视频主赛道，通过成立融媒体工作室、发展广电MCN等方式，在短视频内容创作传播、IP孵化等领域持续探索，形成了湖南娱乐"Drama TV"、浙江广电"黄金眼MCN"、山东广电"Lightning TV"、济南广电"鹊华MCN"、无锡广电"锡有MCN"等专注短视频创作运营的知名广电MCN机构。例如，湖南娱乐频道以MCN为先手，在全网平台建立常态化内容矩阵，共开设600多个账号，布局明星娱乐、母婴、剧情、萌宠等内容赛道。

短视频平台内容扶持力度逐步加大。随着大众内容消费需求从泛娱乐向泛知识、泛文化过渡，各平台都将吸纳和扶持优质内容创作者作为主要竞争策略，持续推出各类创作扶持计划，激发短视频内容创作生产潜能。例如，抖音继续推出"DOU艺计划""萌知计划"、快手推出"星海计划-千帆行动"、腾讯微视推出2021MCN"雪球"计划、爱奇艺随刻发布"追光计划"、好看视频推出"轻知计划"等，通过流量扶持等多种手段激励优质内容创作，从内容创作、分发、变现多方面深度赋能创作者和合作伙伴。

MCN机构促进短视频内容创作和运营。蜂群文化贝壳视频、中广天择传媒等头部视听媒体MCN机构都将短视频作为核心业务之一。MCN机构加速了短视频内容达人的孵化和培养，优质内容创作者不断涌现，为行业带来新鲜血液，但也加剧了竞争，"红人"和KOL内卷化效应逐步显现。

用户参与创作的积极性持续提升。UGC内容模式以相对简单的制作方式，降低用户生产内容的门槛，既满足用户表达和社交诉求，又为短视频平台带来流量和收益。广视索福瑞（CSM）《2021年短视频用户价值研究报告》数据显示，短视频用户参与内容创作的比例持续增长至42.8%，即我国有3.8亿短视频用户参与到短视频内容创作中。近八成的 UGC 用户旨在记录和分享生活状态，六成以上的用户认为录制短视频有趣，能够缓解生活压力，满足自我表达的愿望。在快手平台上，25% 的月活跃用户为内容创作者，近 3 年每年有超过 2000 万创作者获得收入。①

三、平台融合化和差异化显现

市场格局呈现"两超多强"。抖音、快手作为头部平台优势明显，市场份额持续扩大。抖音连续 4 年领跑短视频平台，快手平台用户规模呈现稳步发展态势。相关数据显示，抖音、快手两大平台的活跃用户占比超过行业半数，位居行业第一；其次是西瓜视频、快手极速版、微视、抖音极速版和抖音火山版等，活跃用户占比为 31.6%；好看视频、爱奇艺随刻、刷宝和优哩视频等排在第三梯队，活跃用户占比为 7.7%。作为短视频国家队，央视频累计下载量达 3 亿次，会员破百万，最高日活量达千万人次，用户活跃度和社会影响力显著提升。②

差异化竞争格局初步显现。当前，短视频平台竞争已从单纯追求用户规模增长转移到增强用户黏性，通过持续努力，各平台逐渐建立起竞争优势。例如，抖音不断做大做优做强音乐版块，上线"在线 K 歌"功能，推出音乐 App "汽水音乐"，"短视频+音乐"生态逐渐成熟；央视频则发挥中央广播电视总台节目资源优势，上线财经、文艺、体育等 12 个垂直频道，为移动互联网时代逐浪前行增添新动能。

长、短视频平台双向融合趋势强化。一方面，短视频平台加速布局长视频内容。央视频、快手等加大自有版权开发或对外采买力度，平台上已聚合数量庞大的电影、电视剧、动画片、纪录片、综艺、赛事节目等各类长视频内容。2021 年 12 月，微信视频号接连举办了西城男孩 West life 线上音乐会和五月天的跨年演唱会，瞬间刷爆朋友圈；2022 年春节期间，抖音、快手、微信视频号相继成为总台春晚内容版权合作商，视频号更是开创了竖屏看春晚的新模式，微信为春晚竖屏直播提供了送祝福、发红包、发朋友圈、发状态等功能，增强了用户内容观看和

---

① 艾媒网.艾媒咨询 | 2021-2022 年中国 MCN 行业发展研究报告 [EB/OL]. (2021-12-29) [2023-05-19]. https://www.toutiao.com/article/7047063051685626398/.

② 中国网络视听节目服务协会.2021 中国网络视听发展研究报告 [EB/OL]. (2021-06-03) [2023-05-19]. https://news.znds.com/article/54323.html.

社交互动的体验。另一方面，长视频平台频频发力短视频业务。2021年优酷建立"优酷号创作平台"打造优酷创作学院，全方位支持短视频创作者。爱奇艺"随刻"App抢占中短视频市场，打造海量精彩、多元化的综合视频社区产品。同时，长视频平台还积极利用短视频移动化、社交化、碎片化的传播特点，对影视剧、综艺、赛事节目等长视频内容进行营销推广。

四、短视频成为大视听产业新动力

短视频产业模式日益成熟。一是短视频电商产业生态逐步完善。短视频电商变现能力不断提升，电商转化率高，用户通过短视频平台购买服务运动、旅游、图书、教育、医疗保健类商品，用户购买率明显提升。同时，抖音、快手等短视频平台加速布局发展在线支付业务，形成从短视频内容引流到电商直播营销、再到在线支付的完整短视频电商产业生态。二是短视频用户内容付费意愿持续上升。内容付费支出及预期提升明显，为短视频优质内容的效益转化和市场变现提供巨大空间。三是短视频广告市场前景广阔。短视频广告以其互动性强、传播范围广、传播速度快、时空受限性小等特性以及投入成本低、受众面广等优势，成为商家、企业热捧的推广方式。

近年来，短视频产业发展活跃，新业态新模式不断涌现，产业规模和市场份额快速增长。短视频产业呈规模增长，成为视听产业发展新引擎。

第三章　主流媒体的视听变革与实践机制

在移动优先、需求优先的语境下，主流媒体如何适应终端随人走、信息围人转的视听传播变迁，重新与用户建立互连共享，成为媒体融合创新发展的出发点。媒体融合不仅要打造融合产品，建立融合传播矩阵，还要在体制机制、政策措施、流程管理、人才技术等方面加快融合步伐。从媒体融合初期的空间合并、人员调度、产品创新、终端多元开发，转向通过顶层设计，建立集约高效、着重发展全媒体生态型组织，优化生产和运营机制，在顶层设计、组织创新、制度保障、流程再造等方面形成制度性建设。

基于对媒体融合发展的历史演进的梳理，本章从媒体组织层面，考察移动传播背景下主流媒体融合中的体制机制变革、平台化转型、深度融合转型路径，从而为视听融合创新提供基础性分析。媒体的体制机制转型从三个层次展开：生产机制变革，即媒资和人力血脉畅通的生产机制、选题策划、内容生产全体系的生产流程再造；技术、平台变革，即技术变革带来的主流媒体平台化建设和媒体组织变革；转型路径与策略，即媒体创新用户连接、内容融合与创新、盈利模式创新的分析。

第一节　主流媒体视听融合发展战略演变

本节梳理媒体融合作为国家战略整体推进的历史脉络，可以发现其大致经历了三个时期。无论在哪个时期，媒体整合都是工具，是不断变化的动态过程；整合发展的目标非常明确，即创建新型主流媒体和主流媒体联盟，扩大壮大主流舆论力量，巩固全党全国人民团结奋斗的共同思想基础；融合发展的根本始终是内容创新。而在发展过程中，融合方向、方法、手段进一步清晰：从现代传播体系进入到全媒体传播体系；从内容根本、技术支撑到管理创新一体；从央级媒体改革，到中央、省、市、县的协同发展；从主流媒体到商业平台等。

一、理念形成和战略推进期（2013—2015）

媒体融合发展理念的初步形成和战略实际推进都源于国家对舆论引导和价值引领的现实迫切需求。在当今信息技术高速发展的背景下，媒体融合不仅能够提升信息传播的效率和覆盖范围，还能够更好地满足公众对多元化信息的需求，推动媒体融合发展正是适应时代潮流、促进社会进步的必然选择。同时，媒体融合还有助于加强媒体的监督功能，提高信息的真实性和可信度，推动媒体从传统向现代转型，更好地适应当前社会的发展需求。因此，媒体融合发展既是国家层面舆论引导和价值引领的需要，也是促进媒体行业健康发展的必然选择。

（一）基本理念形成

"截至2013年6月，中国微博用户规模达到3.31亿，到2013年9月，中国网民数量达到了6.04亿，到2013年11月，微信用户规模突破3亿"，[1]信息传播重心迅速向即时通信和移动社交平台迁移，主流媒体尤其是纸质媒体面临着受众流失、广告断崖式下滑的局面。如何把意识形态工作的领导权、管理权、话语权牢牢掌握在手中，这对主流媒体提出了极为紧迫的融合转型要求。2013年8月19日，习近平总书记在全国宣传思想工作会议上提出媒体融合发展的基本理念。在手段创新中，提出特别是要适应社会信息化持续推进的新情况，加快传统媒体和新兴媒体融合发展，充分运用新技术新应用创新媒体传播方式，占领信息传播制高点。2013年11月党的十八届三中全会进一步提出，"整合新闻媒体资源，推动传统媒体和新兴媒体融合发展……重视新型媒介运用和管理，规范传播秩序"。[2]

（二）整体战略推进

2014年8月，中央全面深化改革领导小组第四次会议通过《关于推动传统媒体和新兴媒体融合发展的指导意见》，把媒体融合发展上升到国家重要的战略规划中，进行顶层设计，明确具体目标，包括建立融合发展的政策体系、加强传统媒体和新兴媒体人才培养、促进媒体融合创新实践等。

---

[1] 曾祥敏，李刚.我国媒体深度融合发展中的关键问题[J].现代出版，2021（02）：65-74.
[2] 人民日报.中共中央关于全面深化改革若干重大问题的决定[N].人民日报，2013-11-16（01）.

习近平总书记在讲话中提出，"要遵循新闻传播规律和新兴媒体发展规律，强化互联网思维，坚持传统媒体和新兴媒体优势互补、一体发展，坚持先进技术为支撑、内容建设为根本，推动传统媒体和新兴媒体在内容、渠道、平台、经营、管理等方面的深度融合，着力打造一批形态多样、手段先进、具有竞争力的新型主流媒体，建成几家拥有强大实力和传播力、公信力、影响力的新型媒体集团，形成立体多样、融合发展的现代传播体系。要一手抓融合，一手抓管理，确保融合发展沿着正确方向推进。"[1] 其中，要以先进技术为支撑，内容建设为根本推动在内容、渠道、平台、经营、管理等方面的深度融合，打造"新型主流媒体"，建成"新型主流媒体集团"，形成"现代传播体系"，从微观层面的媒体机构，到中观层面的融合平台，进而到宏观层面的现代传播体系，由实到虚，由具体到宏观明确提出了媒体融合发展方向和路径。这份指导意见强调了传统媒体和新兴媒体融合发展的重要性，指出要加强传统媒体和新兴媒体互补互助，共同推动媒体融合发展。

（三）理念重点深化

2015年12月，习近平总书记视察解放军报社时强调，"推进理念、内容、手段、体制机制等全方位创新""要研究把握现代新闻传播规律和新兴媒体发展规律，强化互联网思维和一体化发展理念，推动各种媒介资源、生产要素有效整合，推动信息内容、技术应用、平台终端、人才队伍共享融通""对新闻媒体来说，内容创新、形式创新、手段创新都重要，但内容创新是根本的"[2]，进一步强化了内容建设为根本，强化了全方位和一体化的协同发展理念。

二、融合发展认识深入（2016—2018）

这个阶段是对媒体融合战略不断实践，又不断深入认识的过程，从宏观布局到具体方向都有了新的探索。

---

[1] 人民日报. 共同为改革想招一切为改革发力群策群力把各项改革工作抓到位[N]. 人民日报，2014-08-19（01）.

[2] 人民日报. 坚持军报姓党坚持强军为本坚持创新为要为实现中国梦强军梦提供思想舆论支持[N]. 人民日报，2015-12-27（01）.

（一）深融与真融

在媒体融合整体战略推进两年之后，主流媒体在技术、产品、渠道、平台等方面发力创新，形成两微一端乃至多端出口的模式，但仍然是简单相加，即"+互联网"。另外，媒体发展总体不平衡，纸质媒体由于面临巨大挑战，转型改革的决心和力度很大，而广播电视媒体面对的压力并不紧迫，创新动力仍然不足，改革的步伐相对迟缓。从各层级媒体来看，中央媒体改革步伐大，地方媒体虽有紧迫感，但在技术、人才上捉襟见肘，媒体融合具体发展方向仍然不明确。

2016年2月19日，习近平总书记主持召开党的新闻舆论工作座谈会，并先后到人民日报社、新华社、中央电视台3家中央新闻单位调研，在讲话中明确了媒体融合发展的三个阶段，着重强调技术赋能是方法，内容才是方向，是根本，"融合发展关键在融为一体、合而为一。要尽快从相'加'阶段迈向相'融'阶段，从'你是你、我是我'变成'你中有我、我中有你'，进而变成'你就是我、我就是你'，着力打造一批新型主流媒体。需要强调的是，内容永远是根本，融合发展必须坚持内容为王，以内容优势赢得发展优势"[1]。

（二）具体指导

习近平总书记在党的新闻舆论工作座谈会上的讲话，首次全面阐述了融合创新的九个方面，即"党的新闻舆论工作必须创新理念、内容、体裁、形式、方法、手段、业态、体制、机制，增强针对性和实效性。要适应分众化、差异化传播趋势，加快构建舆论引导新格局。"[2]

2017年，《国家"十三五"时期文化发展改革规划纲要》对媒体融合微观流程提出了指导意见，"支持党报党刊、通讯社、电台电视台建设统一指挥调度的融媒体中心、全媒体采编平台等'中央厨房'，重构新闻采编生产流程，生产全媒体产品"[3]。

---

[1] 中共中央文献研究室.习近平关于社会主义文化建设论述摘编[M].北京：中央文献出版社，2017：45-46.

[2] 宣讲家网.胡智锋：坚持、创新、期待——"219"重要讲话精神解读[EB/OL].（2016-03-16）[2023-06-05].http://www.71.cn/2016/0316/874211_2.shtml.

[3] 人民日报.中办国办印发《国家"十三五"时期文化发展改革规划纲要》[N].人民日报，2017-05-08（01）.

（三）新闻舆论的"四力"建设

对党的新闻舆论工作的"四力"建设，"尊重新闻传播规律，创新方法手段，切实提高党的新闻舆论传播力、引导力、影响力、公信力"①。这其实诠释了新型主流媒体做大做强的"大"与"强"。

三、县级融媒体建设全面布局（2018）

在移动社交平台语境下，如何打通媒体融合的最后一公里，成为战略发展的重点。特别是在今日头条、抖音、快手等商业社交平台深入四、五线地级市和县级市后，主流意识形态舆论阵地建设紧迫，县级融合媒体建设进入重要议程。2018年8月，习近平总书记在全国宣传思想工作会议上的讲话强调，"要加强传播手段和话语方式创新，让党的创新理论'飞入寻常百姓家'。要扎实抓好县级融媒体中心建设，更好引导群众、服务群众。"②2018年11月，中央全面深化改革委员会第五次会议通过了《关于加强县级融媒体中心建设的意见》，提出"组建县级融媒体中心，有利于整合县级媒体资源、巩固壮大主流思想舆论""调整优化媒体布局，推进融合发展，不断提高县级媒体传播力、引导力、影响力"③。2018年9月，中宣部召开县级融媒体中心现场推进会，部署在全国范围内推进县级融媒体中心建设，2018年先后启动600个县级融媒体中心建设，到2020年基本实现全国覆盖。

自此，媒体融合实际发展从中央媒体直接面向县级媒体。在制度和政策层面，中央和县级"网极领域"成为整体战略推进明确的重点，从全国引领到"最后一公里"可以看出其中的紧迫性。

---

① 人民日报.坚持正确方向创新方法手段提高新闻舆论传播力引导力[N].人民日报，2016-02-20（01）.

② 人民日报.胸怀大局把握大势着眼大事 努力把宣传思想工作做得更好[N].人民日报，2013-08-21（01）.

③ 人民日报.深刻总结改革开放伟大成就宝贵经验 不断把新时代改革开放继续推向前进[N].人民日报，2018-11-15（01）.

四、媒体融合纵深发展（2019—2022）

经过上一阶段的实践探索和认识，这一时期，党中央在政策和发展方向上给予更加明确的指导。

（一）初步形成构建全媒体传播体系思想

1. 四全媒体环境的精准概括

在媒体融合战略整体推进的第六年，2019年1月25日，中共中央政治局在人民日报社就全媒体时代和媒体融合发展举行第十二次集体学习，习近平总书记作重要讲话，讲话着重强调媒体融合要迈向新阶段，向纵深发展，"推动媒体融合发展、建设全媒体成为我们面临的一项紧迫课题。要运用信息革命成果，推动媒体融合向纵深发展"，并点明媒体融合发展的现实意义，"做大做强主流舆论，巩固全党全国人民团结奋斗的共同思想基础"。同时，精辟概括出当前媒体发展信息传播的现实环境，主流价值引导的复杂性和挑战性，"全媒体不断发展，出现了全程媒体、全息媒体、全员媒体、全效媒体，信息无处不在、无所不及、无人不用，导致舆论生态、媒体格局、传播方式发生深刻变化，新闻舆论工作面临新的挑战"[1]。

2. 基于四个维度媒体（平台）的全媒体传播体系

习近平总书记在中共中央政治局第十二次集体学习上的讲话再次强调打造新型主流媒体的具体方向，同时，进一步把现代传播体系明确为全媒体传播体系，首次提出构建全媒体传播体系的四个维度的媒体（平台）及其相互关系，尤其是把商业平台纳入全媒体传播体系。"推动媒体融合发展，要坚持一体化发展方向，通过流程优化、平台再造，实现各种媒介资源、生产要素有效整合，实现信息内容、技术应用、平台终端、管理手段共融互通，催化融合质变，放大一体效能，打造一批具有强大影响力、竞争力的新型主流媒体""要统筹处理好传统媒体和新兴媒体、中央媒体和地方媒体、主流媒体和商业平台、大众化媒体和专业性媒体的关系，形成资源集约、结构合理、差异发展、协同高效的全媒体传播体系"[2]。

---

[1] 人民日报.举旗帜聚民心育新人兴文化展形象更好完成新形势下宣传思想工作使命任务[N]. 人民日报，2018-08-23（01）.

[2] 人民日报.举旗帜聚民心育新人兴文化展形象更好完成新形势下宣传思想工作使命任务[N]. 人民日报，2018-08-23（01）.

（二）全媒体传播体系完整提出

进入2020年，在媒体融合战略整体推进的第七年，县级融媒体中心建设全面推进的第三年，媒体融合进入深水期和攻坚期，在各级主流媒体进行产品创新、平台创新的基础上，真正啃硬骨头的阶段已经到来，从增量改革到存量改革，从散点创新到系统的体制机制和组织结构改革，主力军进入主战场，亟待全面转型。正是在这样的背景下，政策的战略推进到了新阶段。中共中央办公厅国务院办公厅《关于加快推进媒体深度融合发展的意见》提出媒体深度融合发展的总体要求；"推进媒体深度融合"被纳入《中共中央关于制定国民经济和社会发展第十四个五年规划和二〇三五年远景目标的规划》；《"十四五"文化发展规划》也明确提出全媒体传播体系建设，特别指出建设视听融合传播基础平台，打造统一的视听节目传播信息大数据体系。而已经感受到巨大压力的广播电视媒体也面临着迫切的转型和方向指引，国家广电总局印发《关于加快推进广播电视媒体深度融合发展的意见》并明确了改革的时间点，"力争用1至2年时间，新型传播平台和全媒体人才队伍建设取得明显进展""用2至3年时间，在重点领域和关键环节的改革创新取得实质突破"[1]。在战略政策中，诸多表述都提出了融合发展转型的新阶段与新方向。

2022年中国共产党第二十次全国代表大会明确指出"巩固壮大奋进新时代的主流思想舆论，加强全媒体传播体系建设，推动形成良好舆论生态"[2]。

1. 管理创新的重点

在既有的内容和技术基础上，进一步凝练出创新管理体系，完整提出建立全媒体传播体系。体制机制改革、管理创新和提升成为深度融合发展的重点。

2. 优势资源全面进入互联网

《意见》明确提出全面转型意见，要推动主力军全面挺进主战场，以互联网思维优化资源配置，把更多优质内容、先进技术、专业人才、项目资金向互联网主阵地汇集、向移动端倾斜，让分散在网下的力量尽快进军网上、深入网上，做大做强网络平台，占领新兴传播阵地。

---

[1] 国家广播电视总局.关于加快推进广播电视媒体深度融合发展的意见[EB/OL].（2020-11-26）[2022-10-15]. http//www.nrta.gov.cn/art/2020/11/26/art_113_53991.html.

[2] 共产党员网.二十大报告学习汇编｜巩固壮大奋进新时代的主流思想舆论[EB/OL].（2023-04-01）[2023-06-22]. https://www.12371.cn/2023/04/01/ARTI1680346951984367.shtml.

3."中央、省、市、县"级媒体共同发展

随着中央媒体大规模改革，省级媒体各展所长，县级融媒体建设整体推进，之前被忽视的市级媒体也开始进入深度融合发展的新阶段。至此，我国媒体融合战略发展从中央和县级两级发展，再向省级和市级媒体推进，形成四级体系。《"十四五"文化发展规划》进一步明确"中央、省、市、县各层级媒体的建设重点，有实力的中央媒体建成新型主流媒体"航母"和"旗舰"，省级媒体重点建设区域性传播平台，市地级媒体因地制宜打造市地级融媒体中心，县级融媒体中心要进一步建强用好，实现可持续发展。"①

4.发掘用户资源

用户是发挥互联网连接本质的要素之一，是互联网时代的重要生产力。用户和用户内容的开发与使用一直以来都是主流媒体的短板，《意见》把互联网的用户思维与我党"开门办报、群众办报"的优良传统，以及新时期党的工作导向有机结合起来，强调用户资源开发和使用的重要性。"要走好全媒体时代群众路线，坚持以人民为中心的工作导向，坚持贴近群众服务群众，创新实践党的群众路线，大兴'开门办报'之风，把党的优良传统和新技术新手段结合起来，强化媒体与受众的连接，以开放平台吸引广大用户参与信息生产传播，生产群众更喜爱的内容，建构群众离不开的渠道"②。

（三）构建全媒体国际传播体系

2021年5月31日，习近平总书记在中央政治局第三十次集体学习时强调，"要全面提升国际传播效能，进一步推动媒体融合创新与国际传播同构，打造国际一流的具有强大传播力、影响力的新型主流媒体。"③逐步形成以构建中国话语和叙事体系、建立立体性创新性传播平台、建强国际传播专门人才队伍、掌握国际传播规律为基本路径的国际传播体系。

---

① 人民日报.中办国办印发《"十四五"文化发展规划》[N].人民日报，2022-08-17（01）.
② 王毅.王毅："两办方针"与全媒体时代的群众路线 [EB/OL].（2021-10-22）[2023-09-05]. http://jds.cass.cn/xscg/ybwz/202110/t20211022_5369042.shtml.
③ 新华网.习近平在中共政治局第三十次集体学习时强调 加强和改进国际传播工作展示真实立体全面的中国 [EB/OL].（2021-06-01）[2023-09-05]. http://jds.cass.cn/xscg/ybwz/202110/t20211022_5369042.shtml.

第二节 主流媒体视听融合体制机制变革

体制机制改革作为主流媒体转型中的深层变革，是媒体融合转型的重中之重。推动媒体融合向纵深发展，要深化体制机制改革。

媒体融合真正到了触及"灵魂"的阶段。主流媒体创新技术、组织、生产、平台以及传播渠道，以技术赋能，围绕内容建设和用户触达做了丰富的创新实践，以创新小组或工作室驱动形成多元创新产品，拓展微博、微信、客户端、抖音等两微多端的产品出口和传播矩阵。而在未来的纵深推进中，应当从单点、离散的创新向整体的生产运营组织创新，在体制机制变革等顶层设计中形成一体化规划发展。以新汰旧、以新带旧、以点带面进行一体化的变革。

一、生产机制变革

生产机制围绕生产组织和资源配置展开，从而更好地服务要素融合、流程再造。

（一）重组组织架构

进一步整合优化组织结构，消除传统业务与新媒体业务的藩篱，按照全媒体业务和产品导向，建立起开放共享的自适应组织。传统的报纸版面、频率、频道必将面临重新洗牌和资源结构重组的过程，把资源向成长型业态倾斜发展，根据具体业务目标来调整内部的组织结构、生产流程、人员布局和配置等。这方面，中央广播电视总台成立新媒体中心及下辖融合发展中心、新闻新媒体中心、视听新媒体中心；上海报业集团多次联合重组，"组团取势"，统一调配资源，在巩固优势内容建设的同时，向新媒体积极迈进。

（二）整合产能

当前，主流媒体基于中央化的"策、采、编、评、发"流程再造，已逐步探索出集中指挥、高效协调、采编调度、信息沟通的机制。课题组调研发现，中央媒体、省级媒体开始建立"中央厨房"，其中，省级媒体对可视化融合大屏和智能演播室更加青睐。

未来的发展，各级媒体要在技术架构和功能入口搭建的基础上，进一步实现新闻信息基础上的政务与服务拓展、线上与线下结合。目前在主流媒体方面，"新闻+政务"或"新闻+政务+服务"成为最普遍的平台定位。在媒体与政府部门的政务内容共享和功能入口共建上，除新闻发布外，政策项目、便民服务、交通信息是普及率最高的三项共享内容，其他与社会生活息息相关的内容普及率也不低。

但是，技术架构需要做实、落准本地化特色化的精准服务，同时媒体融合发展不仅仅是新闻单位的事。目前，社会思想文化公共资源、社会治理大数据、政策制定权的制度优势尚未有效转化为巩固和增强主流思想舆论的整体优势，政府和媒体在技术、内容、渠道等各个方面的合作尚处于较为初级的阶段，二者在信息共建方面仍有待进一步展开。

在实践过程中，为了能够更加高效地建立和发展具有自身优势的端口和具有影响力的平台，需要避免盲目模仿，舍弃繁杂冗余的功能和信息，着重优化高质量账号，在建立早期新媒体平台的基础上，提升内容，创新整合不同新媒体平台。要对传统过剩产能进行转型升级和再开发，削减无效新闻产品，同时，满足本土服务需求，并淘汰落后低值产品和产能。要重新分配资源，将资源调配至融媒体和新媒体领域，在加强传统优势资源的基础上进行重新配置，对于落后产能实施关停等妥善的处理措施。

二、管理制度完善

在深度融合推进中，创新管理为保障。在完善管理制度上，大部分融媒体中心已经出台了管理办法、内容把关制度、量化考核制度、评估督察制度、具体工作规范，融媒体中心的制度保障逐渐完善。其中，省级媒体的制度完备程度最高，县级媒体的管理制度仍待确立。

在量化考核制度的推行上，量化考核指标主要包括采编发数量和优质稿件数量，同时也考虑阅读点击数、受众参与度、外推效果等因素。此外，平台和频道的运营情况，如粉丝增长量等也被纳入考核范围。量化考核基本贯彻多劳多得，质优多得原则。

（一）当今的瓶颈与关键问题

改革的核心永远应以人为本，推动媒体深度融合发展的基础性因素是融合生产、运营和管理能力的全媒体人才。而在实际的发展中，人才成为制约融合发展的重要因素。缺少人才、技术落后、资金短缺是深度融合面临的三个最大困难，尤其是人才短缺的问题，融合发展不仅缺少专业的一线人才，也缺乏负责人、管理人。

在激励机制上，融媒体产品量化考核的激励效果有时却差强人意。在这种情况下，媒体从业者的积极性和创造力受到量化考核的激励和引导的影响很小。在总体评价中，人才引进和培训方面的满意度排名最低，而这反映了媒体从业者对本单位在融媒人才引进和个人培训方面有着较高的期待，这种期待也在一定程度上反映出从业者自身向融媒体记者转型的焦虑。

（二）打造媒体队伍新生态

媒体融合迈向纵深发展阶段，建设媒体队伍生态机制，可以采取以下措施：建立多元化的团队结构，招聘不同专业背景、不同经验水平的人员，促进跨界交流和合作，激发创新思维。设立绩效考核机制，根据员工表现和贡献给予相应的奖励，包括薪酬、晋升、培训机会等，激励员工积极进取。推行轮岗制度，让员工有机会在不同部门和岗位间轮换，增加工作的多样性和挑战性，提升员工整体素质和能力。建立健全培训体系，定期开展技能培训、专业知识更新等培训活动，提升员工专业水平和创新能力。倡导团队合作和共享精神，鼓励员工分享经验、资源和信息，促进团队之间的交流和合作，共同成长和进步。建立创新实验室或项目孵化平台，鼓励员工提出创意和项目方案，给予资源支持和试验空间，推动新媒体形式的创新和实践。持续关注行业发展趋势和市场需求，定期组织员工参加行业会议、展览和培训活动，拓展视野，增强竞争力。建立良好的员工沟通机制，定期组织员工座谈会、团队建设活动等，听取员工意见和建议，解决问题，增强团队凝聚力。建立健康的工作氛围，关注员工生活质量和工作质量，提供灵活的工作安排和福利待遇，关注员工身心健康。鼓励员工参与社会公益活动和志愿服务，增加员工社会责任感和团队凝聚力，传递正能量，为社会贡献力量。通过以上综合措施，全面提升媒体队伍的素质和活力，推动媒体行业的发展和创新，实现更好的绩效和效益。

1. 建立生态运行机制

2019年5月29日，《2018年度媒体社会责任报告》对外发布，46家媒体分别从八个方面详细报告了履责情况，暴露了当前媒体融合发展的两个普遍问题。

一方面，媒体融合发展的水平存在一定差异。大型中央媒体如《人民日报》以及一些早期成立的省级媒体如湖北广电等，已经成功进行了部门重组和新设施建设。当前面对的挑战是如何增加收入来源并激发员工的工作热情。然而，与此相对地是，许多单位仍在努力适应改革，或者处于初期阶段，缺乏有效的考核分配体系和人力资源管理模式。

另一方面，媒体单位需要进一步加强内部机制改革。有28家媒体单位发现其在人员评估奖励制度、劳资关系、人才培养等方面仍有改进空间。因此，建设一支高素质的人才队伍对于增强媒体生命力至关重要，也是当前媒体普遍面临的挑战。为了确保媒体平台内部持续发展，需要重新设计采编流程、培养和激励人才队伍、拓展多元化收入模式以及监督内容和运营的健康发展等。

在媒体领域，人才的竞争至关重要，因为他们是媒体的核心优势。媒体需要不断吸引和留住优秀人才，以应对激烈的市场竞争。同时，媒体生态系统的健康发展也需要不断优化和完善，以保持平台的活力和吸引力。媒体单位可以通过改革激励机制、加强内部机制改革等措施来有效解决这些问题，从而确保媒体行业的可持续发展。

2. 改革激励机制

以天津津云新媒体集团为例，可以看到他们在激发媒体从业者的创造力方面做了很多努力。首先，为了更好地激发员工的工作热情，津云公开征集融媒体工作室，提供了启动资金并设定每月考核制度，按月发放经费。这种激励机制不仅可以帮助员工更好地发挥创造力，也能够激励他们不断提升专业水平。其次，津云根据稿件的时效性、访问量、转载量等指标进行人员绩效评估，并根据选题质量、深度和采访复杂程度等设定稿费水平。这种绩效考核机制不仅可以激励员工努力提升工作表现，还能够提高全员的工作效率和质量。目前已经涌现出一些品牌工作室，比如以制作短视频而著称的"津云·纪念日工作室"。这些工作室通过不断创新和提升自身实力，为津云新媒体集团注入了更多活力和创意，也为整个行业树立了榜样。借鉴和推广这些成功案例，可以帮助其他媒体单位更好地激励员工、提升绩效，进而推动整个媒体行业的发展和进步。

事实上，打造媒体团队、建设生态机制的关键在于，是否能够更好地激发员工的积极性以及平台的活力，因而需要了解员工的实际需求，为有发展潜力的员工提供职业规划帮助和支持等。这包括采用高效的扁平化管理风格，鼓励员工探索多元经营策略。此外，还包括提供培训机会以提高员工的理论素养和业务技能，制订薪酬制度和建立工作室制度，重视打造灵活晋升通道等。

第三节　主流媒体视听的平台化建设

在互联网语境下，平台成为主流媒体建设的重要阵地，平台融合成为媒体融合转型的核心。在媒体融合转型的进程中，虽然融合的规模、方式各有特点，但适应互联网共融、共通的规律，媒体平台化建设的认识却越来越明确。其中，打造以视听传播为核心的平台型媒体已成为趋势，抖音、快手、哔哩哔哩、小红书等商业视频社交平台的发展开辟了创新模式。

一、平台化思维与平台化的意义

平台化建设不仅是物理上的概念，也是一种融合、开放和共享的思维观念，对于媒体转型升级具有重要引领作用。

（一）平台型媒体与平台化思维

"平台型媒体"的英文为Platisher，杰罗姆认为平台型媒体是"同时拥有媒体的专业编辑权威性和面向受众的平台所特有的开放性的数字内容实体"。在国内的文献中，"平台型媒体"被学者认为是"与互联网逻辑吻合、真正应该成为媒体转型融合发展的主流模式。"[①]

---

① 喻国明，焦建，张鑫."平台型媒体"的缘起、理论与操作关键[J]，中国人民大学学报，2015（06）：120-127.

传统媒体之所以无法成为一个合格的"平台",是因为其受众单向地、被动地接收电视台、广播、报纸传播的信息,不具有互动性和开放性;媒体自身也只是媒体作品展示的平台,不具有实用性和操作性。传统媒体功能发展到极致后遭遇瓶颈,网络作为数字时代的代表异军突起,以电脑为载体,综合、再现并发挥了电视、电影、广播、报纸等媒介的功能,最大限度地满足了人们对媒介的使用需求。

从媒体融合的角度来看,突破旧的介质和要素,自上而下的平台重构成为媒体融合的基石,平台化思维也是媒体融合转型的必要观念。当前,互联网逻辑已然成为当今传媒领域的基础,可以被看作是一种支撑社会运作的全新科技形式。从发展的角度来看,互联网已经使用户的消费习惯、信息的传播途径、企业的营销手段发生了转变,甚至使游戏规则也发生了一定程度的改变。

平台不仅是一个组织,更像是一个重新构建的系统,它扮演着承接和整合开放共享、各方资源的角色。随着媒体融合的不断发展,媒体平台已经演变为一种体制机制,并且成为一种思维方式,已经超越了实体层面的技术架构。

媒体融合实际上是利用互联网将现有的各类媒体形式进行串联,使其融为一体的有效运作。融合的媒体对现在单个的传统媒体功能均能做到有效再现,同时又升级各自本身的功能,产生"1+1>2"的效果。因此融合媒体是一个多面体,平台是这个多面体有效运转的枢纽。

麦克卢汉的"媒介四定律"可以简单概括为:媒介功能的提升、新媒介取代旧媒介并使之过时、旧媒介功能的再现,媒介形态的逆转。由此,我们能够看出,新媒体不是简单地取代旧媒体,而是通过提升、过时、再现和逆转的过程,展现出与旧媒体相互影响、互相交融的复杂态势。

(二)媒体平台化建设的阶段

主流媒体的平台化建设经历了探索的过程,以主流媒体与商业平台的关系发展演变为参考,可以将主流媒体的平台化建设分为三个阶段(图3-3-1)。

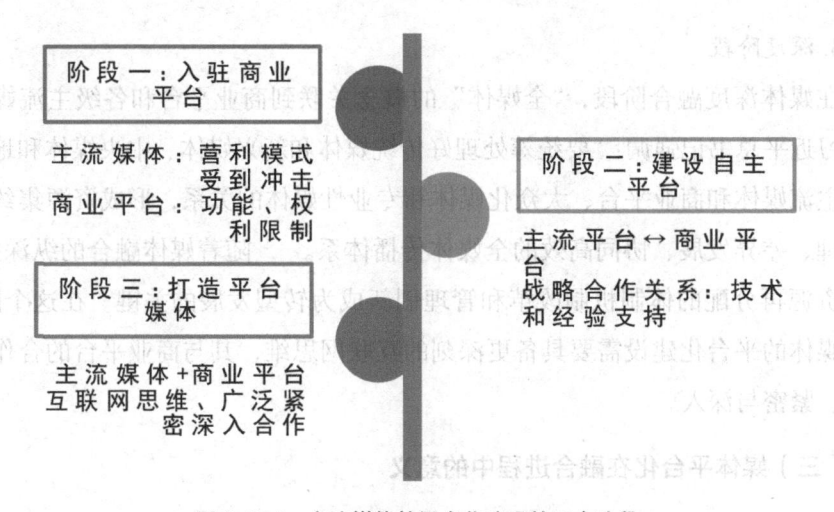

第三章　主流媒体的视听变革与实践机制

阶段一：入驻商业平台
主流媒体：营利模式受到冲击
商业平台：功能、权利限制

阶段二：建设自主平台
主流平台↔商业平台
战略合作关系：技术和经验支持

阶段三：打造平台媒体
主流媒体+商业平台
互联网思维、广泛紧密深入合作

图 3-3-1　主流媒体的平台化建设的三个阶段

1. 初级阶段

伴随着商业平台的兴起，主流媒体以开通媒体账号的形式进驻商业平台，扩大自身影响力。但是，主流媒体提供优质内容、商业平台提供渠道的分工模式，使传统媒体的广告大量流失，传统媒体的盈利模式受到冲击。主流媒体虽然可以享受商业平台的技术服务，但难以长远发展。由于媒体收益受制于商业平台，而且获取的用户数据有限，无法进一步开拓用户市场，所以建设自主可控的平台成为媒体融合转型的前提。媒体与商业平台是相对独立的关系，可以概括为"你是你，我是我"。

2. 发展阶段

不同主流媒体在平台化建设过程中所采取的策略、搭建的方式、对平台的定位有所不同。从搭建方式来看，主流媒体通过多种方式进行平台建设：有集中媒资建设的创新实验平台，有传统媒体转型再造而成的新平台，有与传统媒体并驾齐驱的双平台。从平台的服务对象来看，有在后端提供计算、网络和存储能力的云平台，如人民日报社的媒体云；有在中端为媒体从业人员提供优质内容服务的生产平台，如人民日报社的全国党媒公共平台；有在前端集成、呈现内容，为用户提供信息服务，并接收反馈的发布平台，如人民日报客户端。在这个阶段，媒体与商业平台形成某种战略合作关系，商业平台为媒体的平台化建设提供重要的技术和经验支持。主流媒体与商业平台的关系可以概括为"你中有我，我中有你"。

3. 深度阶段

在媒体深度融合阶段，"全媒体"的概念关联到商业平台和各级主流媒体平台。习近平总书记强调："要统筹处理好传统媒体和新兴媒体、中央媒体和地方媒体、主流媒体和商业平台、大众化媒体和专业性媒体的关系，形成资源集约、结构合理、差异发展、协同高效的全媒体传播体系。"① 随着媒体融合的纵深推进，触及资源再分配的体制机制改革和管理创新成为转型发展的关键。在这个阶段，主流媒体的平台化建设需要具备更深刻的互联网思维，其与商业平台的合作更加广泛、紧密与深入。

（三）媒体平台化在融合进程中的意义

1. 实现信息集成与呈现

平台作为信息集成与呈现的综合体，对传统大众传播的固有体制，呈现出三种突破：

（1）突破内容介质

首先是媒介形态边界的突破。传统媒体可以按照载体、接受功能、时空等维度进行划分。但在互联网时代，媒介之间相互渗透，所有的媒介不再进行单一介质产品的生产，图文、视频、动画、直播、H5、AR、VR小游戏等，都可以基于平台进行呈现。电视媒体可以利用视听优势，辅以图文，扩大了纸媒深度表达的优势；纸媒可以在发布深度分析的同时辅以声画介质，增添音频、视频等视听功能，媒介边界逐渐被打破。而促进媒体边界突破的不仅有技术因素，也有用户因素。在信息碎片化时代，用户在零碎时间期待浏览到小而全的内容，对内容形式和深度的双重需求促使媒介边界走向融合。

（2）突破终端限制

这是一个终端随人走、信息围人转的消费时代。传统媒体的单一终端被打破，多终端尤其是移动终端成为主流，其具有携带方便、信息量大等特点。移动终端汇聚了传统终端的一切功能，成为名副其实的融合终端。要想适应这一发展，平台必须具有开放、协作、扁平化特点，并且内容面对一切端口。

---

① 人民网－理论频道. 实施全媒体工程 加快推进媒体深度融合发展 [EB/OL]. （2021-05-19）[2023-09-05]. http://www.xinhuanet.com/politics/2016-02/19/c_1118102868.htm.

（3）突破生产组织边界

平台促进人力和媒资血脉畅通，传统媒体的生产流程以部门或业务划分、以版面或时段为轴心进行运作，而平台的建设能打破这种各自为政的小格局，实现一体化生产、播发、运营。

2. 进行数据收集与整合

在大数据时代，平台是数据收集和整合、分析、加工、运营的处理器，汇集用户数据，聚合大量长尾内容。例如，浙报集团的技术平台"媒立方"，不仅解决数据在线实时连接的问题，也实现了在线数据的加工增值、动态增值。

（1）数据支撑平台内容创新

长篇新闻在"碎片化"阅读时代对用户的吸引力有所降低。数据可以创新内容的表达方式，例如，基于数据抓取、挖掘、统计、分析的可视化新闻与手机移动端结合，在表达上增加动图、视频等形式，在功能上实现交互。利用大数据，根据信息活跃度发现热点，针对某一事件做舆情分析，对于事件进行描述，对未来发展趋势做数据性预测。

（2）数据拓展平台商业模式

平台拥有数据库资源，将平台收集的数据进行分析加工，对有价值的数据进行分类，既可形成强大的信息资源库，又可开拓增量盈利模式。

（3）数据增长平台竞争力

平台和数据库是相辅相成的关系，两者互相协作、互为补充。数据库发展的初始时期是数据原始积累期，数据来自平台的用户和内容；数据库逐渐强大后，以数据资源反哺平台建设。聚合数据为用户提供定制化、精准化的服务，拥有数据越多，对用户、市场、产品的把控越强。融合转型中的主流媒体，在数据库建立方面有独特且不可比拟的优势：一是具有权威性和专业性的新闻内容，公信力和品牌力不具有可复制性；二是具有多样且精准的社会资源，可以据此建立更有价值、更有深度的数据库，为政务服务、公共建设等提供咨询服务。

3. 助力社会关系网络搭建

媒体融合需要汇聚、打通多方资源，成为一个创造价值的平台。基于平台，媒体和用户，用户之间，以及媒体和多方社会关系，在此进行融合。

（1）平台融通媒体和用户的关系

媒体与用户融合，在内容生产上，从 PGC 到 OGC、UGC，用户逆转为生产者和传播者，打破单向的传播方式，以双向乃至多向的互动传播方式使"我说你听、我说大家听"成为可能。媒体与用户产生互动，这种互动可来自交互产品，也可来自平台提供的、用以交流的"公共空间"。媒体融合越来越看重用户信息，在平台运作中，用户入口的流量成为检验平台运营效果的标准，成为建设平台数据库的数据基础，成为内容精准分发的对象。

（2）平台深化用户之间的互动

用户在平台所提供的"公共空间"交流。人是社会关系中的重要部分，具有个体差异性，又有不可控的多重情感。因此，由人主导的传播方式使传播最终和生活融为一体，甚至人体和社群本身的存在都是一种传播。平台所承载的，除了内容信息以外，更多的是基于社会关系网络的人的信息。

（3）平台连接多方社会关系合作

未来平台的发展在结构上一定是立体且多面的，在资源管理上具有集成性，在内容生产、内容营销、用户管理和商业模式的重建方面具有共享性。因此，平台的开放程度越高，就越需要打通多层社会关系。平台如何引入市场化运营机制、开展媒体经营、拓展资本市场，是需要着重考虑的问题。

二、平台的搭建方式与种类

在媒体融合时代，产品、平台样式众多。受政策、资源、人力等多方面因素的影响，媒体打造的平台种类不一。根据媒体融合中的实践操作和转型方向，可以从多个维度对媒体融合中的平台进行分类。

（一）按资源规模划分

按照平台所属媒体的资源规模进行划分，可分为中央媒体平台、省级媒体平台、市级媒体平台和县级媒体平台。

1. 中央媒体平台进行引领与示范

中央媒体平台有人民日报的"中央厨房"、新华社全媒平台以及央视移动新闻网（现更名为"央视频移动网"）。

在内容上，中央媒体平台在主流价值观的引领上发挥重要作用。检验主流媒体融合程度的不是商业模式，而是价值模式——政治价值、社会价值、市场价值。因此，必须把握正确的价值导向，传播主流价值观念、主流意识形态，影响主流用户群体，这是由其性质和任务决定的，也是主流媒体的立身之本。故中央媒体所生产的产品肩负壮大主流思想舆论的责任，也从根本上奠定了其与地方级别的融媒体产品不同的基调，如人民日报在2020年推出《中国抗疫图鉴》，展现了战疫英雄和人民的伟大。

在发展模式上，中央媒体融合平台要起到"以一带多"的引领作用，其媒体融合模式将成为其他媒体学习和效仿的样本。中央媒体拥有专业化人才和权威地位、国家政策的大力扶持，形成资源和规模优势，其所打造的平台有助于整合资源、汇聚力量，为旗下各媒体提供相应的帮助和支持，同时，也为整个媒体行业创造了一个促进优质内容生产的重要平台。但是级别高、资源广并不一定代表媒体融合得好，中央媒体融合同样存在许多制约。机构庞大使得体制机制的改革阻力重重，牵一发而动全身，试错成本较高，难以做到对所有体制机制突破；商业模式难以重构，主要依赖传统广告创造营收；传统思维固化，一些媒体人很难迅速适应新的采访方式、话语形态、运营思维，全媒体人才转型不及时。

2. 省级媒体兼具特色与规模

与中央媒体不同，省级媒体体制机制改革的阻力相对容易克服，拥有相对丰富的资源优势。有一批省级媒体融合平台表现出色，其通过放大自身"我有他无"的独特优势，发展特色，走在融合之路的前端。例如，湖南广电利用娱乐内容丰富、受众年轻化的特点，打造了一个全新"引擎"——芒果TV。该平台的最大优势在于湖南卫视不再售卖节目版权，在芒果TV实现独播，将用户平移至网络端口。芒果TV以全终端的覆盖形式，和湖南卫视一起实现了平台视听全覆盖。湖北广电通过长江云平台，主打政务服务吸引用户，在信息采编发上汇聚湖北省内传统媒体、两微一端、公众号等多个新媒体产品，打造了"云稿库"，将新闻生产全流程统一"上云"，成为立足湖北全省、辐射长江经济带的区域性媒体平台。四川广播电视台效仿互联网中台模式的"四川观察"，发挥中台在内容、策略和项目管理方面的引擎效应。

3. 市级媒体着力打造自身特色

与中央媒体和省级广电集团相比，市级媒体的显著特征在于其更注重本地报道，深入了解本地市场情况，并将精力集中在有限的工作上。与此同时，市级媒体努力挖掘信任、情感和服务方面的内容，以增进与用户的亲近感。但是，在资源配备上存在资金、技术、人才的制约，需要"量体裁衣"，因地制宜打造媒体融合平台。

4. 县级融媒体中心立足当地

从战略全局角度出发，县级融媒体中心的目标定位主要有以下两个。

第一，向服务平台转变。

"媒体+"的垂直功能并非一定要包罗万象，也可以是精益求精，根据当地情况来扩展那些具有发展潜力、最符合当地用户需求的服务，这样才能找到最适合县级融媒体中心要素重组的最佳方案。

2019年，中宣部和国家广电总局一起发布了《县级融媒体中心建设规范》，要求县级融媒体中心不再局限于新闻宣传的范畴，而是要朝着提供更广泛的公共服务的方向发展，同时在传播方式上从单向传播转变为多元互动传播。县级融媒体中心的目标用户数量虽少，但具有在地化共性特点，且用户较为集中。因而为了能够让县级媒体的活跃度得到提升，更好地增强当地用户的黏性，需要建立一个互动平台，结合多元化的服务来与用户互动，采取多种方式收集民意反馈。

基于此，建议将链接生活和社交互动整合在一起的"媒体+"资源集成中心作为县级融媒体中心建设的模式。

第二，充分发挥上通下达的关系枢纽的作用。

既需坚持党性原则，引导群众，壮大主流舆论声音，即"上接天线"，又需要加强互联网反馈，通过数据化舆情监测和分析从而更好地为人民服务，即"下接地气"。

作为与用户接触最为密切、在地化程度最高的基层媒体，县级融媒体的发展迫在眉睫，以更好地适应全媒体时代。从1983年起，我国开始建立县级广播电视台，到2003年，县级新闻网站开始建设以及县市报开始整顿，基层媒体形态始终处于不断发展的状态，因而基层舆论阵地建设也在不断地完善和发展。

（二）按平台功能划分

按照平台的功能划分，可分为综合型、内容主导型、政务主导型和服务主导型平台。

1. 综合型平台

综合型平台开展多种经营，在平台功能上涵盖资讯、服务、娱乐等多个板块，从"内容+形态"转变为"内容+形态+关系+场景"，传统媒体的单一信息服务转变为信息服务基础上的价值挖掘、提升与开发，从而形成精准的社群和个人服务。在这个平台下开发的各种产品具有分工具体、用户定位明确的特点，通过服务链接用户，满足用户的各种需求，增强用户黏性。不同板块的数据聚合成用户数据库，通过对数据的挖掘和分析，形成较为精准的用户画像，进而针对用户需求为产品指向提供参考。例如，"浙江新闻"移动客户端主要提供新闻资讯以及浙江政府独家授权的信息。利用优质内容吸引用户，是数字娱乐平台和智慧服务平台实现用户价值变现的重要基础。浙江报业集团的数字娱乐平台将游戏作为核心产品，配合线上线下活动同步进行；在智慧服务方面，强调本土化和社区化，进军政务、医疗、养老、艺术评估拍卖等领域。

2. 内容主导型平台

内容主导的平台专注于内容生产、聚合和分散，在内容领域深耕，生产优质内容，以内容型端口为切入点吸引用户。内容主导的平台对采编流程的革新更明显，再造程度更大，主题的选择更严格，内容的生产更专业。比较有代表性的是中央媒体，如人民日报"中央厨房"。

内容主导型平台拥有巨大的内容数据库，可以一次提取，多种生成，因此在内容产品的生产上，有条件培育多领域、多样式、多形态的产品。这体现在两方面，一是量大。例如，截至2019年，人民日报已经形成涵盖报、网、端、微等十多种载体的媒体方阵。二是内容创新力度大。例如，新华社全媒平台推出数据新闻、VR新闻，组建无人机队伍，拍摄短视频、制作MV，将时政报道年轻化，形成拳头产品"新华全媒头条"，打造品牌，增强核心竞争力，让优质内容传得开、叫得响、留得住。

3. 政务信息主导平台

政务信息化、智慧化是大势所趋，以政务为入口，各级党政部门入驻，打通多个民生服务结构，实现网络政务公开和移动政务办理，通过政务服务吸引用户，通过优质政务内容留住用户。同样，政务信息主导的平台也会发布其他资讯，同时辅以服务功能。

当前典型代表为湖北广电，其以新媒体平台"长江云"为基础，建设覆盖全省、功能完备、互联互通、运行通畅的长江云移动政务新媒体平台，从其App的界面设置来看，有明确的政府部门和行业导航，如人大、政府、政协、农业、科技、纪检、民生等。长江云平台对其所提供的政务服务和民生服务进行统筹，形成产品数据库。

4.服务类主导平台

"服务"指与城市居民生活密切相关的、基于当地的民生服务，如公共缴费、挂号预约、票务预订、理财购物等一系列多元化的便民服务。传统广电经过多年积累，在协调和打通社会各方面关系、资源上有着得天独厚的优势，市级媒体与政府及各行业有更加密切的联系，因此在智慧城市、智慧社区的打造上具有便利性。

市级媒体要想抢先获得并巩固本地用户群，必须深化服务功能，树立地域"标杆"的目标。例如，浙江长兴县级融媒体中心的定位为"新闻+服务"，打造本地优质的"政务+服务"平台；广东《南方农村报》致力于发挥地方专业优势，搭建"三农"服务信息平台。

因此，媒体应该更专注于某一产品的创新，并对其进行更加深入地研究，也就是集中力量办大事，旨在获得更好的发展。从现实情况来看，各级广电机构在确定自身角色定位时，建立的服务型平台在选择领域方面各有侧重。与此同时，还需要注意的是，由于城市广播电视的资源相对有限，因此，在服务这一层面，也不能大规模地、全面地进行垂直层次、纵向领域的开发。

（三）平台共性

在媒体融合的平台建设过程中，各平台普遍具有以下共性特点。

1.整合

第一，整合媒体融合思路。这种思路需要构建出适合自身发展的媒体整合框架，包括发展目标、组织定位、新的组织架构，上至体制机制，下至内容、营销等多个维度。如湖北广电长江云的定位是建设"区域性生态级媒体融合平台",因此在具体实施中,就将全省多层级媒体都纳入云平台覆盖范围。

第二,整合资本。资本是推动媒体融合的内在动力,平台建设需要巨大投入,传统媒体自身已遭遇盈利缩水,依靠政府拨款不是长久之计。合并、合作和上市是目前可以初步完成资本融合的三种路径。例如,上海文广将旗下的百视通和东方明珠两个上市公司合并募集到配套资金;浙江报业集团牵头组建文化产业投资基金涉足多项文化产业,之后成功上市,高效的资本运作为媒体融合提供了雄厚资金支持。

2. 分化

媒体融合是一种重构,在融合完成之前,必定要经历一个分化的过程。分化的环节很多,对于平台,要有内容、用户和技术之分。针对内容的工作流程分化为策划、采编、加工和分发等;在渠道上有两微一端、网站短视频平台等;在表现形式上有图文、视频、动画、自播、H5、AR、VR 小游戏等;针对用户,要有"分众"的理念,设计不同的用户,提供不同的服务。因此,媒体融合的前提是在具体环节的建构上,做好分化。

3. 聚合

对于一个良性的生态系统,分化功能是前提。分化保证了多样性,分是为了更好地合。首先,对于融合媒体平台的发展,大部分媒体首先聚合各类端口,包括微博微信、客户端、短视频平台等,形成新媒体矩阵,之后逐渐互联互通。既可以吸引大量用户,又可以通过多项优势内容,提升平台影响力。其次,聚合同盟媒体,吸引媒体入驻平台,改变竞争力薄弱的情况,实现共生发展。最后,聚合其他商业机构。媒体融合的平台是开放的,不应故步自封,应与互联网公司、商业集团合作,可以在技术、资金等方面取长补短,实现共赢。例如,人民日报"中央厨房"联合腾讯云共同开发了中国媒体融合云,可为人民日报旗下所有合作媒体提供技术支持。

三、平台搭建方式与路径探析

媒体根据自身资源优势,选择自主或协同合作等模式进行自适应的建设。

（一）搭建方式

媒体融合平台是对资源进行重组和融合的全新组织方式。建立平台需要具有一定资本、技术以及适配体制机制的支撑，因此，不是每个媒体都有实力自己建立平台。同时，建立的平台需要形成生态，各方参与者在平台中均能受益，平台的生态状况活跃且有序，如此一来整个平台才能进行有效的自我循环。否则，即便是建立了平台，也是一潭名存实亡的死水。在平台化发展的大趋势下，按照平台组织的情况，可有以下分类。

1. 自建平台

能够自建平台的媒体在资本、技术方面具有一定的实力。在体制机制上有较为成熟的融合设想；有开放的、可进行及时有效沟通的公共空间；在平台底层有技术支持，在业务操作上有标准化的作业流程，在运营上有流程化的把关和应急处置方案；在产品上有多个前端作为用户的入口，服务多种类型用户；在社会关系上，资源丰富，有话语权，可与政府、协会、专业机构、技术社群等进行沟通。目前，拥有自建平台的媒体融合发展较快。

上海文广新闻传媒集团是探索媒体融合起步早、资本化程度较高的媒体集团，建立了融媒体中心大平台，首先搭建了"中央厨房"，针对不同事业群，如广播、电视新闻、网络视频，以及传统优势内容——财经新闻，成立了相应指挥、制作中心、事业群内部，根据需要进行统一指挥和资源共享。在技术上，也根据不同事业群的需求创新技术支撑，自主开发多种制作分发系统，满足多媒体传播需求。在体制机制上按照新的业务流程调整部门设置和人员配备，实施人力、资源、生产的整合调整，同时通过考核、股权激励等举措，培养全媒体人才。

此类平台属于搭建相对完善、运行成果有效的平台。现阶段中央媒体省级媒体以及有一定实力的城市媒体，都采用自建平台的方式，将平台为己所用，但是，在平台搭建是否完善、平台规模大小、运行效果是否良好等方面存在差异。自建平台通常均具有"共享"和"提携"的功能，与多家媒体进行合作，共享技术、平台、管理体系甚至发展模式。第一，通过"复制+接入"的模式，帮助规模较小、无明确融合思路且有融合意愿的媒体建成规模大小符合其实际发展规划的平台，避免重复建设，帮其降低成本；第二，通过成型模板或者技术的出售，可以实现盈利，减少对广告收入的依赖，且平台知名度越高、流量越大，商业价值越高；第三，在与多家媒体合作的过程中，可通过各方反馈，收集更多问题，查漏补缺，对于整个平台的完善有促进作用，也推进我国整体媒体融合的进度。例如，央视新闻移动网在启动时就已经有37家省级和计划单列市广电机构宣布入驻央视新闻移动网矩阵号，此举意在改变广电媒体资源分散、整合不足、竞争力薄弱的现状，在稿源拓展、版权保护、媒资运营等领域拓展业务。新华网向多家主流媒体开放全系新媒体终端，入驻媒体可以在新华网、新华社客户端等中央媒体平台发布消息。中央媒体融合平台既提供了一个强大的媒体发布渠道，又提升了自身在互联网舆论场的传播力和引导力。

2. 加盟已有平台

加入大平台的组织也分为两种：一类是无力搭建平台的媒体，加入大平台，可以大幅降低成本，不为技术水平不足所困，减小压力，在内容上进行深耕；另一类是有力搭建且已经搭建好自身平台的媒体，选择加入多个大平台，借助大平台的影响力吸引用户，在大平台中建立小平台，放大自身产品影响力。

例如，内蒙古日报社的"大青山工作室"，就是在人民日报"中央厨房"的指导下，借助"中央厨房"的品牌力量创办的。2017年，内蒙古自治区迎来自治区成立70周年纪念日之时，视频《你和内蒙古的关系，远远不止一杯奶！》全网播放量达1300万次，署名为"人民日报中央厨房和内蒙古日报社合作的大青山工作室联合出品"。对于内蒙古日报来说，其媒体融合进度慢、程度低，与大平台合作，可以尽快熟悉新媒体语态，加快融合步伐。

（二）去中心化

去中心化本义指在拥有众多节点的系统中，每个点都具有高度自治的特征，任何一个节点都有可能成为中心，具有开放式、扁平化和平等性的特征，减少了中心化带来的竞争。

中心化平台，以我为主，为我作用。大多数平台均有一个明确的中心，即以平台建设方为核心，所有资源供媒体内部使用，开发自身媒体资源。而其他加入该平台的媒体，在本质上依附该平台，需要按照主平台设定的流程或者条件进行运作，对于平台拥有的数据库不能自主使用。参与方主要是增加内容分发的渠道，利用大平台放大效应。大多数已建平台均属于该类型，这种类型的媒体融合平台，在本质上是区域性的。

去中心化平台，公共开放，各取所需。去中心化平台意味着所有资源供平台所有参与者使用，数据库公开，在内容的采编上享有同等权利，开放程度更大。在这个大型公共空间里，每个加入者可以自主调取资源，加工以自己为主或者服务自身的产品。

典型的平台为湖北"长江云"中央厨房，其特点为：云稿库内容分散，软硬件资源集中。该平台是全省各市媒体共享的"中央厨房"，各地报纸、广电、新媒体、政务数据信息、服务信息、UGC与PGC移动回传等内容素材均可入库，实现湖北广电旗下所有媒体、各市媒体以及省市县各级政府新媒体资源的整合和协同运作，以统一策划、统一汇聚、个性制作、独立分发、多屏同步的方式进行新闻发布。根据各地的实际需求，制定统一的规划、流程、培训、验收，提供统一的基础支持，并根据不同情况对产品进行定制。长江云提供标准化平台和三款产品，并开放接口，以便各地根据需求进行个性化定制，各媒体只需在云平台上进行相应的设置，便可实现全省范围内的协同操作。

去中心化平台的优势在于迅速聚集资源，但困难恰恰也在于对海量资源的管理、庞大体系的运行和突发事件的协调。

（三）生产机制

变则通，通则久。传统的媒体生产机制已不能适配互联网的传播速度，在传播效果、市场接受程度上遭遇瓶颈。"变"是必然。媒体融合平台搭建完善后，人和资源能在其中流动，才能真正达到血脉畅通。

1. 融合媒资和人力

优化组织机构布局。转型中面临的最大问题就是人员组织机构的调整，融合的组织机构布局需要精简高效、运转有序、衔接通畅、全面覆盖，因此传统部门之间互不相通的藩篱要被打破，固化的利益要破除。在结构上，要对资本、内容、人员、技术进行明确划分，在大平台下成立相应小平台，由大平台进行统筹。资本是保障平台运行的关键，合并、合作和上市是目前可以初步完成资本融合的三种路径。强化技术支撑，重视全媒体人才培养，搭建人才晋升通道，让人才焕发生产活力。

2. 内容生产流程再造

对采、编、发、存等内容生产流程进行一场换血式的再造。首先，建立平台中枢，负责统一指挥，负责选题策划、任务下发、采访力量分配等工作。相较于传统模式的多中心模式，新的中枢能够统筹资源，避免重复，合理分工，提升对热点突发新闻的反应速度，同时兼顾多种形式，生产多元化产品，优化资源利用。

针对"采"。传统模式基本为自采自用，现在需要自采多用、自采他用。一次内容采集需覆盖多种形式，包括图、文、音视频等；保证多种生成，采集的内容进入数据库用以编辑加工。

针对"编"。编辑是产品生产中的重要部分，在与前期采访记者进行有效沟通的同时，更需要提前构思，把握主题主线和表现形式。

针对"发"。一次采集多种生成，分发的产品形式可多样，覆盖图文、视频、动画、直播、H5、AR、VR、小游戏等多种形式。

针对"存"。采集的原始素材、编辑的多形式产品、分发的重点内容都收入"云"中形成数据库，采集的内容按照不同形式进行归类整理，方便其他部门查找和提取，根据不同端口的需求进行二次生产。

3. 实行"孵化式"生产模式

平台的优势在于资源聚合，这就为体系内创新、创业提供了物质基础。在媒体融合进入常态化机制后，采用灵活的"孵化式"生产模式可优化生产效果。平台作为大的孵化器，为小型工作室或者项目团队提供资金、技术、推广运营等方面的支持，鼓励员工进行内容创新。可以按照个人兴趣爱好自由组建小团队，也可围绕具体栏目成立工作室，小团队和工作室都享有自主策划权、发稿权、考核权、分配权等。负责人担任产品经理，灵活开发管理产品。给予小团队孵化时间，达到预期效果即可正式投放。这种鼓励内部"创业"模式，因是自由组建的，所以运营成本低，一旦成功，产品市场化转换率极高，即使失败，试错成本也较低；在内容上可深耕，形式更加灵活。一些优秀作品大幅提升了选题的丰富性和内容的体验性，还可作为大平台内容的延伸。

（四）平台结构关系

平台建设不是朝夕之间就可以完成的，传统媒体经过多年沉淀，体制机制、组织管理、采编流程均已固化，很难在整个机构内贯彻互联网思维，艰难的转型造就了现有的平台发展现状。

1. 创立新实验平台

传统媒体另起炉灶，完全创新，以"试验田"或"孵化器"的方式，创立新公司，进行企业化管理。原本的媒体机构仍然按照旧有方式运行，在报道重大事件时才将二者打通，因此这类融合具有随机性和非常态化。如人民日报通过新建实验平台进行媒体融合转型，即在"中央厨房"发展模式下，建立"人民日报社新媒体中心"。

2. 再造现有平台

这类平台通过"转旧为新"，将原本的媒体机构进行大换血式调整，在体制机制、组织、产品、营销等方面进行新媒体化转变。

例如，上海文广将旗下的百视通和东方明珠两个上市公司合并，统一平台，成立上海文广传媒集团；搭建矩阵式组织架构，按内容、渠道与平台、服务形成3大板块、5个事业群，植入互联网基因，进行颠覆式发展，成立互联网传媒公司。

3. 双平台共举

两个平台双管齐下的模式需有强力推动，如鸟之两翼，车之双轮，比翼齐飞，双轮驱动，两者之间能够有效互动互补，且任何一方都自带流量，如此才有共存的意义，新是完全的新，但旧不是完全的旧。典型代表就是湖南广电所采用的"一体两翼，双引擎驱动"模式。两个引擎分别为湖南卫视和芒果TV，两者在多方面互补配合。在内容上，芒果TV对湖南卫视的节目进行独播，深耕独播内容，湖南卫视深度开发一系列正片之外的片花，在芒果TV上进行延展，芒果TV自制的网络综艺、电视剧也在湖南卫视播出；在技术上，芒果TV在完善自身的同时，也帮助湖南卫视开发产品；在人事方面，卫视的工作人员可以搭建内容团队，为芒果TV输出创意；在传播上，传统电视仍然占据着客厅，而其余的空闲时间，则由移动端的芒果TV进行填补；在营销上，湖南卫视打通广告资源，进而链接芒果TV，芒果TV则以创新的互动体验和多元化场景反哺。

四、平台化发展中存在的问题

从现有的平台建设来看，主要存在路径、体制机制、认识、定位、营利方式等诸多方面的问题。

（一）融合路径、体制机制难探索

媒体融合也会经历"破坏性的实验"，而全球并无成功先例，如何找到一条适合中国媒体融合的发展道路，还需要不断探索。

实践中，有的媒体在融合布局上思路不清，难以下手，总体设计模糊，路线图和施工图不够明确。在媒体融合发展深水期，有的媒体集团虽然制定了一系列战略转型升级的实施纲要，如在指导原则、发展思路、目标定位、重点项目建设、进度安排、制度保障等各方面均进行了总体设计规划，但是理想化的设计并不能完全指导具体实践。

此外，传统媒体的体制机制根深蒂固，难以打破，因此融合进程仍然缓慢。

（二）普及度和使用率低

有的传统媒体对于何为平台以及平台化发展的意义缺乏认知，认为新媒体的集合就是平台，但这种平台实际上仅仅是客观形式的相加，不能构成真正意义上的平台，在操作平台、用户平台以及技术平台的功能意义上没有加以区分，而这些是一个完善的平台所必不可少的。如在操作上，对于采编发流程没有换血式再造，不能突破大众传播模式下的思维定式；对用户的态度没有做到平等，忽视用户价值，缺少对用户数据和用户需求的分析；而对于用户信息的捕捉和深挖则需要技术作为支撑。有的媒体即使搭建了平台，但是普及率、使用率低的问题仍然存在。

（三）构建平台方式同质化

新型媒体平台迅速成长，逐渐形成泛媒体格局。但是，不同层级、类型的媒体发展程度不同，中央、省级、市级、县级媒体所拥有的资源不同，实力相差较大；媒体表达侧重也不同，广播、电视、报纸，这些媒体融合的方式不一；平台质量更因多种因素限制而参差不齐，对平台的定位可能高过媒体自身的能力，如地方媒体想要在融合中成为我国东部或者西部区域内一流的、国内知名度高的新型主流媒体集团，在短时间内还具有一定的挑战；有的平台不能适配媒体融合的本质，只是将公众号、客户端等聚集在一个平台上，这不是真正意义上的媒体融合。平台的建立需要政策、资金、技术、人力，更需要准确的定位和操作方法。

（四）平台商业化程度低

若是仅作为简单的资讯提供者，没有与经济效益共进，那么平台的运营势必会遇到瓶颈，产业化将成为越来越突出的问题。就现实角度而言，重视经营内容的平台，通常会处于较高的层级，同时，在政策和资金方面也拥有一定的保障。但对于大多数平台而言，需要考虑自我盈利能力。在当前这一媒体融合的背景下，平台应该扩大业务范围，整合当地服务，并拓展至精准营销领域。尽管目前尚未确定适合的盈利模式，但在整体的规划过程中，应当保持对盈利方式的展望。

第四节　主流媒体视听的多元化创新

为了更好地理解媒体融合迈进深水区的基本原则和策略，我们应该以差异化的战略目标、独特的价值追求和消费者多样化需求为导向，寻求标准化融合、差异化发展和核心竞争力的提升。

在供给侧结构性改革中，媒体融合的战略定位和发展问题是必须认真考虑的一个方面，尤其是在当今这一体制、机制、技术、平台、渠道等相互融合的大环境下。自我国实施媒体融合发展战略以来，传统媒体从报纸和期刊逐渐转向广播和电视等媒体形式，实现整合统一的发展目标，单一形式媒体向多种媒体、多渠道、多终端的发展方向融合转变，形成了报纸、电视、网络、移动终端和社交媒体等多方结合的一体化平台。

目前，传统媒体正在对生产流程进行重新塑造，采取多元化生产和多渠道发布的方式，确立了标准化的"策、采、编、审、发"全媒体"中央厨房"模式，推动了标准化的县域融媒体中心建设，并推动了"新闻+政务+服务"等区域性媒体定位的发展，持续推进融合发展的探索工作。

一、媒体发展兼顾融合与分化

在当前"融合"的发展趋势中，促进媒体融合朝着质的改变方向发展，需要重点把握细节，确保整体中包含着细节，而细节之间又能相互融合。在20世纪末，我国传媒市场经历了一次巨大的变革，这一变革引入了受众细分和定向广告播放。随着传播渠道的扩大和多样化，传统媒体如报纸和电视面临着更多的竞争压力。

融合是我们追求的目标，而细分则是实现这一目标的方式。规范化的媒体整合反映了多样化的战略竞争。主流媒体与市场化媒体的实践经验证实，媒体融合并非简单地将各种媒介形式堆砌在一起，也不是缺乏特色的"一刀切"，更不是"一锅炖"。在这次由融合到细分的转变中，我们发现原本不清晰的群体，在根据新标准进行聚合后变得清晰了，媒体采用"分众化"策略来达到"大众化"的目标。这种"分众"过程实际上反映了"合众"的理念。

差异化竞争、专业化生产与分众化传播，是构建资源高效利用、结构科学合理、多元发展、协同高效的全媒体传播体系的有效途径，也是媒体融合向更深层次发展的有效策略。在媒介的演变过程中，媒介经历了标准化转型后，接下来就是个性化需求兴起的阶段。

"融合"与"分化"并非相互对立的，而是紧密联系的。无论是报纸、图书、期刊、音像制品还是电子出版物，其深度发展的进程通常呈现出阶段性、轮回式的特点，遵循着"融合—分化"的趋势向前推进。

当前的媒体融合趋势表明不同媒介形式可以相互融合、共同存在。随着媒体融合的深入发展，除了强调融合外，还要关注独特的竞争策略，在研究传统媒体融合转型策略时，应注重分化策略的思考，以获得更多的启示。

二、融合转型中的区别化发展

在融合媒体领域，如何将中央媒体、主流市场媒体和地方融媒体中心的引领、代表和特色优势相结合，实现差异化战略的全面融合和推进是一个值得深思的问题。

（一）中央主流媒体发挥带头作用

在渠道发展方面，三大央媒一致采用移动优先策略，着力打造涵盖微信、其他多端的全方位渠道体系，努力开发、完善自身平台，吸引更多用户参与，提升主流媒体的传播力、引导力、影响力和信誉力。三家央媒通过机构改革、重组和重新设计，完成了媒体资源整合、生产流程优化和传播形式创新。在全媒体领域，人民日报社和新华社分别创建了人民日报社全媒体平台（中央厨房）和新华社全媒体平台；中央广播电视总台推出了更新版本的央视网全终端。

我们可以从战略侧重、特色产品以及中国新闻奖获奖作品等维度来分析三家中央媒体的差异化发展路径（表3-4-1）。

表3-4-1 三家中央媒体差异化发展表

媒体	人民日报社	新华通讯社	中央广播电视总台
属性	党中央机关报	国家通讯社	国家电视台
战略侧重	原创内容、内容运营 内容风控、内容聚合	"无人机+新闻" 智能化编辑部	"5G+4K/8K+AI" 视频社交媒体
特色产品	中央厨房 融媒体工作室 人民网舆情监测室	"天空之眼" "媒体大脑" "MR智能演播厅"等	央视频慢直播 AI虚拟主播等
融媒奖项	新媒体品牌栏目 新媒体创意互动	融合创新 新媒体创意互动等	融媒体短视频 移动直播等
国家重点实验室	传播内容认知	媒体融合生产 技术与系统	超高清音频 制播呈现
"合"	顶层设计统合理念、全媒体报道机制、视听图文媒介形态		

在合的方面，中央媒体利用自身传统资源和文字、图片、视听产品，重新塑造自己在融合转型中的核心竞争力。

作为旗舰型的媒体组织和"全域性媒体"，人民日报、新华社和中央广播电视总台这三家中央媒体在推动全媒体发展的过程中，坚持一体化发展方向，致力于加快制度、管理流程、人才素养和技术水平等方面的融合，侧重于内容制作，并依托先进技术，确保整体性和一致性。

1. 人民日报社围绕内容进行全方位布局

其一，注重原创品牌的打造。

人民日报开始启动"融媒体工作室"动画，利用传统纸媒丰富的人才资源，制作多样化、专业化和个性化的内容，包括"侠客岛""麻辣财经""一本政经"等栏目，跳出传统报纸的形象，打造兼具严肃性和趣味性的新媒体品牌。举例来说，"人民在线"建立在人民网上，为政府机关、事业单位和大型企业提供舆情监测和智库咨询等服务，利用云计算、移动互联网、大数据挖掘和分析技术开发了"众云"和"云策"等数据平台，拓展了内容服务业务，体现了人民日报的资源优势以及权威影响力。因此，我们能够看出，人民日报内容品牌战略让合与分的智慧得到了充分的展示。

其二，工作室模式实验融合垂直生产。

例如，人民日报"一本政经"工作室创作的《廖俊波系列》创意短视频，获得了2018年中国新闻奖融合创新奖。该作品用写信读信、画简笔画等方式回顾了廖俊波生前的感人事迹。除了在互联网广泛传播外，该作品又以文字配二维码的方式在纸媒版面刊登，并收录于《新时期好干部廖俊波》书籍中，实现了互联网分享、新闻报纸、图书出版的协同融合。

人民日报社创立了"融媒体工作室"模式，旨在与新媒体传播环境更好地融合。为了更有效地利用资源，工作室利用纸媒版面内容，在专业领域采用不同形式进行深度加工，将优质内容刊登在版面上，以促进传统纸媒和新兴媒体间的内容生产，实现互相促进、互惠互利。在组织层面，可以根据用户的不同需求和偏好，设立专注于特定领域的工作室，让报社的员工根据兴趣来整合工作。与此同时，在员工方面，实施了"一室一策"的工作考核机制，旨在使员工的生产活力得到更好的激发，从而有效促进不同部门、不同媒体、不同地区、不同专业之间的协调与整合。

其三，技术是内容生产的硬件基础。

从宏观布局来看，人民日报设立了人民日报智慧媒体研究院，专注开发主流算法，利用人工智能技术来支持内容传播；推出的"人民日报创作大脑"拥有智能撰写和智能传播等功能，提高了内容制作和发布的效率。与此同时，建设以内容认知为重点的国家重点实验室，开展精准传播、智能审核和网络空间治理等方面的基础科学研究。

就微观应用而言，运用人脸识别和人工智能等先进技术，在国庆70周年推出了《70周年，我是主角》微电影；为了庆祝建军70周年，推出了《快看呐！这是我的军装照》H5等，通过技术与应用的结合，将内容产品与现实场景相互融合。

其四，重视生产流程再造。

为了适应新媒体时代的信息需求和传播规律，人民日报率先采用了"中央厨房"技术和生产模式，并成功实现了品牌化推广。"中央厨房"已经整合了报网微端的内容分发渠道，重塑了策划、采编和发行内容的方式，目的是让新闻生产和传播模式能够更好地创新。

其五，注重特色平台的打造。

作为传统党中央机关报，人民日报利用自身所具备的资源优势，建立自主可控的平台，牢固打造"全国党媒公共平台"。这个平台通过去中心化和分布式连接的方式，与全国各类媒体、党政机关、企事业单位的新闻宣传部门合作，共同建立了党媒党端的高质量"内容池"，这个"内容池"有助于提升主流舆论的影响力，促进优质内容的产生，为党媒党端提供有力支持。不仅如此，作为入驻媒体，它可以免费获取平台内所有成员发布的原创内容，然后筛选适合自己领域的新闻，进而向用户推荐。

其六，重视体制机制的创新发展。

人民日报社逐步建立起全媒体运营机制，逐步实现组织结构的整合，走向一体化统一运营。具体而言，在组织结构方面，推动内容生产流程的高效运转，整合新媒体资源要素，构建核心层。在管理体制方面，重塑新闻制作流程，通过建立"中央厨房"整合报刊网站和移动端。人才激励机制旨在推动高质量原创内容的创作，采用灵活的绩效评估方式，促进人才在不同部门、不同媒体、不同地区、不同领域之间流动。

人民日报的融合经历了报纸网络化数字出版转型、报网融合内容增值、新媒体平台渠道搭建等阶段，目前，正朝着融合刊网微端的全媒体运作阶段迈进。

2. 新华社以先进技术开展智慧革命

作为智能技术深度应用的主流媒体之一，新华社曾先后推出"现场云""媒体大脑""AI合成主播"等产品。"媒体大脑"和"现场云"运用领先技术如大数据分析、人工智能、云计算以及物联网等，为新闻制作提供相对应的支持和服务。2019年，新华社旗下公司新华智云发布了25款自主研发的媒体机器人，涉及热点识别、内容搬运、智能剪辑等，再造了新闻生产流程的要素。新华社对智能产品的布局广泛，贯穿全流程，创新样态多元，并与实际的生产传播需求进行有效精准的对接，着力提升了通讯社的信息聚合能力、内容产出能力。

在构建智能媒体生态方面，新华社在2019年底建成智能化编辑部并投入使用。新华社正致力于推动新闻生产全链条智能化，倡导人机协作、人机共生的发展方式，从而更深入地研究智能编辑部的标准和模式。在前沿技术开发的基础上，新华社持续提升系统性。

在采集过程中，智能化编辑部升级前期利用"媒体大脑""现场云"等，提升采集效率；在生产过程中，结合人工审批和智能化工具，进行全程人机协同合作；在传递过程中，利用用户画像技术，针对最终用户群体，实现个性化精准推送；在评估阶段，利用智能版权评价系统和区块链技术，对传播效果予以准确地评估。

2017年，"媒体大脑"发布了第一则时长为2分08秒的MCG（机器生成内容）视频新闻。随后，"MAGIC智能生产平台"（"媒体大脑"2.0版本）与"现场云"移动采编平台融为一体，在全国两会报道和进博会报道中，展现出数据分析、新闻生产动能。

在2019年和2020年两会期间，新华社分别推出了人工智能主播以及人工智能3D主播。2022年全国两会期间，新华社推出"2022年全国两会融屏访谈"，运用虚拟空间、XR等创新技术，将身处北京演播室的新华社主持人"送上"太空，"走"进中国空间站，与王亚平代表实现"裸眼3D"般的面对面交流。

在整合创意的过程中，新华社着重将前沿技术运用到新闻业务中，其所研发的各种新闻产品，以面向未来的风格和方式展现和传播信息，借助前沿技术实现新闻融合。可以这样说，没有先进技术的媒体，是没有未来的媒体。

3. 中央广播电视总台打造视听传播新场景

其一，加强视频平台的建设和发展。

"央视频"使用了U创云剪辑系统，其包括很多功能，例如一站式视频编辑、边播边剪、快速发布等，而这些功能能够让视频制作的效率得到显著提升。在央视视频App中，用户可以投屏并享受4K高清画质，实现电视屏和手机屏的切换。与此同时，从形态上来看，"央视频"主打短视频，同时也包括长视频，支持直播、点播等各种视频形式。央视频App是总台推出的，它整合了机构、媒体、社会的优质视频内容，吸引了一些高品质的账号加入，它们打破了传统的单一发布模式，创建出了一个集服务和社交为一体的内容生态媒体。

其二，以"5G+4K/8K+AI"视听战略为中心进行布局。

在国庆70周年之际，中央电视台进行了全方位的直播报道，对阅兵盛况进

77

行了全景直播。同时，发布了首部4K超高清直播电影《此时此刻·2019大阅兵》，这是4K直播电影领域的一次创新，观众能够在电影院里重温国家重要历史时刻。现如今，中央广播电视总台正专注于发展超高清电视、移动新媒体和人工智能等视听产品，使"5G+4K/8K+AI"的布局得以更好地推进。人工智能方面，利用AI技术合成虚拟主播，总台并非首例。但总台凭借主播个人IP，成功塑造了"小白""康晓辉""小小撒"等公众喜闻乐见的虚拟主播。

其三，更新产品形态，创新视听传播话语。

例如，在总台举办的一场备受关注的公益直播卖货节目——"谢谢你为湖北拼单"中，总台金牌新闻主播变身淘宝带货达人，用生动活泼的网红话语，助力湖北经济复苏。之前发布的《主播说联播》以移动垂直滚动的方式展现独特评论，采用居中镜头拉近与用户的距离，增强了社交和沉浸体验。

现阶段，中央广播电视总台正在积极扩大其在视听传播领域的影响力，通过引入先进技术和特色品牌，增强用户体验。

（二）纸质媒体充分发挥自身优势

自2014年起，报业出现"断崖式"下滑，许多盛极一时的报纸走向黯淡，甚至停刊；部分媒体在营收压力下，走向特色的"服务业"；也有媒体积极探索突围道路，在新媒体环境中重振影响力。在我国媒体融合不断推进的过程中，纸媒因最先面临经营压力，因而成为转型升级的先行者。一些传统纸质媒体正在通过市场化方式融合转型，这主要是因为经济压力。从现实角度来看，差异化竞争是媒体企业获取竞争优势和实现高水平收益的一条有效途径（表3-4-2）。

表3-4-2　媒体融合差异化竞争途径及代表媒体

途径	延伸价值链	差异化集中	内容稀缺性
类型	媒体型智库 舆情服务等	视频化传播	原创内容 专业内容
代表媒体	南方报业集团 四川日报报业集团 湖北日报传媒集团等	新京报	财新传媒 中国新闻周刊 第一财经杂志等

通过差异性的战略规划来应对通用化的趋势，从而体现了在整体性中追求个体化发展的理念。当前，接入"两微一端"、创建在线平台、争夺互联网用户的注意力、在聚合性资讯平台和其他渠道上建立终端，已经成为传统纸媒融合转型的途径。

1. 延伸媒体价值链

以南方报业集团为例进行论述。南方报业集团旗下拥有"南都大数据研究院"与"南方舆情数据研究院"。其中，"南都大数据研究院"利用数据库开发、智库报告撰写以及课题探索的方式，推出了一系列产品，涉及数据报道、榜单评价、民意调查和咨询研究等领域。这一举措让南都在五年内首次实现了利润增长。而"南方舆情数据研究院"则侧重于为客户提供预警、分析、应对、培训、品牌管理和数据分析等六项服务，整合了网络舆情、社会舆情和媒体舆情，成立两年来签约总金额已超过7000万元。

媒体转向舆情组织、智库，可以解决营收困境，更进一步地推动深度内容生产，同时，可以创新社会治理，从而达到本体、经济、社会效益三方共赢。在国家战略需要和媒体融合转型的重要背景下，部分媒体机构将探索以"媒体+数据""媒体+智库"为核心的创新组合，作为业务增长的重要方向。事实上，媒体在品牌知名度、平台影响力、跨领域资源以及信息数据等方面，拥有十分独特的优势。

2. 聚焦成长性产业

以新京报为例进行论述。用"品牌"与其他新闻"品种"进行区分，同时积极与互联网平台展开合作，为原创新闻视频提供版权和推广渠道，是新京报的思路。不仅如此，在泛资讯领域，新京报通过多种媒体形式展示"动态新闻"；而在严肃新闻领域，新京报通过优先推出"我们视频"来抢占市场先机。新京报作为传统纸媒，勇于在视频领域展开积极行动，推崇"移动优先，视频优先"的独特战略，率先关注移动视频在融合生态变革中的创新点。

现如今，互联网规模化的策略逐渐失效，传统媒体市场接近饱和，竞争激烈的媒体需要通过合并和转型来迎接挑战，在媒体的细分市场中谋求优势地位。波特竞争优势理论强调了通过实施差异化战略，在整个行业中建立独特性，从而在市场中构筑防御阵地，进而发挥产业高水平收益的独特优势。

具体来说，差异化集中是指当某一特定市场存在很大的需求机会时，可以根据不同顾客群体、产品市场细分或地区市场采取差异化战略。当然，需要注意的是，过度专注于差异化可能会被强势竞争者、后来者赶超。

3. 坚守专业原创

以财新为例进行论述。财新是最先尝试在融合转型中探索网络端优质内容付费模式的媒体之一，他们采取了不同的收费方式。通过差异化战略，财新不仅在政经研判新闻领域确立了独特地位，还利用财经媒体对数据的深度挖掘，以立体化、可视化和互动的形式精准展示数据内容，符合其精英用户群的定位。

新闻媒体需要在用户心中留下深刻的印记，因此其需要创造针对特定目标受众的内容，同时，保持持续的输出。从实质上来看，新闻的本质是信息。在信息越来越泛滥、零散的今天，专业原创内容变得尤为珍贵，因而很多媒体致力于提供深入专业、独具个性的内容。因此，我们能够看出，内容差异战略延续了传统新闻媒体"内容为王"的理念。

（三）县级融媒体中心建构标准化布局

从2018年开始，县级融媒体中心建设活动在全国展开。在"打造区域性新型主流媒体"的战略目标下，县级融媒体中心建设普遍采用县委宣传部管理体制，搭建"两微一端"，充分发挥"合"的能力，整合县域媒体资源、平台资源、人才资源、财政资源，实行一体化运作，同时整合"社会思想文化公共资源、社会治理大数据"[1]，打造省、市、县融通的自主可控平台。

在"合"这一理念的指导下，县级融媒体中心应当在遵循标准布局的基础上进行差异化建设，注重本地的独特特色，根据当地实际情况采取相应措施，深入挖掘本地资源。

其一，要避免机械地将旧内容搬到新平台上，要根据互联网信息传播的规律，深入挖掘地方媒体所需的"服务性"内容。

其二，在发展模式方面，应避免盲目跟风和全面建设的做法，而是要建立可持续发展的机制，择优组合"信息源＋新闻＋政务＋服务＋电商＋短视频"矩阵模型。

---

[1] 习近平.加快推动媒体融合发展构建全媒体传播格局[J].求是，2019（06）：1—8.

其三，采取措施避免重复建设，遴选优质的媒体集团、省市级媒体或宣传部门为主导单位。

就现阶段发展而言，在战略经营方面，县级融媒体中心的差异化发展呈现出以下几种模式。

1. 媒体＋产业模式

例如，浙江省湖州市长兴县作为全国百强县之一，成立了长兴县传媒集团，通过市场化运作方式，成功实现了社会效益和经济效益的统一，推动了事业单位向企业化发展。因此，为了积极拓展媒体市场份额，具有经济实力、媒体资源和市场环境优势的县（市、区）可以采用"媒体＋产业"的融媒体机制。

2. 媒体＋本地媒体模式

举例来说，甘肃省玉门市形成广播电视台主导融媒体中心的模式，利用电视台的经验和资源提升了工作效率，并顺利解决了机构融合的障碍。因此，报纸或广播电视台实力相对较强的县，可以整合并依托原有媒体。

3. 媒体＋行业模式

比如，北京市的16个区设立了区域融媒体中心，与大学、企业和其他媒体展开了跨界合作。其中，海淀区融媒体中心整合了媒体、科教、政务资源，与高校、企业合作，注重"校企资源型外脑"的开发和建设；东城区融媒体中心聘请经验丰富的媒体专业人士，负责指导新闻策划、深度报道等任务，旨在打造"媒体智囊型外脑"。

4. 媒体＋跨区域媒体模式

在实践过程中，需要突破地区和省级限制，积极寻求与优势媒体合作的机会。例如，深报集团与四川广电展开跨领域合作，拓展户外广告营销范围；四川合江与山东广电决定展开跨区域合作，积极引入优质资源。

5. 媒体＋央、省级媒体模式

江西省与中央媒体平台合作，结合省级融媒体智慧平台"赣鄱云"，形成了"央媒＋省市县"垂直共建的四级联动模式，旨在为县级融媒体提供必要的硬件和技术支持。由此，我们能够得知，新闻体量较小、优势不明显的县域，可以嵌入省级或中央媒体，使县域媒体融入社会治理监督、信息传递和生活服务。

三、内容融合中的专业化生产

在这里，专业化可以分为两个方面：一是指生产内容的专业技能，二是指内容的专门化、纵向细分和专精。全媒体报道方式改变了传统媒体形态，拓展了内容生产的范围。在不断融合的过程中，内容专业化是媒体立足之本，也是形成竞争优势的关键。从微观层面来看，内容可以被视为媒体融合发展的基石，原因在于它为用户提供了体验与互动的途径。

（一）内容专业生产能力

为了能够更好地主导对话，引领用户群体，加深在内容专业化方面的探索，记者、编辑、技术和运营人员需要通过融合转型来全面提升能力和素养，这样才能在新媒体时代成为用户首选，吸引更多用户流量，并实现在核心内容专业生产方面的根本提升。

当"叙事+形态"转变为"叙事+形态+关系+场景"的综合创新模式时，随着新技术和新变量的不断引入，专业的故事叙述、创新融合、传播联络和与用户对话的能力也逐渐成为衡量内容专业化的标准。

自媒体的创作激发了生产效率，颠覆了传统内容制作的规则，在竞争激烈的环境中，传统媒体的内容在价值观、传播效果和影响力等方面都受到了挑战。与此同时，在持续地分解和重组，以及内容超越界限、重新组合要素的大型整合过程中，新的规范和种类边界尚未确立，因而内容形式朝着综合、丰富、多元的方向发展。

在我们所生活的时代，主流媒体的专业水准正面临更大的挑战，需要主流媒体发挥专业引领作用。

1. 内容融合把控质量

其一，回应公众的关切点。

在《中国新闻周刊》副总编辑陈晓萍看来："在突发事件的最开始，不需要报道角度，而要的是具体的点。点越多越好，把一个个点了解清楚，把碎片化的点组成一个个拼图，再尽可能地去扩大这张拼图。只有拼图足够大的时候，才需要角度。"[1]

---

[1] 陈晓萍. 找到那个"一针见血"的问题，为历史留下一份底稿 [EB/OL]. （2020-03-09）[2020-10-16]. https://xw.qq.com/cmsid/2020030 9AOU32300.

在认知论的视角下，信息增量也可以表现为逐渐从细节到整体、从片段到完整画面的展现方式。对于复杂的事物，了解它并不是一蹴而就的，需要通过事实片段逐步积累，最终形成对某一事物全面、深入的报道，这符合马克思主义关于新闻观念中"有机的报刊运动"的理念。长篇报道需要收集分散的信息碎片，对每个事件进行透彻分析，这种整合分析的方法使得报道能够更加贴近事实真相。

在信息传播变得碎片化和流动化的背景下，信息可能变得更加表面化，因此，我们需要想办法将碎片化的信息组合成深刻的图景，以更好地平衡快速传递与深度内容之间的关系，这是我们在融合语境中需要面对的挑战以及需要解决的问题。

其二，契合公众的关注点。

面对突发事件，要及时发布消息，并利用自身积累的资源提供专业解读，辨别真假信息，满足公众需求。这不仅是差异化竞争的基础，也是专业媒体创新的价值内涵。

除此之外，还需要从"专"和"浅"的方面为公众提供进一步的解释和说明。媒体的专业性在于将专业领域问题以通俗易懂的方式呈现，而不是使用晦涩难懂的专业术语。

主流媒体依据事实作出判断，致力于追求真相和真理，确保信息的时效准确性，掌握信息来源，进行多方核查和求证，进行平衡报道，这是专业媒体生产的基本要素。

2. 内容融合创新形式

有学者提出"现代信息技术将各种信息形态统一起来的本质趋向，不是摧毁和吞噬传统媒体，而是尊重人类在漫长的历史间形成的信息获取习性"，其中"提高信息使用效率"是重要的原因[1]。

从现阶段来看，实验的部分融合产品，并未真正理解合成和分解的核心概念，而是混淆了主次，缺乏明确的细节分析和总结归纳，故事主线不清晰，添加了太多元素，盲目追求形式。事实上，融合的增值在于核心要素的扩展。媒体融合不仅仅是传播形式的演进，更是形式融合和信息增值的重要过程。

例如，在多媒体平台上发布内容时，为了确保信息能够更加高效地传达，需要考虑多种形式的融合，包括文本、图像、音频、视频等。这不仅涉及终端设备

---

[1] 高钢. 媒体融合：追求信息传播理想境界的过程 [J]. 国际新闻界，2007（03）：54-59.

的格式兼容性，还需要简化用户的操作步骤，使用户的体验感得到切实提升等。

在当今多元化的技术时代，融合并非必须包含所有媒体形式，也不意味着融合的元素越多越好。其实，深入浅出的实质是用最简洁的形式将最核心的内容予以传达，着重于对事物进行更加深刻地理解。融媒体产品应该平衡形式设计的优化和信息内容增量之间的关系，以内容为重，强调简洁高效，因而正确处理内容和融合的关系是重点所在。

简练清晰的信息呈现可以让报道内容的连贯性和一致性得到进一步加强。在全媒体时代中，信息的有效传播需要采用更为简洁的媒介形式，因此介质融合应该确保信息能够准确传达。多种元素混合叠加，可能让用户感到困惑，反而不利于增强用户的良好体验和感受。

举例来说，在社交媒体上频繁出现的热门产品《一只蝙蝠的自述》，采用了平面、静态的漫画式长图，以动物拟人化的叙述方式，向公众发出警告，警示大家拒绝野味。

（二）专门化

内容的精专指的是针对特定领域，对内容进行深度的挖掘，从而形成丰富的信息网络，以满足兴趣相同的用户群体，并保持用户之间的联系和互动。专门化是通过聚焦和加强核心专业领域的生产，从而形成差异化竞争的策略，是实现内容独特性和稀缺性的一种方法。

四、用户数据聚合，分众化传播

在网络传播时代，"受众"角色被重新定义为"用户"，并由传播的接收者变为参与者。用户自身的个性化需求得到了表达，媒体日益朝着提供个性化服务的方向发展。从现实情况来看，为了能够更好地实现精准的传播、全面的覆盖以及更加高效的引导，我们应当关注针对不同目标受众的传播策略，这种分众传播可以让传播效率得到切实提高。

尽管分众传播是个性化、定制化的，但本质上是根据用户特征，创造一系列新的指标，并对庞大复杂的用户和内容进行标签化处理，然后再分类聚合。分众传播的核心在于实现对受众或用户的精准传播，是媒体在网络时代遵循传播规律的策略转变,从广泛传播到精准投放。此外,精准掌握用户信息是实现分众化传播的重要基础之一,通过这一信息基础可以对用户进行分众和精准管理。

设计需融合众多元素和想法。在传统媒体时代,大众传播活动通常依赖于传统的编辑团队来筛选信息、在封闭环境中进行加工,并采用线性的方式传递信息。而这导致了受众群体的特征被模糊化,同时,被"大众"一词笼统概括。这种方式提高了信息生产的效率,但却在一定程度上忽视了受众的个性化需求。

(一)强化用户需求和服务导向

在全媒体发展的背景下,媒体融合的重点是重新聚合用户,通过满足用户需求来加强核心内容的建设,形成核心的产品线和核心服务。随着媒体融合的不断推进,标准化的自主可控平台正在逐步建立,这些基础设施的建设旨在满足用户需求。因此,媒体融合的目标是吸引用户,获得用户黏性。

(二)垂直化获得用户黏性

人民日报通过整合内部资源,采用工作室模式负责垂直产品的开发,构建了丰富多样的深度垂直产品和服务组合,进而使得不同用户群得以汇聚。

随着时间的不断推移,市场逐渐细分以吸引相似或一致价值观和习惯的用户群体,互联网市场的容量也逐渐饱和,因此,垂直化、高品质的原创产品和个性化服务成为维持用户忠诚度的关键方法。作为目标集聚战略,垂直化可以更好地适应社会价值和利益多元诉求的现实,同时,垂直化也是高度差异化和独具特色的内容以及服务。

(三)主流舆论和分众需求

从现实角度出发,主流媒体应该以用户需求的个性化和多样性为导向,建设"巩固全党全国人民团结奋斗的共同思想基础"[①]的主流舆论和公共服务,让主流价值观与推荐算法有机结合,同时更新和发展碎片化内容和社交交互功能,以提升信息传播的影响力和吸引力。这样一来,不仅能够引领舆论的正确发展方向,重视共同的主流文化价值,还能够更好地满足不同人群的实际文化需求。

以人民日报的融合转型为例,人民日报发布了客户端7.0版本,其主要特色

---

① 习近平.加快推动媒体融合发展构建全媒体传播格局[J].求是,2019(06):1-8.

是采用了"主流算法推荐系统",通过采用数据输入、召回算法、模型排序以及生成列表等技术手段,实现内容的个性化推荐和热门推荐;借助算法驱动的分众传播策略,提升传播效果。在未来,算法推荐将成为平衡公共服务和个性化服务的重要方法,同时满足主流舆论引导和分众、小众需求,成为媒体实施"合"与"分"战略的关键控制和操作方式。

相关专家认为,社群运营应当概括为4C法则:在相对适宜的场景(context)中,针对具体的社群(community),创造具有吸引力的内容(content)或话题,实现以社群网络结构为基础的个体与个体之间的连接(connection)。

目前,移动互联网正促使人类社会进入一个新的时代——即"重新部落化",人们会根据他们的地理位置、兴趣、经历和观念等因素组成部落社群,并在一种半开放的连接方式中进行信息、服务、内容和商品的交流。因此,社群运营是一种基于互联网的新兴用户关系建立和内容传播策略。

第四章　全媒体语境下主流媒体的视听融合

本章以视听融合创新为重点，探讨全媒体环境下，主流媒体深度融合的焦点维度、主流媒体深度融合发展的实践方式、全媒体语境下如何增强主流意识形态影响力这几个方面的内容。在此过程中，提升主流意识形态引导力是我国主流媒体始终应当思考的中心命题。

第一节　主流媒体深度融合的焦点维度

人才、技术和资金是制约媒体融合发展的三大难题。因此，在"十四五"期间，各层级媒体在改革中都切合自身的特点，发挥既有优势，协调资源，补齐短板。同时，在媒体融合战略整体推进9年之际，开始有真正的成效，尤其是在平台和内容建设、用户连接和人才培养等方面，媒体融合改革发展的成效显著。

一、政策发展与深度融合

从中央决策层面来看，媒体融合发展在中央以及地方各级的规划已经开始显现，媒体融合理念也在逐渐普及，目前，一些广播电视媒体改革进展较慢，需要更加迫切地进行转型升级，以更好地与时代发展相适应。

2020年9月，中共中央办公厅、国务院办公厅印发了《关于加快推进媒体深度融合发展的意见》。2020年11月26日，国家广播电视总局官网正式发布的《关于加快推进广播电视媒体深度融合发展的意见》，9个部分28条意见涵盖总体目标和要求、平台建设、用户、内容建设、技术支撑、体制机制创新、人才队伍建设、管理创新、组织保障、政策支持等方面，不仅指明了深度融合发展的方向，也明确了具体的时间表和深度融合发展的具体措施，可见改革的紧迫性。

令人欣喜的是，一些中央媒体和省级媒体已经在融合创新改革方面取得了进展，形成了一些独具特色的发展模式。举例来说，中央媒体如人民日报、新华社、中央广播电视总台等，以及省级媒体如芒果TV、澎湃新闻等，在技术和内容创新、视听传播转型、平台建设方面都展现出亮点，其发展思路也逐渐清楚明晰。

近年来，由于经营状况急剧下滑、受众流失严重，广电改革的紧迫性愈发突显。因此，要充分利用用户资源，充分发挥互联网资源的作用，贯彻民意、打通群众渠道，开展公众媒体工作。同时，需要探索新的视听传播方向，主动调整产业结构，适应新兴媒体尤其是移动社交平台的传播环境，充分发挥广播和电视等媒介以及优质内容的优势，寻求独特发展路径。尤为关键的是，必须自发进行变革，积极地寻求变革，从而使实施媒体融合改革的决心、动力和融合创新的意识能够得到切实增强。

广播电视是需要大量投入资源的产业，因而要想保持现有的竞争优势并且更进一步地促进发展，就需要淘汰低效和无用的产出，果断关停并进行转型，巩固基础，积极拓展新领域，将优质资源向新媒体方向倾斜。就整体发展趋势而言，报纸和通讯社在转型改革方面处于领先地位。在相关战略推进的早期阶段，广电媒体也面临压力，还存在一些专注于传统的情况，因而导致改革步伐相对缓慢，缺乏前进的动力。

二、技术创新运用转向全媒体技术开发定制

科技创新是关键变量，深度融合背景下，媒体要从技术赋能内容、技术融合形成创新，到技术应用开发，探索关键核心技术的自主创新。

（一）内容技术与运维技术不统一

1. 内容技术认知充分、运维技术满意度低

在媒体融合转型中，传统专业报道优势仍然是主流媒体得心应手的竞争手段，但在新媒体技术开发与运维上还需要加强。提高技术应用的满意度，特别需要大数据和人工智能这两项技术。在这方面，采编报道和政务合作是满意度最高的两项技术，而数据分析和经营管理则获得最低的满意度。

2. 新兴技术认知需提高

在技术领域，智媒意识正呈现出日益普及的趋势，与此同时，可视化技术也越来越受到重视。大数据、人工智能、云计算、物联网以及区块链等目前流行的智慧媒体技术正在融入主流媒体的整合中，未来应当在认知的基础上，着力深度运用。

（二）自主开发与合作自适应不统一

1. 以我为主的全媒体技术开发

"自主开发＋外包合作"成为主流媒体融媒技术开发的普遍路径，总体而言，完全自主开发或参与自主开发模式还是占了大多数。

在迎接未来深度融合的挑战时，主流媒体应该积极探索新的道路，根据自身需求量身定制技术解决方案。为实现持续发展，他们应该致力于培养技术人才，利用科技定制的方法自行打造灵活高效的技术平台，并不断创新平台的开发、生产和分发运维技术。比如，浙江长兴县级传媒机构为了提升融合传媒的能力，特别定制了融媒眼智慧系统，并自主开发了诸如"易直播"等设备设施。

再如，在县级融媒体建设中，一些关键的平台运维技术应用必须通过外包采购来实现。但是由于商业利益的驱使，领先的科技公司不会为小型县级融媒体中心提供个性化定制服务，而是向它们提供通用版本的产品。因此，在合作开发的实践过程中，需要熟练掌握核心代码和数据，进行灵活开发，避免始终受制于人。系统服务提供商需要提供定制的研发服务，而系统升级和维护需要额外投入研发成本，这在一定程度上让系统的整体运营成本增加。

2. 构建全媒体驱动的中台战略

2020年12月，为了跟上媒体融合发展的趋势，新华网客户端和山东闪电新闻携手建立了央省市县四级融媒体中心，他们在内容共享、数据共享、整合传播、政商服务等方面展开合作。百余家山东地区融媒体、党建号入驻新华号，纵向贯通了内容生产、分发、渠道拓展、技术开发和平台建设的流程，为媒体深度融合提出了一个创新路径。因此，从对外的层面来看，应该促进平台之间的互通，促进平台资源共享，从而更好地打破孤岛效应。

而有的省级融媒体平台在探索建成"四个台"——技术后台、内容中台（大数据库）、外联总台（对外合作账号矩阵）、变现柜台（用户、认证收费系统集中管理），以充分实现全媒体技术支撑与服务。因此，从对内的层面来看，应该引入中台概念，其一，建立技术中台，包括大数据处理、多模态通用科技和5G应用；其二，建立内容中台，包括渠道差异化生产、项目制孵化和MCN跨项目事业群；其三，建立渠道中台，包括统一运维、技术互补和品牌差异化，从而更好地实现数据、内容和渠道的有机融合。

（三）主流价值引领与算法推荐不统一

在深度融合的发展过程中，媒体应当积极尝试将道德观念和人文关怀融入人工智能的基础结构，旨在实现以下三个方面的协调：其一，将内容质量意识与推荐算法融合在一起。例如，人民日报社旗下的"人民号"倡导的"党媒算法"积极探讨主流价值观念，帮助缓解"算法焦虑"。其二，娱乐互动与公共价值融为一体。其三，主流价值观引导与个人需求满足相一致。事实上，仅仅依赖技术推荐而缺乏人工审核和主流观念引导，虽然可以满足个性化推送，但无法达到引领价值观念这一目的。

现有的推荐算法通常包括以下三类：

其一，基于社交互动的信息传播方式，利用用户在社交网络中分享和转发的行为来进行信息推荐。

其二，根据关键词（标签）的搜索量排名推荐内容，在平台上实时展示热门搜索趋势。用户在信息化时代具备了获取信息的能力，进而使得他们的搜索行为变得更加信息化。

其三，根据用户的个性化需求提供精准推荐，其中包括运用用户数据建立模型，利用协同过滤算法为用户模型推荐新闻产品；通过分析数据得出用户偏好，并利用关联规则算法进行产品推荐。不仅如此，还包括根据用户过往的购买记录，运用内容推荐算法来推荐类似的产品。

就发展角度而言，媒体深度融合的发展方向在于利用算法推荐内容来促进用户之间的连接和创新，因而主流媒体应当将算法视作一种方法，重视探索主流价值算法的应用之路。

（四）技术赋能与技术斗争不统一

媒体应当充分利用技术来提升生产效率以及分发效率，并且积极参与技术验证，切实提升自身实力。在传播积极信息的同时，主动抵御不良信息。

在科技不断进步和社交媒体广泛普及的情况下，深度伪造技术在电影、数字通信、医疗保健、材料科学等多个行业中展现出了丰富多样的功能和用途。但是，随着深度伪造技术门槛的逐渐降低，也会出现一些潜在的问题，例如侵犯隐私、制造并传播虚假新闻，以及进行计算式的宣传等传播风险。与此同时，深度伪造技术还可能使个人权利受损、社会生态遭到破坏以及国家安全面临威胁等。因此，当科技使真实和虚假之间的界限变得模糊不清时，人类将面临各种各样的危险。

然而，深度伪造并非无法遏制。社交媒体的普及以及网络数字图像的增长，促进了图像处理技术的发展，特别是基于生成式对抗网络（GAN）的深度伪造技术在文本生成、面部交互、语音模拟和身体操控等方面具有显著能力，其能够更好地应对当前虚假有害信息传播和不良思潮的蔓延。

通过多方合作参与人工智能治理实践，人类创造的新技术将最终实现风险和效用之间的平衡，从而建立起新的传播规则，使人工智能朝着造福人类的方向发展。

三、内容融合创新转向全媒体用户连接创新

互联网的本质在于连接，探索促进连接的模式，媒体才有未来，从人与人的连接到人与信息的连接进而到人与产品的连接、人与设备的连接，最终达成万物互连。技术赋能下的内容融合创新需要在用户思维的基础上深入发展，"不仅过去的一切媒介是互联网的内容，而且使用互联网的人也是其内容"[①]，向深度融合推进时，用户生产力和用户传播节点功能被有效释放。

（一）内容融合创新需转向内容定制创新

1. 实现可视化发展，打造具有科技感的专业内容

在技术赋能融合和创新的语境下，内容创新首先依赖于技术实现的可能性来展开。随着传播语境可视化、碎片化和移动化，内容的边界被不断打破，围绕可视化展开的创新成为内容融合的重点。短视频、VR全景视频、H5场景、无人机航拍、Vlog、条漫长图、海报组图、3D动画、可视化交互、移动直播等融合形态，都是围绕可视展开的融合、沉浸、场景、移动、交互。

---

① [美]莱文森.数字麦克卢汉：信息化新千纪指南[M].北京：北京师范大学出版社，2014：48.

近三年来中国新闻奖媒体融合类获奖作品，皆是以可视化为核心进行融合创新。全媒体语境下主流媒体的视听融合需要打破原本内容融合创新的发展模式，创造融合各个方面优点的新产品，在形态表达上做加法，但不减少内在的实质，即在内容层面不进行弱化处理，转向更具个性化的创新设计，使产品能够围绕技术开发展现出一种全新的风采。

2. 尊重用户需求，实现价值与场景的适配

主流媒体应该深入挖掘内容，并从技术、内容、形式和用户等多个角度综合考虑，真正实现从强调"技术＋内容＋形式"到更关注"技术＋内容＋形式＋关系＋场景"转变。技术创新不断促进融合创新，然而技术创新的根本目的仍然是满足人类需求，换句话说，技术终归是为人服务的。

因此，应该利用智能化生产和分发技术，通过定制产品和精准推送，满足用户的喜好和需求场景。目前的融合创新主要集中在为内容注入新的形式和表达方式，寻求更深层次的融合发展。因此，必须建立基于算法的多样化生产和个性化匹配，从以产品为中心转向以用户价值匹配和场景适配为导向。

（二）单点产品创造需转向 IP 品牌打造

1. 打造品牌集群

在多媒体产品开发中，为了抢占市场舆论，建立稳固基础，需要有效地把握内容发布的时机、频率和效果。具体而言，把复杂技术的策划产品和时效性产品相结合，处理好重磅产品和轻量化产品，特别是轻量化可视产品的关系，以及特别策划产品与常规产品之间的关系。

通过深度融合发展，创建全新媒体产品品牌，有助于增强用户对品牌的整体认知，推动全面的融合转型。最初，主流媒体主要通过创新团队制作流行单品和独特的策划产品，但这并不能有效地提升主流媒体的品牌影响力。在未来，主流媒体应当建立可持续的产品创新机制，严格控制产品质量，进行评估和监测，跟踪传播效果。这一体系应当向着垂直化产品品牌和品牌矩阵的方向发展，推动从单一产品创造到全媒体产品的转变，并对传统品牌的价值予以深度探索和挖掘。

2. 塑造 IP 化全媒体创意

当前主流媒体的业务发展渠道较为单一，针对此问题，主流媒体的 IP 的体系化设计和创新应进入全媒体业务领域，通盘设计广播、电视、新媒体平台、线下

活动与服务，盘活既有优势资源，形成传统优势产品和新媒体产品的联动、互动、协同。基于此，一方面，传统媒体的用户需求要被强化，使其大数据分析、算法推送、社群消费意识得以提升；另一方面，优质专业内容产能要释放到新媒体，注入内容专业性和生产活力，产品的系统应用和服务要被强化。

（三）专业自主生产需转向协同融合生产

在互联网万物互联和平台化语境下，开放协作成为内容生产、连接用户的重要方式。传统的专业新闻媒体承担着更多新闻采集与传播的功能，而在融合发展中，主流新闻媒体在内容生产中的角色也面临提质增效的挑战。

主流媒体需要加快推动数字化转型和创新发展的步伐。在以前，可能更多的是媒体定规则、观众出智慧的节目模式，但现如今这种情况已然发生了变化，抖音、快手、哔哩哔哩等商业平台产生了建立在社交基础上的用户内容创作和分享方式。这些平台通过整合信息、筛选内容、管理用户以及在社交网络中分享内容等，实现了一种协同生产机制的创建。

针对此项问题，主流媒体可以采取以下措施进行协同融合生产。

1. 以协同生产提质增效

《关于加快推进媒体深度融合发展的意见》指出，"要走好全媒体时代群众路线""大兴'开门办报'之风"[①]。在新媒体语境下，当主流媒体仍然在坚守触达第一现场，寻找第一落点的时候，用户手机、交通监控、城市摄像头往往成为第一现场的来源，如何整合用户资源，在第一新闻现场的基础上形成灵活而不零碎、多元可视的表达，是我们要思考的重要命题。例如，第30届中国新闻奖媒体融合奖项移动直播获奖产品《直播｜百色大暴雨引发山洪，公路塌方车辆被冲走！通讯员黄文秀发回现场视频后却不幸遇……》、短视频现场新闻获奖产品《漫长的2秒：伊宁男童从5楼坠落后》等，无不呈现出专业媒体协作社会资源，在"快"和"深""快"和"准"上切中新媒体的快速反应需求。

2. 以社会责任规范内容

人民日报社创建了名为"人民号"的全国移动新媒体聚合平台，聚合了主流媒体和各级党政机关的优质自媒体，提供全方位的移动内容生产和分发服务。尽

---

① 唐俊作. 万物皆媒 5G 时代传媒应用与发展路径 [M]. 上海：复旦大学出版社，2021：181.

管一些互联网商业平台已经取得领先地位，但主流媒体在专业内容的制作和整合方面采用开放、融合和共享的平台会更有利。首先，借助主流观念和社会使命来指导内容的创新，创造高质量的内容。其次，创造大量内容以满足用户的个性化需求。在深度融合发展的进程中，主流媒体需着力打造整合性内容平台，特别要重视用户内容集成。

（四）单向宣传需转向主流价值引领与圈层话语融通

话语融通并非妥协，需要强调主流观念的合理性，同时拒绝功利主义的网络热词对主流观念的破坏，维护主流观念的权威性。

目前，主流媒体突破圈层实现话语沟通的效果尚无法赶上社交媒体。这是因为主流媒体主要负责传播和引领主流意识形态，促进共识形成，为公众利益服务。同时，主流媒体需要适应新媒体的影响力，寻找突破的机会。主流媒体在深度融合发展过程中，需要在满足用户需求的同时，引导用户需求。在移动社交环境中，信息不仅会通过媒体的传播途径传播，还会通过用户的社交网络传播。

就现实角度来看，主流媒体需要提高信息传播的生动性和亲和力，以深入浅出、简明易懂的方式呈现内容，将复杂的理论、深刻的思想和严肃的政治言论转化为生动、易于理解的通俗话语，以更好地创新表达方式，实现信息传递的转变。

四、全媒体人才建设方向

媒体融合发展的关键在于全媒体人才培养，当代媒体融合时代，媒体移动体现在充足的全媒体人才储备上，特别是主流媒体，要加强人才培养和储备方面的多层级探索，解决当前主流媒体融合发展遭遇的人才短缺问题。

（一）重点打造媒体内部的年轻化队伍

全媒体人才建设首先可以从内部培养上进行，加强对内部采编队伍的培训，提升专业素质，相比于外部人才引进来说更迅速、更有效。加强内部采编队伍的培养，首先要强化对专业业务的培训，应定期组织内部经验交流会，加强内部人员对业务问题的探讨和交流，以切身体会出发，共享业务经验。另外，还要安排记者编辑外出长期学习，开拓内部采编人员的视野，吸取先进经验和业务知识。

建立健全内部轮岗制度，使内部采编人员的业务能力更加全面，提升他们的综合素养。

其次要完善内部的"绩效+"激励机制，从制度层面激发内部采编队伍的学习动力、提升积极性，打造政治素养高、专业能力强、道德品质好的年轻化队伍。"绩效+"激励机制的建设可以从以下几个方面进行：第一，"绩效+负责人"机制，这一机制可以提升内部竞争力，增强内部采编人员的竞争意识，使经得起考验的年轻人能够充分展现自己的专业能力；第二，"绩效+培训"机制，这一机制旨在激发内部采编人员的学习积极性，激励他们积极主动地学习和研究，不断更新自己的专业知识，提升自身业务水平，从而适应现代化社会的发展；第三，"绩效+项目"机制，这一机制可以有效检验内部采编人员的实际能力，通过实际项目的成效，合理评估其业务水平，从而促进其成长和提升。

（二）加强"两高"人才的引进与交流

对于全媒体高端人才和高校人才，要制订合理的外部引进措施，通过有效的引进手段来扩充"两高"人才的储备，优化整体人才水平。当前我国大部分主流媒体的内容生产队伍逐渐趋于年轻化，但是"两高"人才的缺失依然是主要问题。主流媒体应积极引进技术、设计、运营、管理等方面的专业人才、高端人才，为全媒体建设提供强有力的人才支撑，特别是要注重对高校人才的引进，为全媒体人才队伍注入新的活力。主流媒体应将定向招聘与公开招聘结合，将在读生实习与社招优待结合，既要广纳人才，提升专业队伍的水平，又要使专业人才队伍向着更有活力、更年轻化的方向发展。

为丰富全媒体人才队伍，加强全媒体高校人才的引进，主流媒体应注重与高校合作，打通高校人才引进渠道，为高校优秀学生提供更广阔的舞台。媒体可以通过与高校联合设立奖学金、寒暑假实习、短期实践项目、内容生产与创意大赛等方式，实现对高校人才的引进。例如，荆州日报组建了长江新媒体技术研究院和荆州舆情大数据研究院，通过这一方式实现了与高校的密切合作，在深化理论研究的同时，为高校人才提供了良好的实践平台。

第二节 主流媒体深度融合的实践方法

实现媒体深度融合和视听创新发展的关键是在生产机制和用户生产力激发等方面形成有效的措施。

一、深耕工作室模式

随着社会的现代化水平逐渐提升,传统的大众传播正在向互联网时代的智能商业平台游移,主流媒体如何顺利突破"强制性通过点",解决现有的困境,在聚合性商业平台的新形势下获取传播主动权,获得新的发展,成了当下的重要问题。"强制性通过点"(Obligatory Passage Point)是行动者网络理论(Actor-Network Theory,ANT)中的概念,这一概念中的"强制"体现在主方行动者对客方行动者的行动施加规则,客方行动者想要突破现有关卡,解决当前问题,满足自身的需求,就必须通过主方设立的这一强制性通过点。传统媒体当前正在逐渐失去传播的主动权,在互联网时代,资本创建的商业平台、社交短视频平台实现了内容的聚合,并成为行动者网络的转化者,为其他行动者赋予角色、分派任务,主流媒体在这种聚合的形势下,成为平台的资源提供者和参与者,为商业平台的资本积累和产业壮大贡献力量。为顺应当代社会的这一现状,主流媒体应根据自身的运营模式作出相应的调整,深耕工作室机制的常态化建设。

深耕工作室机制应从两方面入手,一方面要建立健全内部竞争机制,实现媒体内部的良性竞争,促进创新型内容的不断产生,另一方面要注重专业化的品牌内容运营,打造出圈品牌,并注重品牌内容运营的常态化和持续性,从而实现引流变现的持续造血,逐步完善新型运营机制。

想要实现专业化的品牌内容运营,就要关注用户的需求。互联网时代新媒体的出现,改变了传统媒体的地位,传统媒体时代用户接收信息是一个被动的过程,媒体完全占据主导地位,具有很强的权威性;现代社会媒体也要适应市场化的趋势,既要深耕主流媒体专业内容生产优势,也要关注用户需求,通过市场调研和评估,来打造媒体的专业化品牌内容。根据当前社会的热点问题和民众需求,打造专属"品牌",例如针对专业垂直内容与用户需求之间的供需不平衡问题,人民日报打造了"人民锐评",上游新闻打造了专注民生问题的"帮帮";近几年汉服和传统文化的讨论度持续升高,针对这一社会热点河南卫视春晚打造了《唐宫夜宴》这一"出圈"节目,封面新闻则打造了关注泛文化领域,运营汉服社群品牌的专属客户端。互联网时代媒体用户圈层化成为显著的特点,用户根据个人喜好形成独立圈层,随着信息传播的便捷性逐渐增强,每个圈层内部的专业化程度也越来越高,用户的需要也越来越严格,因此媒体内容也应向垂直化、专业化方向延伸。圈层化现象为媒体平台实现引流变现、持续造血打下基础。例如,央视频客户端在东京奥运会期间尝试了付费会员的运营模式,即针对付费会员提供更为优质的内容,同时还增加了会员参加 H5 互动抽奖和直播答题挑战的新形式。这一系列的运营模式创新在 2020 东京奥运会上得到了良好的实践。在赛事直播的带动下,央视频付费会员在开赛一周内突破百万人,而赢礼品活动又增强了会员对平台的黏性和好感度。可以说央视频的这一创新为主流媒体新闻客户端运营开辟了新天地。

二、实施互联网群众路线

无论是传统媒体时代的"群众办报",还是当今互联网时代的"开门办媒体",都是为了满足群众的社会化生活需求和个性化心理需求。当今时代的"开门办媒体"要秉持开放多元的态度,通过智能场景搭建、算法定制信息、社交关系运营、贴近服务拓展等方式,与用户群体建立广泛的立体连接。

(一)在全媒体时代"开门办报"

全媒体时代的"开门办报"有助于媒体密切联系群众,提升群众的媒体参与度,满足群众的参与需求,同时还能促进我国全媒体传播体系的构建,加强主流媒体、行业协会组织、互联网平台、公民之间的交流配合,建立我国的媒体群众基础。我国主流媒体针对"开门办报"这一需求打造了各种相关板块和渠道,加快建设全民参与的现代化全媒体传播体系,并取得了初步的成果。例如,人民视频的"投稿"、极目新闻的"报料"、新华社的"全民拍"、小时新闻"发帖报料"等,无论是在板块设计上,还是在功能上都实现了方便群众参与媒体,鼓励了用户参与新闻内容生产的目标。

媒体的开放程度和用户提供内容的质量都影响着用户参与内容生产的程度，因此在加强媒体开放的同时，也要重视对用户参与的组织、管理和运营，逐渐培养有组织、高质量的用户群体，提高内容的质量和可用性。由封面新闻运营的UCC视频生产模式"青蕉拍客"，通过封面新闻客户端互动频道的社群运营、线上线下活动等方式，加强与用户的黏性连接。通过有组织地进行专业拍客管理，结合KOL效应实现了封面新闻活跃度的不断提升。

（二）开展个性定制的平台社交

互联网时代，媒体用户的需求正在发生巨大的变化，一方面人们获取信息的渠道得到拓展，大量的信息涌入人们的生活中，因此当代社会媒体的开放、共享趋势愈加明显，媒体向着社群化的方向转变，信息传输更加多元化、多样性。另一方面互联网为人们发表个人观点，提供了广阔的平台和丰富的渠道，人与人之间的交流互通越来越广泛，因此媒体要加强对用户情感需求的关注，要与用户搭建兴趣连接、情感连接平台，为用户定制个性化专属内容。例如，央视频针对用户对运动领域的兴趣需求，抓住2020年东京举办奥运会这一热点，打造了以奥运会为核心的各种媒体渠道，如赛事直播、精品短视频和东京风景慢直播、全景直播等。不仅如此，央视频还充分满足了用户的情感需求，打造了"央友圈""中国队加油专区"等板块，最大限度地开放了客户端的交互功能，为用户释放情绪、组建兴趣社群提供了良好的平台。同时，用户还可以根据个人兴趣定制"专属节目单"和观赛日程，满足自己的个性化需求。

媒体平台不仅可以依靠线上渠道，还可以通过线下活动实现固粉引流。媒体平台的垂直化建设是满足用户圈层社交和本地社交需求的有效方式。用户活跃度和黏性不够是主流媒体平台普遍面临的问题，而这一问题的解决要依靠垂直化、专业化平台的打造，主流媒体应聚焦固定的用户圈层，打造品牌内容，从而增强用户的活跃度和参与度。本地活动可以精准定位用户需求；线下活动可以反向提升用户对平台的使用率，可以通过成熟的线下活动，打造媒体平台的特色品牌内容，从而加强主流媒体的竞争力，实现主流媒体的持续性发展。例如澎湃新闻的"澎友圈"、小时新闻的"社区"、齐鲁壹点的"情报站"等垂直社区频道，都是通过"线上＋线下"的方式增强与用户之间的黏性互动和情感连接。

三、建立情绪连接机制

媒体深度融合发展必然会进入场景和关系思维阶段，其中最重要的思维转换就是情绪、情感等心理连接机制的建立。情绪连接是一种"非理性"逻辑的新媒体优先思维转换，互联网时代情绪连接强调的是个体之间的共情，情绪连接满足的是个体对于社会认同的需求，实现了个体与个体或者个体与群体的情绪共振，是基于网络平台的心理连接，比如粉丝经济就是个体通过互联网媒体平台实现情绪连接的典型表现。

共情体验的结构化用户圈建立要以用户的实际需求和用户特点为基础。也就是说，只有充分了解目标用户群体的特征、需求、兴趣点以及表达、阅读的习惯，才能建立起媒体平台与用户之间、媒体人与用户之间的一对一心理连接，从而使用户产生情绪共振，形成基于共情体验和内容交互的结构化圈层社群。当前主流媒体平台借助互联网平台的"粉丝经济"现象，以媒体人为核心，使用户群体与记者或主持人建立情感连接，从而打造个人IP化品牌内容，扩大媒体的影响力，吸引用户。例如，中央广播电视总台记者王冰冰就是主流媒体打造个人IP的有效尝试，无论是新闻采访，还是青年大讲堂，王冰冰运用其"粉丝效应"为主流媒体平台吸引了大量的观看者和使用者。主流媒体利用情绪资本、粉丝社区营销反哺新媒体品牌，扩大自身的影响范围，实现主流媒体的价值观传播。由此可见不同于传统媒体时代，媒体人依赖于媒体平台发展的单一关系，现代社会媒体平台与媒体人之间是相辅相成、共同发展的关系，成功的媒体和个人IP可以有效促进平台的流量引进和持续性发展，对媒体的内容生产、平台运营、商业变现实现全方位反哺。主流媒体打造个人IP的过程中也要注意专业化的管理和内容创作，媒体人是工作室品牌形象外化的载体，没有创新力，缺乏专业性的个人品牌是无法持续运营的。

当前，我国社会发展处于关键时期，对社会的各个层面都提出了更高的要求，媒体深度融合发展是我国全媒体传播体系建构的必要途径，也是媒体行业发展的新起点。我国全媒体传播体系的全面推进离不开媒体深度融合，当前我国的媒体融合已经进入深水区。媒体深度融合利用全媒体传播工程打造新型主流媒体，最终实现全媒体传播体系的构建。主流媒体要抓住机遇，在"十四五"时期这个媒体深度融合发展的关键时期，积极开展技术开发、产品创新、人才建设，在管理机制、平台运维、市场能效等方面实现新的突破。要实现这个目标主流媒体首先应进行观念重构和逻辑转换，从意识层面坚定改革的决心，认识到媒体深度融合发展的重要性；其次还要加强执行力度，从各个层面"拧成一股绳"合力完成我国的全媒体传播体系建设。从实际操作层面看，主流媒体应当确立自身发展目标，探索并制定特色、高效的发展路径，进一步加强资源建设、优化体制机制、拓展平台功能、加强用户连接，从而解决发展难题，完成媒体的深度融合。我国媒体的深度融合不仅要着眼于国内市场，还要加强国际传播，适应当前的国际化发展趋势，深入挖掘媒体深度融合的潜力。

第三节　全媒体语境下增强主流意识形态影响力

媒体深度融合发展的中心命题是如何提升主流意识形态引导力。视听融合创新也要努力开辟新的呈现和表达路径，努力探寻抽象的价值如何化为可感知、可亲近的传播符号和话语。媒介既是意识形态的工具，也是意识形态，因此主流媒体应正确把握媒体深度融合发展带来的机遇和挑战，以有效的途径增强主流意识形态的传播力、引导力、影响力、公信力，发挥主流媒体的价值引领作用。

一、时代背景与要求

在互联网技术的全面应用和全媒体大力发展的背景下，意识形态激烈碰撞成为常态，丰富的思想观念和意识形态充斥在各种媒体平台中。当前人们处于一个信息共享，思想意识开放的时代，人们获取信息十分便捷，因此大量的文化资源促使人们的思想活动多样化和差异性，这既为媒体深度融合发展带来了机遇，也是对媒体舆论引导和价值引领作用的挑战。如何在这个开放、共享、多元的时代继续有效发挥主流媒体的舆论引导、思想引领、文化传承、服务人民等作用，是主流媒体需要深入研究的问题。中国特色社会主义进入新时代，主流媒体在这一关键时期起到统一思想、凝聚力量的关键作用。推动媒体融合发展是做好新时代宣传工作的重要途径，主流媒体可以通过舆论引领实现对全党全国人民团结奋斗的共同思想基础的巩固。主流媒体既要符合当代社会媒体的发展趋势，满足社会需求，又要为新时代社会发展提供强大精神力量和舆论支持。首先，要积极引领改革实践创新，体现主流媒体的社会价值，做到积极引领社会进步和时代发展；其次，坚定不移地传播和弘扬社会主义核心价值观，在思想意识层面起到正向引导的作用；再次，要关注群众的切实需要，承担服务民众，为民众解决问题的职责，始终关注人民的利益；最后，要大力推进党的创新理论的普及工作，从而引导群众树牢思想防线，抵御错误思潮。

二、迎合传播需求，深度融合发展

中共中央办公厅、国务院办公厅印发的《关于加快推进媒体深度融合发展的意见》将推进媒体深度融合发展作为落实意识形态工作责任制的重要内容，特别强调了各地区各部门各单位要强化党的领导，大力推进媒体深度融合发展。信息技术的发展催生了一系列的科学技术成果，这些科学技术成果影响着我们生活的方方面面，给我们的生活提供了便利，也促进了各行各业的发展，5G、大数据、云计算、虚拟现实、物联网、人工智能等都对信息的生产、传播与分发产生了重要的影响。在全媒体背景下，技术促进了主流意识形态的传播与引领。打造新型主流媒体要以内容建设为根本，以技术发展为依托，实现从技术创新到产品创新、平台创新，从而保障全媒体传播体系的有效构建，形成网上网下一体、内宣外宣联动的新型媒体格局。

技术的发展和广泛应用促进了媒体深度融合发展，一方面，主流媒体要积极运用先进技术，进行传播创新，掌握全媒体的信息形态与表达，利用新技术完成多终端的分发与触达和个性化的推送，实现引领作用；另一方面主流媒体也要关注技术可能带来的负面作用，杜绝通过技术引导舆论的不正确发展，从而获取利益的行为，切实保障公众的利益，维护社会的稳定。针对智能化设备和网络水军输出的不良言论予应及时地制止和清除，营造清朗的网络空间。

当代社会主流媒体要充分探索如何在媒体深度融合背景下有效传播主流意识形态，加快推进话语方式变革，以现代话语角度重新审视主流意识形态的传播方式，做到转变语态、放下姿态、创新形态。第一，转变语态，主流意识形态的传播要求主流媒体要将深刻、宏大的内容，通过一定的专业技巧，转变为平易近人、通俗易懂、生动形象的大众话语。主流媒体应在传播过程中实现话语表达的转换，增强传播内容的亲和力，使大众更易于理解和接受，使传统话语与时代话语相融合，增强主流意识形态的感染力以及公众对媒体传播内容的认同感，要站在公众可接受和阅读的立场，进行主流意识形态的传播；第二，放下姿态，主流媒体要注重与公众的交流互动，拉近与社会公众的距离，不能用耳提面命式的说教来传播主流意识形态，这样反而会引起公众的反感和抗拒；第三，创新形态，主流媒体在主流意识的传播过程中可以充分利用图片、视频、交互融合产品等全息形态，增强主流意识形态的感染力、吸引力，满足现代公众的阅读需求，吸引读者。但是这不意味着主流媒体为了吸引公众阅读而一味地使用当前流行的元素和语言，放弃原本的专业性语言，从而失去公信力和权威性。作为主流媒体应以适当的方式进行创新，要在维护主流意识形态话语的权威性和主导地位的基础上，进行变革，而不能受网络流行语的影响，对公众意识产生错误的引导。

开放、共享是全媒体时代的显著特点，人人都能拥有话语权，可以对当下热点事件发表见解或者传播自己感兴趣的思想文化，这一现象激发了社会思想文化的多样性发展，但也带来了一定的舆论问题。直播平台、自媒体的兴起，加快了信息的传播速度，扩大了信息的传播范围，在这一背景下，主流媒体的地位受到了一定的挑战，但是平台开放所带来的机遇，也使主流媒体有了转型与扩大影响力的机会。主流媒体应立足当下社会现实，深度剖析社会公众的需求，在稳定自身权威性和话语权的基础上，增强社会公众的凝聚力，传播主流意识形态，稳固社会思想基础。主流媒体应充分利用当前自媒体的影响力，形成"主流媒体+政府机构+自媒体社交平台账号"的传播体系，通过自媒体账号，扩大传播范围，丰富自身传播渠道，办好各级政府机构传播端口和社交平台账号，发挥传播联动效应。主流媒体要充分履行职责，引导舆论的正确发展方向，帮助社会公众抵制不良思想的影响，形成针对性的传播斗争体系。

三、提升国际话语权，加强主流意识形态吸引力

随着我国科学技术的快速发展和经济水平的稳步提升，我国的综合国力也在不断增强，国际地位跃上一个新的台阶，国际影响力也在不断增强。基于这一现状，我国更应该注重通过主流媒体增强我国主流意识形态的吸引力，扩大我国主流文化的国际影响力，从而掌握国际话语权，提升我国的文化软实力。主流媒体要加强话语体系建设，充分适应国际话语环境，打造易于被国际理解和接受的新

概念、新范畴、新表述，同时传播具有鲜明中国特色的思想意识形态。

我国提出构建人类命运共同体的理念，大力建设相互尊重、公平正义、合作共赢的新型国际关系以及努力推动"一带一路"国际合作，这些都是在当前复杂多元的国际社会环境和全球生态环境下，对世界发展大势作出的准确研判，是既有中国特色价值观又从全人类发展角度出发，兼具全球视野的重要理念和行动。主流媒体应跟随国家政策脚步，运用全媒体传播手段加强对主流意识形态的传播，提升自身传播能力和专业水平，从而真实、立体、全面地展现新时代的中国。

在当前时代背景下，主流媒体要坚持守正创新，发扬优良传统，在全媒体的语境下针对传播方式创新，从而更好地适应当前全程媒体、全息媒体、全员媒体、全效媒体的传播环境，运用智能化的传播技术，加强与公众的交互，实现传播内容的场景化，增强传播内容的感染力。创造符合当前国际话语环境的新技术、新手段、新表达，扩大我国主流意识形态的影响力，巩固我国主流媒体的权威地位，加强我国的国际话语权和公信力，为中国走向世界贡献力量。

第五章　视听新媒体的信息传播策略

　　媒介形态的泛化使得传播环境更加的复杂，过去一成不变、形态单一的传播环境已经一去不复返，各种各样的信息充斥人们的生活，针对当前多元的传播环境和丰富的媒介形态，我们需要在大数据分析的基础上根据不同的视听媒介、各异的视听内容、个性化的视听受众对传播策略作出相应调整，以适应瞬息万变的传播环境。本章着重论述视听媒体传播策略中的整合传播、精准传播和品牌传播、社交化传播的具体运作与效果。

第一节　整合传播：构建视听媒体产业链

　　在过去，传播渠道十分有限，人们在信息的接收上较为被动，选择权相对较小。现代社会传播的方式不断丰富，科学技术的发展给信息的传播带来便利，人们能接触到的信息量越来越庞大。在这种形势下，人们对于信息的接收就变得较为主动，会有一个筛选的过程，人们可以根据自己的喜好、学识、经验、身份地位在众多的信息中，选择自己感兴趣的或者需要的进行浏览。传播学研究表明这种"选择性"的后果往往是，"更可能在加强原有态度的方向上起作用，而不是导致它的改变"[①]。

　　传播学者施拉姆指出，这种选择性的行为以及结果不仅受到个人因素的影响，还与媒介和传播内容有关，也就是说媒介的形式和内容的质量也影响着人们对信息的选择，他还据此提出了一个重要的公式：选择的或然率＝报偿的保证／费力的程度。"人们选择最能充分满足需要的途径，而在其他条件完全相同的情况下，他们则选择能够最方便且迅速地满足其需要的途径。人们选择信息时如此，人们

[①] 吕尚彬，朱彬.基础传播学[M].北京：中国农业出版社，2003：238.

在选择使用媒介途径时也如此"①。互联网的应用拓宽了媒体传播的范围,使传播变得更加便捷,但是传播策略始终影响着传播的效果,只有选择了正确的传播策略才能保证传播的有效性。"一个合理地组织起来的社会,其任务之一,就是发现和控制任何妨碍有效传播的因素"②。

互联网的大范围应用和各种新媒体的出现使得社交媒体逐渐占据了人们的碎片化时间,人们对于信息的接收往往是以碎片化的形式进行。受众在社交媒体中既要对媒介渠道作出选择,也要对信息内容进行筛选,受众会浏览自己感兴趣或有关联的信息,在网络时代,虽然会出现一家独大的情况,但是却很难有一家媒体能够覆盖全体受众,受众也不会只接收一家媒体的视听内容。视听媒体要从目标受众设定、内容制作等方面出发决定媒体渠道的选择和组合,同时还要对渠道占有比重、到达率和接触频次进行分析,从而完成传播策略的有效制定,吸引并打动受众。媒介形态的泛化和信息传播量的急剧增长,使人们陷入"信息疲劳",在复杂的传播环境中信息的准确性减弱,信息的质量也有所降低,人们对于信息的信任度也逐渐降低。在当前复杂的传播环境中,如何选择有效的传播策略,使视听内容的传播更加有效,是视听媒体需要面对的严峻问题。

传播形式随着时代的发展在改变,从传统的单向传播到分众传播再到浸染式传播,传播的形式越来越深入,对传播策略的要求也越来越高。传播的本质就是信息的扩散,信息传播主体通过一定的渠道扩散信息,并得到一定的感知,在这一过程中传播策略起着重要的作用,选择有效的传播策略可以提升信息扩散的范围和深度,增强信息的影响力。整合传播是一种常见的传播策略,整合传播是从媒介特征及信息资源的角度出发,对媒介进行有效的排列组合,从而充分发挥各种媒介的优势,提升整体影响力,具体来讲就是围绕同一信息主题,基于各媒介的传播特性制作不同的传播内容,从而有效提升传播价值。整合传播也可以说是一种全媒体传播,具体包括视听内容整合和视听渠道整合。

一、视听内容整合

视听内容整合有助于视听媒体增强自身内容的吸引力。多屏时代的到来引发

---

① [美] 威尔伯·施拉姆. 传播学概论 [M]. 北京:新华出版社,1984:106.
② [美] 拉斯韦尔. 社会传播的结构与功能 [M]. 上海:复旦大学出版社,2011:206.

了视听媒体对于自身可能性的探索和充分实践，越来越多的视听媒体致力于拓展自身的节目形式和平台范围，根据不同媒介的优势和特点，利用各种渠道打造不同风格的视听内容，从而吸引各个渠道的受众，使自身品牌更具综合性。比如手机电视客户端在呈现传统电视制作的节目之外，还增加了与电视节目联动的片花、采访、宣传片等内容，并结合手机端客户的视听特点，增加了市场公司特意制作的手机电视短剧等；传统电视则更注重于视听内容的专业化发展，拓展了教学业务、信息业务、娱乐业务甚至电子邮件、短消息等电信业务，还根据用户需求增加了视听内容的个性化定制功能；视频网站、抖音短视频等除了推进原有渠道的深入发展，还进行了多渠道的分屏分发，开始在各个渠道上建立APP发布相关内容。

传统电视近年来在媒介融合方面也作出了很多新的尝试和突破，以全媒体传播、背包记者等作为新闻类视听内容的重点，并加强对其他媒介渠道的有效占有，传统电视在内容打造上更加注重特色品牌的聚合和培养，根据自身特点和优势，形成节目资源整合发展的新格局，将节目打造得更加品牌化，更具影响力。凤凰卫视在传统电视视听内容整合方面作出了许多有效尝试，凤凰卫视不仅有多个电视频道，其门户网站凤凰网旗下还有凤凰资讯、凤凰视频、凤凰财经、凤凰卫视等大的专业频道。通过对国际大事件不遗余力地分析和报道，不断增强自身的新闻影响力，使"大事件看凤凰"的口号越来越响亮。凤凰视频在国际热点新闻事件上所体现出来的时效性，使其他视听媒体望尘莫及，对于公众有着强烈兴趣的国际事件，凤凰视频总能在第一时间进行准确、全面的报道，满足了公众对于新闻的及时性的需求，为公众提供的报道也十分翔实。由此可见对内容的有效整合以及具有特色的传播策略，是实现视听内容高效传播的重要方法。

内容整合可以有效帮助视听媒体打造品牌，以聚合之力提升传播主体的影响力，并形成品牌效应，使内容可持续地发展。近些年视频网站推出的各种视听产品，都是对自身品牌的打造，将标志性的节目做成视听媒体的标签，可以有效扩大用户规模和流量，提高用户的活跃度，还能通过系列化的品牌节目提升用户的黏性。比如搜狐视频的《无心法师》、优酷土豆的《仙剑客栈》、爱奇艺的《奇葩说》《盗墓笔记》、腾讯视频的《暗黑者》《乡村爱情》等。这些视听产品的规模和影响力在一定程度上无法与老牌传统电视节目相抗衡，但在一定程度上促进了视频网站的流量增加，带来了经济收益和品牌效应，为其之后的发展奠定基础。

视听内容整合便于视听媒体将有限的资源集中利用，着力打造自身品牌，提升品牌的质量和吸引力，以独特的内容优势吸引受众群体，提升用户黏性，在不同的媒介渠道中剔除无用内容，围绕品牌特点打造精品节目，以优质内容形成传播轰动效应。

二、视听渠道整合

（一）整合全媒体

提高渠道占有率，实现多渠道全方位发展，是视听媒体目前面临的主要转型现状，也是影响整合传播效果的重要因素。既往的单一传播渠道已经无法满足受众的需求以及视听媒体的发展需求，多渠道发展可以有效增强视听媒体的综合竞争力，使视听媒体的发展更稳定、更多元，如何在全媒体的背景下进行多渠道发展，进行战略转型，打造特色品牌，吸引更多受众是当下视听媒体需要深入探究的重要课题。

传播主体通过各种媒介形态和传播渠道、受众群体，扩大自身的传播范围，提高传播影响力。整合全媒体旨在以全媒体手段，加强对渠道和受众的占有，全媒体为人们提供了更为聚合的信息平台，使人们拥有了更加丰富的传播渠道，多种多样的信息呈现形式也增加了人们的选择性。整合全媒体需要更为系统化的传播平台建设，需要内容提供商、技术提供商、网络运营商、平台提供商、终端提供商、受众及监测机构的配合，因此对视听媒体的资源和运作能力提出了更高的要求。

就国内传统电视而言，全媒体建设发端于2012年前后，此时新华社、《人民日报》、中央电视台等大部分主流媒体已经开始加紧布局媒体融合，从微博到报纸、网站、微信、手机报等，都纷纷开建或打造"中央厨房"。不仅如此，这些大的媒体机构围绕新媒体平台，从核心技术、内容整合等方面进行集成建设。"一些优势电视媒体在持续进行内部整合的基础上，也在不断寻求外部扩张之路"中[1]。特别是像中央电视台等实力强大的传统电视媒体，围绕"台网融合"和"一

---

[1] 刘振. 浅析强弱电视媒体联合中的品牌溢出问题 [J]. 中国电视, 2010 (12).

云多屏",实现了网上传播、电信传播、手机传播以及移动电视集成播控平台的建设等,基本形成了"涵盖多语种、多终端、全媒体、全覆盖"的传播新体系。《人民日报》深度融合的"中央厨房"不仅成为一个造就全媒体创新人才的平台,还成了采编联动平台,"两微一端、一抖一快"尽在其中。在全媒体传播过程中,不少传统媒体渠道整合初见效应,有些媒体在两微一端建设中,粉丝量超过千万,经济效益也大为可观。像"央视新闻"形成了微博主打首发、微信注重互动、客户端发布视频三管齐下的格局。新华社的全媒体平台,初步构建了融通信社业务、报刊业务、电视业务、网络业务、金融信息业务、新媒体业务和多媒体数据库业务为一体的全媒体业务形态[①]。

全媒体整合是有效推广视听内容的方式,国内的许多热门综艺节目在推广上,都使用了全媒体的方式。在节目播出前期,通过户外媒体广告、公交电视发布一些片花广告,在合作短视频平台和社交媒体上传播一些精彩节目片段,通过杂志展示节目图片并加以评说等,以全媒体的方式实现了对节目资源的最大化利用,使节目的热度攀升。如东方卫视的《中国达人秀》,在节目播出前通过电视和平面媒体打响节目知名度,之后通过门户网站提升节目的影响力,接下来利用当时流行的贴吧、论坛、微博等社交媒体,扩大节目的讨论范围,并利用网络视频和IPTV跟随播放增大长尾效应,这一系列操作造就了中国视听传播产业中典型的全媒体组合。

国外传统电视的整合营销要更早,以国外有代表性的电视媒体CNN、BBC为例,早在2007年7月,CNN就与视频网站YouTube合作,对美国总统候选人辩论进行全球直播;2009年1月CNN与网站CNN.com、Facebook对总统奥巴马就职典礼进行了在线联合直播;2010年CNN针对iPhone和iPad两种不同的设备,推出了不同版本的客户端,有效完成了视听内容的整合利用,赢得了不同渠道的受众群体。而BCC自建的Freeview数字基础平台实现了对电视、电脑、手机和平板电脑等多种媒体终端的覆盖。由此可见,国外的传统电视媒体在整合营销的过程中,充分借助新视听媒体渠道进行综合性发展,一方面组建相应的网络平台,另一方面加快台网融合。

视频网站近年来也在不断地进行全媒体渠道整合,以便在全媒体背景下掌握

---

① 石长顺,柴巧霞.人性化智能化:电视媒介的进化方向[J].视听界,2013(3).

视听内容传播的主动权。各大视频网站积极地进行自制网剧开发，打造网站自有的独特影视剧品牌；加大对影视公司的收购力度，并成立制作公司，进行大型影视作品的制作，反向打入传统电视媒体渠道；不断丰富自身的产业链，进行衍生产品的制作等。

全媒体整合既是各个视听媒体之间对渠道的抢占，对用户资源的竞争，同时也实现了媒体之间的开放共享与合作共赢。全媒体传播在互联网思维的影响下使内容产品、观众向用户转化，从而完成了节目品牌价值的延伸。全媒体整合不仅仅是媒介传播形式的整合，对于视听媒体而言更是内容、渠道、人员等的多方面整合。视听媒体根据自身的品牌和特点，进行各方面资源的整合利用，从而形成合力，促进自身的发展和转型，并带动媒体行业发展，进行自我完善和提升，同时提高视听媒体企业的运行效率，优化其管理模式。

（二）整合强势媒体

全媒体更注重视听媒体内部的联合，而整合强势媒体也是媒介整合的一种有效手段。例如 IPTV 就是广电与电信宽带行业的强强联合，IP 网络提高了音视频、电视节目、文字、图像等内容的呈现质量，提升了受众的体验，同时增强了信息传播的可靠性和安全性，提升了视听媒体和用户之间的交互性。视频网站在宣传和内容制作方面常常会与传统电视和纸媒联合。现代传播策略注重使用最小的成本来获取最大的广告效果，通过对媒体资源有效的整合利用，将视听内容转化为多种信息传播形态，并从不同的渠道传播，覆盖更大范围的受众群体。

媒体整合可以极大增强新闻事件的传播力度，宁夏银川就曾发生过这样的事例。2013 年 11 月 10 日，宁夏电视台经济频道《都市阳光》栏目接到宋国强夫妇的求助，希望媒体帮忙他们寻找不慎丢失的人工耳蜗。经媒体采访了解到，来宁夏银川打工的宋国强夫妇将女儿宋玉儒使用的价值 28 万元的人工耳蜗不小心丢失，这对人工耳蜗对于女儿来说是与外界联系，听到外界声音的重要工具，耳蜗不菲的价格以及开颅手术高昂的费用对于来宁夏打工的宋国庆夫妇来说也难以再次承受。宁夏电视台经济频道在接到消息后第一时间派记者前往了解情况，并在得到相应信息后，及时通过栏目微博、微信等渠道传播这则消息，一连几天的发布使许多人都关注到了这个新闻，阅读转发量更是居高不下。与此同时当地所有媒体都在不遗余力地对这则新闻进行刊播，一个小小的耳蜗引发了全城媒体的合力报道，并引起了社会关注，中央电视台也随之关注到了这则新闻，对这场全城爱心活动进行了相关报道。央视《焦点访谈》以"寻找失去的声音"为题，于2013年11月19日对这则新闻进行了报道，大力宣扬了银川全城帮助孩子寻找人工耳蜗的爱心故事。不久之后，在各方的共同努力下，宋国强一家丢失的耳蜗被成功寻回，央视《新闻联播》和《新闻周刊》相继进行了跟踪报道，对事件的全过程进行了详细的报道。这次事件是媒体行业强强联合的经典事例，引发了社会各个层面的关注和巨大反响，经过这次全媒体报道人们看到了媒体联合的力量，新闻媒体的社会价值。银川广播电台也凭借此次新闻报道在中国新闻奖的评比中荣获二等奖。

由此可见，多家媒体联合报道是提高新闻影响力，拓宽视听传播渠道的有效方式，全媒体传播具有很强的可行性，这种不同媒体共同合作的形式，成为现代视听传播的新型整合方式，也在不断的实践中逐渐发展成熟起来。例如凤凰台不仅在媒体内部进行内容、人力等资源整合，打造品牌内容，还加强跨媒体整合，与《21世纪经济报道》联合举行了华人领袖评选活动，影响范围巨大并吸引了许多受众的参与和关注，凤凰台通过这种方式拓宽了自身发展渠道，整合了优势行业资源。不少视听媒体通过信息互相转载的方式进行联合，同类别的视听媒体，不仅仅是相同赛道上的竞争者，在这个信息开放、资源共享的时代，互联网促进了媒体之间的信息互通。例如第一财经就针对财经门类构建了CBTN平台，聚集了全行业内五十多家电视台经济方面的视听信息。参与联合的媒体将视听信息上传到CBTN平台，其他媒体可以根据自身需求下载和传播，这种做法大大节省了各个媒体的人力物力资源，实现了资源的有效利用，并且这种联合方式扩大了视听内容的影响范围。这种联合平台模式已经扩展到了视听传播的各个门类，民生电视新闻、法制电视新闻等都有相应的联合平台，这种形式节省了媒体行业的各种资源，扩大了传播效果。随着信息科技的发展，互联网与视听媒体的联合已然成为一种新的趋势。2014年4月17日，百度视频和湖北广播电视台（集团）共同创建了百度视频湖北频道，这是互联网企业与视听媒体的强强联合。这次联合的具体分工是由百度视频提供产品、设计和技术支持，湖北广电则提供自有节目版权并进行网站的日常运营。跨界联合是当前视听媒体突破自身发展瓶颈，进入新阶段的有效方式，也是视听传播的发展趋势。跨界联合可以有效实现联合各方的合作共赢，并进一步提升视听传播质量，优化用户体验。目前，"第二阵营和第三阵营的电视台积极与互联网巨头合作，实现传统媒体与互联网的融合之路"[①]。

国外也有强势媒体联合的范例，例如美国的"坦帕新闻中心"，坦帕新闻中心是《坦帕论坛报》、WFLA电视台和坦帕湾网联合形成的跨界媒体融合中心。强势媒体联合的本质是各媒体发挥自己的优势，共同促进联合向着更专业化、全面化的方向发展。"在融合的大背景之下，团体的利益高于各自的利益……负责分配任务的办公室编辑除了传送新闻信息之外，还会对新闻信息的采访和报道提出建议，如把记者派到什么地方去比较合适，以及首先在哪一平台上发布信息等等。"[②]

（三）整合特色渠道

整合传播并不意味着无选择性的全部整合和全渠道的占有，在视听传播的过程中受众群体掌握着很大的信息选择权，不同渠道的受众群体有着不同的特点，因此视听媒体要对自身的信息内容和目标受众有充分的认知，从而选择合适的渠道进行传播，这样才能获得较好的传播效果，有利于将资源投入到有效传播中去，达到精益求精的目的。在进行传播渠道的整合时要注意传播内容的多次整合利用，即让传播内容以不同的形式、方式，通过不同的渠道进行传播，从而形成叠加效应，加大传播力度。当前网站邀请明星进行专访，并与网民进行在线互动的方式屡见不鲜，对于这种形式的视听内容就可以进行多次整合利用，第一天的专访和互动可以在第二天进行整理，并以专题的形式刊登到纸媒或社交媒体上，还可以通过电视评论的方式对该明星谈话内容进行评论，这样就做到了多渠道的有效占有和内容的多次整合利用，加强了传播的效果。

随着互联网技术的出现，手机等移动智能终端成为视听媒体的主要传播阵地。特别是近年来手机直播的出现，刺激了视听传播的再次革新，开辟了视听媒体的传播新赛道。手机与互联网的结合，使直播成为一种便捷的接收信息的方式，手机直播是一种以互联网技术为支撑，以手机等移动智能终端为载体，以各种文字、

---

① 杨现.广电传媒与互联网巨头的融合之路[J].新闻传播，2015（13）：32-34.
② 蔡雯.专业新闻机构的新使命与"群众性"[J].当代传播，2021（02）：1.

音频、画面为传播内容，由普通大众广泛参与的在线实时信息传播形态。手机直播在各行各业都产生了一定的影响，成为促进行业发展的有效方式，越来越多的行业工作者加入手机直播阵营中。随着手机直播的快速发展，手机直播的内容和过程也越来越规范化，直播内容由用户生产内容过渡到专家生产内容。公众有着表达自我的需求，因此视听传播也在朝着满足公众需求的方向发展。互联网的出现促进了社交媒体的发展，社交平台的扩大激活了社会大众的表达欲，大众的表达不再受传播工具的限制，社会大众可以充分释放个体的自我表达诉求，大众的传播话语权得到提升。5G技术的出现进一步提升了信息的传播效率，多媒体实时信息传播成为可能。互联网具有开放、共享的特点，因此互联网赋予了手机直播很强的开放性，手机直播也因此具备一定的衍生能力，这种开放性和衍生能力是其他媒体形式无法比拟的，因此手机直播具有独特的传播优势，文化、电商、医疗、教育等行业都可以同手机直播相融合，以此促进行业的发展，使其焕发新的生命力，拥有更多的可能性。

不同的视听传播渠道有着其自身的优势和特点，因此要根据视听内容进行渠道选择和整合。电视剧《婚姻保卫战》就是影视作品多渠道营销的范例。电视剧《婚姻保卫战》选择将首轮播映权卖给了一些本身具有大范围受众群体的卫视，如北京卫视、浙江卫视、天津卫视等，这些卫视本身就具有良好的受众基础，对于电视剧收视率的提升有着一定的促进作用，因此该电视剧一经播出就有着较高的收视率且收视率不断攀升。同时《婚姻保卫战》还在搜狐视频进行了网络独播，搜狐视频是国内热播剧的发布平台，有着大量的年轻受众群体，因此该剧的网络播放量也收获了较好的成绩。另外该剧充分利用社交媒体平台对剧中的经典台词和片段进行传播，扩大了该剧的影响力。由此可见在多个渠道进行针对性的营销可以有效提升视听内容的传播效果，增强影响力，不同渠道之间还可以相互影响，互相引流，形成叠加效果，实现目标受众的最大化。

综上所述，整合传播可以有效将多种传播媒介和传播方式的优势进行融合，从而提升传播的质量，是现代视听媒体较多采用的一种传播方式，也是全媒体背景下视听媒体的新型应对策略。整合传播要对目标受众进行全面、深入的分析，针对受众群体作出相应的策略调整，提升传播内容的质感和视听体验。媒介泛化使传播环境变得更为复杂，受众根据自己的爱好进行选择，因此不同的传播媒介受众群体的特点也不同，每个媒体所影响的受众及信息环境各有不同，整合传播可以有效提高受众群体的覆盖率，有助于视听内容和传播模式的创新。整合传播通过丰富多样的渠道、传播媒介的自身特点以及推陈出新的传播手段来发挥综合作用，实现传播效果的最大化。当前是信息爆炸的时代，许多难辨真假、良莠不齐的信息充斥在受众群体的四周，受众群体的筛选能力有限，因此难免会受到低质量信息的干扰，长此以往受众会对信息形成的一种"刻板印象"，长期的"信息疲劳"会使公众对新闻事件产生一种漠视和事不关己的态度，这一现象会使视听内容的传播效果大打折扣。随着传播渠道的逐渐增加，受众群体的分流情况也日益严重，因此整合传播要注重对受众的有效组合，在渠道的选择和组合上要深入研究和分析，不能盲目扩大覆盖范围，而要针对目标群体做到有的放矢。

第二节 精准传播：建立关键用户思维

随着科学技术的发展和各种平台的层出不穷，传播环境也越来越复杂，用户和视听媒体的可选渠道都在增加，传播的方式越来越丰富。面对如此复杂的传播环境，视听媒体作为传播主体需要精准定位目标受众，优化传播内容使其更加清晰，选择合适的传播媒介，从而做到在传播过程中不产生资源浪费，实现资源利用的最大化。视听媒体要根据目标受众的爱好、年龄、性别、学识等进行划分，要了解不同传播媒介使用受众的区别，从而进行有针对性的内容投放。

多元化视听媒体拓宽了传播渠道，扩大了传播范围，媒体对受众的覆盖面越来越广，但同时也产生了许多无效传播，造成了一定的信息资源浪费。任何形式的资源都是有限的，因此应将有限的资源进行精准投放，而不是漫无目的地广泛推送。精准传播要以一定的大数据手段为辅助，同时还要有技术的支持。精准传播可以说是一种个性化的传播方式，视听媒体不再适合运用传统单向输出的传播模式，而是应该注重信息的投放效果和用户反馈，这样才能不断提升自身的竞争力，扩大自身的影响力。现代受众群体根据个人兴趣和需求以及自身客观特点来选择不同渠道的不同视听内容，另外，目前信息传播的门槛越来越低，人们可以随意发布信息，因此产生了许多无价值和低价值的信息。所以当下视听内容的传播必须精准，不能将年轻人感兴趣的内容比如游戏信息、潮流信息等推送给老年人，也不能将适合于老年人浏览的保健类信息推送给年轻人，这种传播是对信息资源的极大浪费。要基于技术和大数据分析精准推送信息，使有限的时间成本和财力、人力，能够最大限度地发挥作用，达到最好的传播效果。

精准传播的本质就是要通过对目标受众的定位和分析，运用有效的传播媒介将信息传送给最需要这类信息的受众群体，精准传播体现的是传播的针对性和个性化。视听媒体要使视听内容的传播覆盖人群与目标受众相吻合，这样才不会造成信息资源的浪费，不会出现无效传播，也就是所谓的"精确管理受众认知"。要想做到"精确管理受众认知"就要使传播渠道和传播内容相匹配，比如想要有效传播一条高层住宅消防逃生演戏新闻，显然楼宇视听媒体或者城市电视媒体就是有效的传播渠道，这样传播内容与传播渠道的受众就实现了完美贴合。而如果在偏远山区或者农村大力传播这条新闻，必然不会引起很大的关注，也就出现了无效传播。当然如果是要传播一条社会大众全部适用的消防知识，那么不管是在农村地区还是城市楼宇广告都要进行投放，这样才能起到最好的传播效果。由此可见精准传播对于传播过程和效果都有着很大的影响，因此要对传播内容和传播渠道进行精准把控。

一、以用户信息需求为准则

多屏时代的媒介格局呈现出无限丰富和多元信息组合的特点，视听内容更加的个性化、即时性、创新性、特色化、服务化，碎片信息成为人们更喜爱的信息，人们对于视听内容的简短性有着越来越高的要求。

（一）选择公信力强的传播渠道

过去传统电视是视听内容的主要传播渠道，电视剧、广告、新闻都是以点对面的形式，由电视单向传输给观众，以传统电视媒体为主要传播渠道的传播时代已经一去不复返。传播渠道的多样化使受众在视听媒体的选择上有了很大的主动权，在当前渠道和视听内容越来越丰富的社会，新闻的准确性和公信力是当前受众的主要考虑因素，视听媒体应该选择有公信力的渠道进行内容推送，从而获得受众的认可。

视听媒体只有重视自身媒介播放内容的独特性和准确性，提高视听内容的质量，注重内容的个性化和服务化，才能在激烈的竞争中脱颖而出，赢得更多受众的信任。当前视听媒体之间存在较大的差异，并有着地域化特征，媒介之间公信力水平参差不齐。多元的渠道以及内容使视听传播的生产规模不断扩大，内容的整体质量和受众的体验感也在提升，内容的创新性越来越强，受众属性也趋于多元。受众早已摆脱信息接收者的身份，具有了信息接收者和信息传播者的双重身份，因此精准传播就更有必要，是视听媒体必须遵从的基本要求，"用户至上"意识就是精准传播的表现形式之一。

（二）根据不同群组选择不同媒介渠道

大数据技术为精准传播提供了有力的支撑，视听媒体可以根据用户的以往数据进行分析，并对群体加以归类。同时视听媒体还要对视听内容进行分门别类的整合，可以划分出不同的类型集合，比如新闻集合、电视剧集合或广告集合等。根据内容的整合结果和受众群体的特点，进行视听内容的点对点推送。例如可以对 IPTV 不同用户在点播或直播过程中留下的数据进行筛选，并将网络电视节目进行整合，情感类影视剧主要针对年轻女性观众，而综艺节目主要针对年轻观众，人文记录类主要针对高知识层次观众。

国外视听媒体利用精准传播思维，进行了一系列的传播策略创新，从而促进了自身的发展和变革。英国天空广播公司根据频道的内容和受众的类型，进行整合分析，并组合出不同的节目套餐，这些套餐的价格各不相同，用户可以根据自身的需求和经济实力选择合适的节目套餐。这一传播策略得到了当时社会公众的一致好评，并吸引越来越多的受众群体前来订阅，这就是精准传播的完美实践。类似的还有航空电视、地铁电视、楼宇电视、高尔夫球场大屏等，这些都是精准传播的有效方式，受众可以根据自己的喜好选择传播内容，看到自己感兴趣的信息，视听媒体也可以将内容传播给有需要的受众。

默多克的新闻集团收购福克斯电视网之后，针对美国当下的年轻群体特征推出了《辛普森一家》，这一内容贴合了当时美国年轻人反传统、反文化思潮兴起的社会现状，引起了巨大的反响；福克斯电影公司在进行电影投资时会首先考虑电影的受众群体，如果受众群体较小但是电影故事本身质量较高，就会控制预算并关注细节的制作，如果电影的故事吸引人而且受众群体较大，就会加大投入。2020年《复仇者联盟4》的上映，堪称现象级放映。作为漫威电影宇宙第三阶段的结束之战，这部电影几乎集齐了漫威电影出现过的所有超级英雄。诸多超级英雄要同时拍摄也是十分困难的，不仅需要超大的空间来布置场景，而且还要付最贵的明星片酬，这在无形中增加了电影的投资成本。加上电影中几乎全是特效大场面，最终投资成本达到了3.56亿美元，折合人民币23亿左右。当然这样的高投资带来的利润是非常可观的，全球累计票房达到27.98亿美元，折合人民币190亿左右。最终超越詹姆斯·卡梅隆导演的《阿凡达》的总票房，跃居全球票房榜单第一名。

（三）以数据分析为基础进行渠道设定

大数据分析使视听内容的传播更加精准。媒体可以充分对用户的信息和使用数据进行挖掘、整理、汇总、分析、归类，通过用户的浏览习惯、消费习惯等了解和掌握用户的需求。例如美国的著名社交平台Facebook就汇集了大量的用户信息，包括用户的长期爱好、近期需要、生活特征等，Facebook利用大数据分析技术，对用户的关键词使用频率和朋友圈信息进行汇总分析，并将掌握的信息卖给广告商，广告商根据用户的实际情况进行分类广告推送，因此大部分用户可以在浏览的过程中看到适合自己的广告内容。根据用户喜好、需求、收入等制订的广告推送策略，可以有效节约信息资源，实现信息的点对点输出，用户也不会受到大量无用广告的轰炸。微信朋友圈的广告投放也是根据大数据分析进行的，用户的注册信息、日常点赞或浏览的内容和消费信息都是大数据分析的基础，通过分析对用户进行分类并进行对应品类的广告投放。这类根据用户信息进行精准传播的方式是分众传播的一种表现形式，大大降低了传播成本。

（四）直接构建个性化的传播渠道

针对受众进行个性化推送，提升受众的传播体验，使其成为用户，对于视听媒体来说是很重要的一个措施。个性化的定制服务可以充分解决和迎合受众需求，使受众对渠道有一定的信任度，并转化为用户。构建个性化的传播渠道可以有效占有市场，增强用户黏性。例如，高尔夫球场内的广告大屏，就以高端产品和商业信息为主要内容，充分贴合用户需求，是针对高端商务人士和优质传播环境提供的个性化传播，实现了有效的市场细分，提升了传播效果。构建个性化的传播渠道是当前受众最为显著的需求，也是视听媒体发展的必要方法。

二、以最大覆盖面为原则

目前的传播环境较为丰富，媒介的形式多种多样，传播的渠道也十分多元，为各个视听媒体实现受众的全覆盖提供了可能。各种视频网站也在根据自身的综合发展情况和目标受众进行差异化的渠道设定，这些差异充分体现在各大视频网站自制的节目中。比如腾讯视频推出的文化类访谈节目《易时间》与其他视频网站层出不穷的综艺节目拉开差距；爱奇艺等视频网站，为了提升自身的综合性，开始在科技类、体育类节目上下功夫；优酷则推出了一系列的文化类节目，以吸引更多的受众。这些视频网站还充分开发 APP，实现对各种移动智能终端的有效占有。由此可见，全面综合的发展是视听媒体的主要发展趋势，实现受众的最大覆盖率也是视听媒体所追求的目标。扩大受众覆盖率可以从以下方面考虑。

（一）追求传播的便捷性

视听媒体的发展主要以用户的需求为导向。传统电视不易移动，无法随时随地观看，并且用户的选择性小，因此出现了以移动终端和网络终端为依托的移动媒体和网络媒体，给予用户海量的视听内容，使用户观看过程更加方便、快捷。移动媒体虽然舒适便捷，但是画面质量和音响效果都无法满足用户的较高需求，由此可见，受众会根据自己的需求侧重点来选择媒体终端，视听媒体要对受众的特点加以细分，这样才能精准传播。

提高用户覆盖面，实现精准传播就要进行市场细分，满足不同群体的需求、不同消费状态下市场的需求，给予用户最便捷的体验，贴合用户的实际需求。在国内，各大视频网站争相推出 app，使用户更加方便地观看视听内容，还利用技术实现广告的精准投放，扩大影响面。爱奇艺就开发了精准广告技术，使广告营销变得更有针对性；搜狐则依靠搜狐门户形成矩阵式传播模式，提升广告的覆盖率；腾讯视频则和微信、QQ 相结合，进行充分渗透。在国外，美国 CNN.com 通过对电视媒体内容的二次集成和开发形成了分门别类的专业化板块，推出了美国新闻、全球新闻、科技资讯、商业财经、评论观点、娱乐文化、休闲旅游、健康频道、体育频道等特色栏目，用户可以根据需求点击相应的栏目，广告也可以在不同栏目内实现精准、差异化投放。

传统电视节目难以满足用户的多样化需求，因为在黄金时间段内能播出的节目有限。随着移动媒体和网络媒体的出现，这一现象得到改变。利用移动媒体和网络媒体，用户可以随时随地观看视听内容，还能随意选择自己感兴趣的内容进行观看。新兴视听媒体的个性化功能实现了分众化、个性化的传播，得到了更多受众的认可。传统电视内容也依靠其他渠道进行营销和传播，许多传统电视节目因此受到广泛关注，例如《舌尖上的中国》和《中国好声音》的火爆，首先是基于中央电视台纪录频道以及浙江卫视本身的生产力、创造性和受众基础，之后通过多屏互动形成巨大的传播效果叠加效应。节目片段一经网络平台发出就受到广泛关注，受众会对自己感兴趣的节目进行观看，而该期节目的收视率也会增加，实现了传播学中的"长尾效应"。由此可见传统电视节目在现代社会可与网络渠道有效融合，以增加受众覆盖面，使受众通过片段快速了解节目，并作出选择，从而吸引受众的关注，提升传播效果。

（二）追求年轻受众最大化

年轻群体对于新事物的接受度较高，对于当前移动智能终端的使用较为熟练，相对来说老年群体大多还是会选择传统电视媒体作为接收视听内容的主要渠道。大部分电视媒体选择在节目内容的播出上迎合老年人的喜好，比如加大电视剧的连播长度，播出一些养生类节目等，从而占据老年观众市场。而移动媒体和网络媒体则成为争取年轻受众的主要阵地，由于手机等智能终端的使用者的显著特点就是年轻化，因此视听媒体需要在内容的制作和推送方面注重贴合年轻人的喜好，比如偶像剧、搞怪消遣类短视频、综艺节目等。还要加大宣传力度，在贴吧、微博、豆瓣等年轻人聚集地，大量投放相关宣传内容，增加节目的讨论度，吸引年轻人的关注。从技术的发展角度来看，年轻人使用的往往是最新的技术，代表着一种发展的趋势，因此视听媒体要注重对年轻群体的覆盖，这样也能在未来发展中掌握主动权。

（三）追求传播性价比

"无论使用哪种终端来接收视听信息，都不再是被动地'看'，而是主动地'用'，这可以认为是由于网络传播信息手段的多媒体融合性，以及传播接收端的多元化为人们选择和接收信息提供了更多选择。"① 追求传播的性价比就要针对不同的渠道进行不同的内容投放，而不是广泛传播造成资源浪费，要有针对性地提高视听内容的传播覆盖率，避免无效覆盖。例如大部分车企会选择以广播的形式投放广告，因为随着私家车的增多，收听车载广播的人也越来越多，这部分人群比较贴合车企广告的目标受众；大部分养生保健类的广告则是在电视上播出，因为老年人是传统电视媒体的主要受众，这样可以增强广告的宣传效果。不同渠道的受众其年龄、收入、购买能力、消费形态等有很大的不同，要根据内容特点选择性价比高的传播渠道，使渠道受众与目标人群完全贴合，实现精准传播，从而达到理想效果。

（四）追求传播智能化

现在是大数据时代，互联网的发展引起了视听传播的巨大变革，视听媒体要以发展的眼光重新审视当下的环境，对大数据背景下的视听传播有更深入的认识。视听媒体要对当前时代的智能化传播环境、消费者特点进行深入的剖析，认识到传媒正在向科技化和现代化的方向发展。视听媒体运营者要使用现代化的智能手段进行消费者数据分析和精准推送，挖掘受众信息，并将受众转换为用户，从而实现有效传播和互动。研究发现，"敏感度越高的信息，越趋向在互动程度高的传播渠道中传播"②，运用智能化的传播渠道，增强与用户的交互是当前时代背景下视听媒体的生存法则。

所以，在精准传播过程中要认识到"将同质化的接收群体还原为差异化的个体"③，比如广东广播电视台影视频道于2013年启动了频道的大数据战略，"在广东地区首次尝试用大数据工具分析指导电视剧编排、电视剧和娱乐节目生产、营

---

① 高宪春，解葳. 媒体融合背景下视听媒体创新途径在分析 [J]. 电视研究，2014（01）：62-65.
② 周俊，毛湛文. 敏感的螺旋：网络公共议题中敏感信息的传播渠道研究 [J]. 国际新闻界，2012（5）.
③ 谢天勇，张朋. 以人为本的智能化传播——作为媒体的手机引发的传播变革与启示 [J]. 淮北师范大学学报（哲学社会科学版），2011（6）.

销……凭借移动端互动游戏成功地拓展了频道在年轻受众群体中的影响力"[①]。通过大数据手段充分分析受众的个性化需求，并进行精准传播还需要视听媒体努力探索并通过实践形成适合自身发展的一系列运作方式。以大数据分析为技术手段，结合合理有效的内容制作、传播渠道和资本运营模式，最终形成传播效果的最大化。

精准传播可以帮助视听媒体机构节省人力物力财力资源，实现视听传播价值最大化。大数据技术的发展和应用为精准传播策略的实施提供了更多可能，使各个视听媒体能够通过技术手段实现内容的精准投放。

第三节 品牌传播：突显品牌及个性化价值

口耳相传是最古老的传播方式，然而在现代社会，越来越多的社交平台成为人们获取信息的主要渠道，人们对于品牌的认知和见解通过社交媒体被发表出来，并被更多的受众看到，从而引起一定的关注。近年来网红主播或自媒体运营者在口碑传播中的作用越来越明显，人们通过微博、微信朋友圈、小红书等轻社交平台掌握信息进行口碑传播。"通过整合传播来塑造品牌形象的关键是如何保持品牌信息传播的一致性。"[②]

过去传播媒体的形式主要为大众媒体，而现在传播媒体有社会媒体、商业媒体和个人媒体等形式，因此品牌化和市场化成为媒体发展的新方向。媒介形式的转变一改之前传统媒体的垄断局面，受众掌握了视听传播的主动权，媒体需要通过一定的手段提升自己的品牌效应，增强媒体本身的公信力和受众对媒体的信任度和喜爱度，只有不断加强自身品牌的影响力，才能聚集更多有效受众，实现视听传播的价值。"'产品功效'重新成为品牌定义的精髓"[③]，媒体品牌形象关系着媒体的未来发展和生存现状，因此要建立具有良好、长期信誉度的优秀品牌，就要加强在内容策划、受众定位、人才培养等多方面的建构。

---

① 邓粤湘.全媒体时代地面影视频道的生存与发展[J].中国广播电视学刊, 2016（6）.
② 李忠宽.品牌形象的整合传播策略[J].管理科学, 2003（2）.
③ 黄升民, 杨雪睿.碎片化：品牌传播与大众传媒新趋势[J].现代传播, 2005（6）.

"世界市场制胜的关键是品牌传播,媒介的市场生存需服务于品牌传播"[1]。人们具有一定程度的恋旧心理和习惯性心理,基于这一现实基础,视听媒体塑造良好的品牌形象可以吸引受众,并使受众对其形成认可,长此以往受众就会形成使用习惯,在有需要时或者只要一打开手机、电脑等移动客户端就会习惯性地寻找该视听媒体的地址或平台,对其中的视听内容进行浏览,并点击和观看自己感兴趣的内容,这样可以有效将受众转化为用户,并增强用户的黏合度。"品牌传播的特点则为:信息的聚合性,受众的目标性,媒介的多元化,操作的系统性。"[2]准确把握这些特征,应关注以下几点。

一、视听媒体要改变品牌传播路径

视听媒体的品牌形象可以有效地将其与其他媒体区别开,形成其独特的差异性,同时品牌形象还可以增强媒体的公信力,是一种社会形象,有着文化价值和经济价值。传统电视媒体的品牌形象已经较为成熟,例如中央电视台、湖南卫视、江苏卫视、东方卫视等,它们都有独特的品牌特点,并形成了固定的用户群体,具有全国性的影响力,品牌形象成为它们发展的核心,其传播策略和传播内容都是围绕品牌形象进行的。现代移动媒体和网络媒体主体的发展要以移动化平台、互联网思维及追求用户价值观为主要方向,并选择合适的路径树立品牌形象。

分屏时代媒体发展的首要目标是吸引受众的注意力,有效转化受众,增强自身的影响力,因此现代媒体竞争是一场注意力经济转向影响力经济的争夺战。视听媒体广泛吸引注意力就是为了宣传自身的品牌形象,扩大影响范围,依靠某个火爆的节目只能吸引一时的热度,只有形成成熟的品牌形象,打造视听媒体特色化的品牌,才能有效聚合受众,形成品牌认同感。"消费品牌、媒介、生活方式也正朝着'碎片化'方向发生着相应变化"[3]。对社交平台的数据进行分析可以发现,受众的圈层化越来越明显,碎片化成为视听内容的转变趋势,人们更乐于使用微信朋友圈等便捷、迅速的方式,传播碎片化的信息。朋友圈和各种软件的评

---

[1] 余明阳,舒咏平.论"品牌传播"[J].国际新闻界,2002(3).
[2] 余明阳,舒咏平.论"品牌传播"[J].国际新闻界,2002(3).
[3] 黄升民,杨雪睿.碎片化:品牌传播与大众传媒新趋势[J].现代传播,2005(6).

论区成为人们获取品牌信息的主要渠道,好评数量多的产品会赢得更多人的信任和喜爱。视听媒体的品牌形象塑造可以从多个渠道开展,多角度、全方位地进行。

广告商大多会选择更为优质的视听媒体进行广告合作,因此会逐渐形成强者越强的马太效应,这是媒体自身品牌的魅力,也是其自身的影响力和公信力,符合市场的运行规则。媒体想要获得受众的喜爱和认同,成功建立自身品牌形象需要满足两个条件:"一是内容的满足,主要来自获得认知;二是过程的满足,主要涉及情感或情绪"[1]。目前,视听媒体的品牌形象取决于"信息的聚合性,受众的目标性,媒介的多元化,操作的系统性"[2]。视听媒体可以通过一些优质的节目积累用户群体,实现用户数量上的提升,这样可以提高自身的信誉度和公信力,为之后的品牌发展奠立良好的基础。不少电视媒体通过独具特色的、现象级优质节目创造收视率新高,培养了一批忠实粉丝,成功树立品牌形象,引发关注热潮,并带来了一定的经济收益,吸引大批的广告商。这些节目还会在各种社交平台引发关注讨论,使更多的受众对其产生兴趣,从而增加品牌的曝光度,提升品牌价值。

从生理、情感、消费、娱乐等多个角度来看,受众的需求是多种多样的,视听媒体打造品牌形象要关注受众的不同需求,实现差异化和独特性。例如各大传统电视媒体都在树立品牌形象上有不同的侧重点,形成自己的特色。东方卫视的品牌特点是现代、国际和海派;陕西卫视则依据自身特点,形成以"人文"为主的品牌定位;湖南卫视则瞄准年轻群体,明确打造"中国最具活力的电视娱乐品牌",提出"快乐中国"的口号;安徽卫视则以"剧行天下,爱传万家"为口号,致力于打造"温暖"的品牌形象。当然在打造品牌形象的过程中也有部分卫视由于自身定位不准确、不清晰,或者品牌设定没有特色,无法体现差异化,而发展越来越差。当前随着移动媒体和网络媒体的快速发展,传统电视媒体将品牌打造延伸到了更大的范围,比如央视网、凤凰视频、芒果 TV 等新的视听信息平台的建设,开启了传统电视媒体竞争的新赛道。各大省级电视台纷纷改变策略,在壮大卫视的同时,打造视听新媒体品牌。

---

[1] [美] 约翰·H·麦克马那斯. 市场新闻业——公民自行小心?[M]. 北京:新华出版社,2004.

[2] 余明阳,舒咏平. 论"品牌传播"[J]. 国际新闻界,2002(3).

相比于大规模的传播，有针对性的品牌打造更利于媒体的发展，不仅电视媒体如此，视频网站也在根据自身特点打造标志性的品牌，这一点可以体现在自制网剧和综艺节目中。由此可见品牌化之路是所有视听媒体的必经之路，是提升自身软实力和核心竞争力的重要途径。品牌的打造要注重创新和差异化，例如爱奇艺的《盗墓笔记》《灵魂摆渡》《时尚江湖》等自制网剧和综艺，由于网络中同类型节目不多而实现了大规模的引流。品牌带来的是流量，用户黏性和直观的经济效益和影响力，优质的节目还会被国外媒体引进，实现文化输出。

当前为满足市场细分的要求，不少媒体品牌会在原有品牌的基础上进行分化，建立更加专业化、精准化的品牌，多元化品牌战略日益凸显。新品牌借助原品牌的受众基础进一步发展，与原品牌相比其定位更加明晰，内容制作更加精细化。但是品牌的多元化发展容易引发混乱，同时会增加推广的难度，因此要注重对视听媒体品牌的保护与经营，加强对品牌的塑造，提升品牌质量和认知度，而不是随意创立新品牌。另外，传统电视塑造的品牌需要向网络发展，导流这些品牌拥有的受众，"更不能忽略的是广电视频网站如何确立起新的品牌内涵，延续性地强化品牌情感"[1]。

"品牌需要经营和输出，需要把品牌作为文化传媒生产要素不断地开掘和永续利用。"[2] 品牌效应和其带来的无形资产价值促进着媒体的发展，品牌是资本，可以用于入股、联合经营等。实现品牌最大化的价值可以通过寻找跨媒体跨行业品牌的增值空间和合作方式等途径，媒体的运营者要积极借鉴不同媒体创意产业的相关经验，明确品牌的核心价值，围绕自身的核心理念选择合适的传播策略进行视听传播，从而达到最好的效果，增强品牌影响力，获取经济效益，实现社会价值。

二、视听内容需打造质量与提升价值

以互联网为基石的跨屏时代已经悄然而至，在这个信息爆炸的时代，媒体品牌形象的塑造显得尤为关键。然而，无论媒体采取何种策略，首要任务始终是提升节目质量。这是媒体生存和发展的基础，也是获得社会效益和经济效益的根本

---

[1] 部雪倩．"互联网+"时代的广电视频网站品牌设计探析[J].当代电视，2016（5）.
[2] 李阳，徐琴媛．联合发展跨媒体传媒集团的思考[J].现代传播，2010（5）.

保障。在跨屏时代，媒体的内容传播渠道日益多样化，从传统的电视、广播到互联网、移动设备等，媒体无处不在。但无论传播渠道如何变化，优质内容始终是媒体的核心竞争力。优质内容不仅能够吸引观众的眼球，提升媒体的品牌形象，还能够满足受众的多样化需求，产生巨大的社会影响力。

视听媒体在当今社会的影响力不容忽视，优质节目的形成与广泛的受众关注度息息相关。优质节目之所以受到观众的喜爱，是因为其背后有着复杂的制作与运营机制。首先，视听媒体节目的制作需要一支专业团队。从策划、拍摄到后期制作，每一个环节都需要经验丰富的专业人士来把控。他们凭借对市场的敏锐洞察力和对观众需求的深入了解，打造出一档又一档精彩纷呈的节目。优质的节目不仅内容丰富、形式多样，而且紧跟时代潮流，满足了不同年龄段、不同兴趣爱好的观众的需求。其次，视听媒体节目的运营同样需要专业团队。通过精准的市场定位、有效的宣传推广和持续地创新改进，节目才能在激烈的市场竞争中脱颖而出。同时，运营团队还会密切关注观众反馈，及时调整节目内容和形式，以满足观众不断变化的需求。品牌形象的树立需要时间和持续的努力。视听媒体需要不断积累口碑和影响力，才能逐渐树立起品牌形象。在这个过程中，节目质量是关键。只有不断推出优质节目，才能吸引更多观众，进而提升收视率。优质品牌节目有一个共同点，那就是"观众的洞察力"。这意味着节目制作和运营团队需要深入了解观众的兴趣和需求，将观众的需求放在第一位。在内容设置上，要关注观众关心的热点话题和社会问题；在奖项设置上，要注重公平性和观众参与度；在选手嘉宾的选择上，要关注他们的才华和观众缘。将观众收视群体最大化作为目标，以收视率为考核标准，同时强化节目的公益行为，提升节目的品牌效应。

在当今媒体多样化的时代，无论是视频网站还是手机电视，要赢得观众的喜爱和口碑，关键仍在于能否制作出打动人心的节目。而如何打动人心？这就需要制作团队在选题、内容、形式等方面下足功夫，做到既符合时代潮流，又能触及观众的内心深处。以2014年爱奇艺推出的《奇葩说》为例，这档节目成功地将辩论与娱乐相结合，打破了传统辩论节目的固有模式，让观众在欣赏精彩辩论的同时，也能感受到选手们的人格魅力和思维火花。首先，节目在选题上紧扣当下年轻人关注的热点，如创业、潜规则、婚恋、情感、生活等，这些话题不仅具有普遍性，而且容易引起共鸣。首先，通过百度、微博等数据后台的访问数据，制作团队能够精准地把握年轻观众的兴趣点，从而选取最具话题性和讨论价值的内容。其次，节目在形式上也有所创新。传统的辩论节目往往注重辩论技巧和逻辑严密性，而《奇葩说》则将更多的关注点放在嘉宾的思维活跃度和表达能力上。节目中，嘉宾们不仅要有深入的思考和独到的见解，还要用生动的语言和富有感染力的表现方式来传达自己的观点。这种形式的创新使得节目更加生动有趣，也更容易吸引年轻观众的关注。此外，《奇葩说》还注重与观众的互动和反馈。在节目中，观众可以通过网络平台实时参与讨论，提出自己的观点和看法。这种互动式的观看方式让观众感到亲切，也使节目更具时效性。

视听媒体优质节目在吸引和增加用户粘性方面扮演着至关重要的角色。品牌栏目的诞生及其持续发展，不仅是吸引和维护用户群体的有效手段，更是媒体自身价值和影响力的体现。品牌栏目的形成并非一蹴而就，而是建立在深入了解受众兴趣和价值追求的基础之上。媒体通过对目标受众的细致分析，发现他们的共同点和需求，从而打造出符合他们口味的节目。这种以受众为中心的理念，使得品牌栏目能够迅速吸引一大批有相同视听需求的观众。例如，一些以游戏、表演、运动等为主题的栏目，能够吸引对这些领域感兴趣的观众，形成稳定的用户群体。品牌栏目的成功，还在于它能够将具有相同兴趣点和爱好的人群自然地聚集在一起。这些观众通过交流讨论、聚会等活动，形成了一定的社交圈子。这种社交圈子的形成，不仅增强了观众对品牌栏目的忠诚度和黏性，还为媒体提供了更多的用户数据和行为信息。媒体可以利用这些信息，进行更精准的用户群组建设和广告推送，甚至可以根据观众的反馈和需求，对节目进行加工或更新，以满足他们不断变化的需求。维护优质的品牌视听栏目对于媒体的长远发展也十分重要。一旦品牌栏目形成，它们就能吸引不同消费层次的观众，满足不同人群的视听需求。这些观众在享受节目的同时，也会成为品牌栏目的忠实粉丝，为媒体带来稳定的收视率和广告收入。随着时间的推移，这些受众群体的规模会不断扩大，形成更加庞大的用户基础。

第四节 社交化传播：拓维社交的互动性

媒介技术日新月异，媒介生态、制作形态、运营机制以及互动方式等诸多方面发生了深刻变革。随着即时互动与有效情感关联的社交化传播异军突起，其覆盖范围和影响力远远超出了人们的想象。人们的碎片化时间被各种社交化平台不断占据，传统电视面临前所未有的挑战。在这种发展趋势下，传统电视不得不从传播内容、方式、渠道、策略、运营机制以及用户需求等多个方面进行颠覆性的革新，以应对急剧流失的用户和发展困局。从传播流程的角度审视传统电视与新视听媒介平台之间的差异显著，传统电视正在努力摆脱单向封闭的传播模式，而新视听媒体则越来越注重开放与互动的传播方式。传统电视的用户群体逐渐老龄化，而新视听媒介平台以其新潮、活力等特点在年轻用户中的渗透率和黏性不断攀升，裂变式传播方式经常引发社会热议。

在盈利模式上，传统电视主要依赖广告创收，而新视听媒介平台则展现出更为灵活多样的营销方式，包括硬性广告、点播按次收费、流量分红、VIP 用户收费、会员制、版权营销、线下活动、延伸产业收益以及综合服务收益等。随着用户需求和市场环境的不断变化，传统电视必须加速转型，与新兴的视听媒体平台竞争，以确保自身的生存与发展。随着移动互联网的普及和 5G 技术的逐渐成熟，新视听媒介平台在内容传播、用户互动和营销模式等方面都具备了更大的发展空间和潜力。通过个性化推荐算法和用户画像分析，新视听媒介平台能够更精准地满足用户的需求，为其提供内容定制和互动体验，增强了用户黏性和忠诚度。

此外，新视听媒介平台还可以通过跨平台、跨界合作，拓展内容生态圈，实现内容生产、传播、消费、变现的全方位闭环，创造更多的商业价值。在数字化时代，传统电视虽然面临挑战，但也可以通过与新视听媒介平台的合作，借助其创新技术和运营模式，实现资源共享和优势互补，共同探索媒体产业的未来发展方向。

传统电视已经开始积极尝试利用社交媒体进行社交化传播。例如，许多电视台和节目都开设了官方微博、微信公众号等移动应用程序,通过这些平台与观众进行实时互动,增强观众的参与感和黏性。同时,传统电视还尝试与新的视听社交媒介平台进行合作,如短视频平台、直播平台等,以拓展内容传播的渠道和方式。通过社交媒体平台,传统电视能够更直接地了解观众的喜好和需求,从而制作出更符合观众口味的节目。同时,社交媒体的互动性和即时性也为传统电视提供了与观众实时交流的机会,使得节目制作方能够及时调整节目内容和形式,以满足观众的需求。然而,社交化传播并非易事,传统电视在尝试社交化传播的过程中,也面临着诸多挑战和困难。如何充分利用社交媒体平台的功能和特点,如何保持与观众的持续互动和黏性,如何平衡节目的娱乐性和教育性等问题,都需要传统电视进行深入的思考和探索。

一、深耕互动内容形式

随着移动互联网的迅速崛起和社交平台的蓬勃发展,许多电视台开始尝试将原有的内容移植到智能手机或其他移动终端,甚至与社交化平台进行深入融合。然而在这个过程中,常有制作理念和传播能力跟不上发展形势的情况出现,如何使传播内容有效地引发受众的情感共鸣,成为电视媒体人面前的一道难题。

如今,社交化媒介平台如短视频应用已经日益普及,成为人们日常生活中不可或缺的一部分。这些平台的内容丰富多彩,形式多样,吸引了大量用户的关注和参与。然而,要想在竞争激烈的市场中脱颖而出,引发用户的兴趣和互动,并不是一件容易的事情。社交媒介平台上的每一个用户都是一个独立的传播节点,他们通过点赞、留言、评论和转发等方式,将自己的喜好和感受分享给更多的人。因此,要想吸引这些用户的注意,就需要创造出感染力强、有趣或即时重大的视听内容。以短视频为例,我们可以看到,那些受到广泛关注的视频内容往往具有以下特点:一些视频具有高度的娱乐性,能够满足人们在忙碌生活中寻求放松和娱乐的需求。无论是歌舞表演、美景欣赏还是美食制作技巧,这些内容都能带给观众愉悦和享受;一些视频还具有实用性和教育性,能够向观众传递一些有用的信息或技能。例如,生活小技巧类视频可以让观众学会一些实用的生活技能,提高生活质量;此外,一些视频还具有较强的猎奇性和趣味性,能够满足人们的好奇心和探索欲望。除了专业团队制作的优质短视频外,我们还可以看到,许多普通用户也积极参与到短视频的创作和分享中来。他们通过视频剪辑、特效处理和音乐铺垫等手段，将自己的创意和想法转化为具有独特魅力的视听作品。这些作品虽然没有专业团队制作得那么精良，但却更加贴近普通人的生活，更能引起观众的共鸣和互动。

目前，传统电视虽然拥有优秀的节目制作团队，但随着社交化传播时代的到来，其在引发公众广泛讨论和转发方面面临挑战。由于用户收视行为变得碎片化和个性化，特色化品牌发展将成为传统电视有效传播的关键因素。社交媒介平台的兴起改变了信息传播的传统格局。用户不再被动接收信息，而是积极参与其中，根据个人喜好和需求选择、传播和创造内容。这种以开放、共享、免费为核心理念的新型社交媒介，丰富了人们的信息获取途径，为社会交流带来了新的可能性。传统电视需要不断创新，与社交媒介平台合作，以适应用户需求的个性化、多样化和互动化趋势，从而实现更有效的传播和互动。社交媒介平台为信息传播提供了前所未有的便利，这也使得社交媒介平台在广度、深度、密度等方面都远远超越了传统电视媒体的传播能力。在这样的背景下，用户生成的内容成为社交媒介平台的重要组成部分。这些由用户自行创作和分享的内容，不仅增加了平台的活跃度，也使得平台更加丰富多彩，充满朝气和生命力。这种个性化的视听信息，大大超出了以往广播电视媒体所能提供的服务，满足了用户对多样化、个性化信息的需求。面对这样的变革，传统电视人需要从根本上更新互联网理念，以适应新的传播环境。在制作视频节目时，需要更加注重内容的独特性和深度。央视时政新闻的传播、浙江卫视的综艺大片、湖南卫视的青春品牌，以及东方卫视利用财经优势推出的节目、海南旅游卫视展示的旅游资源节目、河南卫视设计的文化节目等，都是特色化生产和传播的成功案例。这些节目经过精心策划和制作后，通过社交媒体平台展现出爆发式传播效应。综观这些案例，我们可以看到，无论是政治、综艺、青春、财经、旅游还是文化类节目，都必须具备独特的特色，这样才能在竞争激烈的社交媒体环境中脱颖而出，吸引更多观众的关注和喜爱。

二、拓展互动传播渠道

社交媒介平台发展到如今，可谓包罗万象，不仅包含信息发布和浏览的平台，还包含各种集交友、分享和互动于一体的综合性社交平台。每个人都有机会在广阔的互联网上发声，展示自己的独特魅力。每个人都是传播者，每个人都是接收者，每个人都是互联网世界中的传播节点。这些节点关系建立的过程，则与内容、互动和关系链，这三个要素息息相关。内容是社交媒介平台的核心，它承载着人们的情感、观点和生活片段，是吸引用户关注和互动的关键。而互动则是社交媒介平台的灵魂，它让人们在分享内容的同时，能够感受到彼此的存在和温暖，建立起深厚的友谊和信任。关系链则是社交媒介平台的骨架，它连接着每一个用户，形成了一个庞大的社交网络，让人们的交流更加便捷和高效。正是这三个要素的紧密结合，才使得社交媒介平台保持了旺盛的活跃度。

传统电视行业正面临着诸多挑战，包括平台价值下降、观众流失以及广告收入减少等问题。为了应对这些挑战，传统电视行业正在积极打造一个多元化视频监控平台，旨在实现移动端的发展，并致力于实现多屏联动和跨屏传播。他们希望在互联网上建立社交化传播和平台化运营，以发展用户经济，包括广告投放、游戏娱乐、在线购物、移动医疗服务和便民服务等多元化业务。举例来说，央视推出了微信、微博和"央视新闻"客户端，并在2017年2月推出了新闻云生产平台"央视新闻移动网"，成功整合了全国37家省级和计划单列市电视台的视听内容，实现了资源的高效整合和多平台分发。湖南卫视也在这一领域处于领先地位，其孵化的视频平台芒果TV已成功跻身国内网络视频行业前四，形成了湖南卫视与芒果TV"双平台"共同驱动的新局面。这些平台的积极搭建充分显示了传统电视行业对平台化经营的重视和决心。除此之外，传统电视行业还在积极探索新的商业模式和技术手段，以应对日益激烈的市场竞争。他们正在加大对内容创作的投入，推出更多优质的节目和独家内容，以吸引观众和广告商。同时，他们也在不断优化用户体验，提升服务质量，以留住现有用户并吸引新用户。另外，传统电视行业还在积极拓展跨界合作，与互联网、通信、科技等领域进行合作，共同探索创新发展之路。通过跨界合作，传统电视行业可以借助互联网和科技公司的技术优势，拓宽业务范围，提升服务水平，更好地满足用户需求。

与此同时，传统的媒介生态格局正在经历巨大的变革。观众不再满足于单向的、封闭的制作和播出方式。他们渴望互动、评论，希望能够在社交平台上分享和转发自己喜欢的内容。如果传统电视制作播出的内容无法得到大多数受众的接受和互动，那么无疑会造成制作过程中人力物力的浪费。因此，传统电视行业需要以更加包容的态度迎接新兴媒体和技术的挑战。只有积极拥抱变革，建立具有强大汇聚力和传播力的新平台，才能有效地应对当前的困境。

三、完善平台互动发展机制

在探讨传统电视节目这一特殊产品时，我们不得不关注其独特的双重属性：公共性和商品性。这两种属性在电视节目日益市场化的过程中愈发凸显。作为大众传媒的重要组成部分，电视节目承载着传播信息、普及知识、引导舆论等多重社会功能。无论是新闻、综艺还是体育节目，都在不同程度上满足着公众的知情权、娱乐需求和精神文化追求。因此，在节目策划和制作过程中，必须充分考虑广大观众的审美趣味和价值取向，确保节目内容具有广泛的接受度和影响力。然而，传统电视节目也是一种商品。在市场竞争日益激烈的今天，电视节目的生存与发展离不开市场的支持和推动。传媒机构需要通过广告收入、版权交易等多种渠道实现盈利，以维持节目的持续运营和升级。这就要求电视节目在保持公共性的同时，还要具备吸引观众眼球、提升收视率的商业价值。如何在公共利益和市场需求之间找到平衡点呢？这既是传媒机构面临的重要议题，也是产业发展的关键所在。

多年以来，传统电视媒体一直将广告作为其主要的经营收入来源。然而，随着新媒体技术的迅猛发展和受众消费习惯的不断变化，新视听媒体已经摆脱了仅仅依赖广告的商业模式，而是创新性地开拓了更广泛的盈利渠道，如综合服务、网络游戏、电子金融等。社交媒介平台作为新媒体的代表之一，其盈利模式更是多样化和灵活。社交媒介平台除了大量植入软硬广告外，还提供了丰富实用的综合服务，例如电子商务、在线支付和虚拟商品等，以满足用户多样化的需求。这些平台上的传播主体呈现出多样化、平民化和普泛化的特点，为品牌广告收入、付费收入、线下收入和产品资源整合等多种盈利方式创造了可能性。多元化的盈利模式不仅增强了平台的盈利能力，还为其提供了更广阔的发展空间。传统电视媒体面临新视听媒体的竞争压力，需要在雄厚的资本基础上实施市场化运作，建立相应的平台基础，并制定相关的生产和传播规则，使用户在这些平台上聚集并活跃起来。传统电视媒体可以探索"平台＋内容＋用户＋服务"式的发展模式，这种模式可以实现多种收入来源，包括广告费、收视费、点播费和定制费，同时还可以通过线上线下方式增加盈利。这种转型不仅可以提升传统电视媒体的盈利能力，还有助于解决节目制作费用和人员工资等方面的压力。传统电视媒体需要在适应新兴媒体发展的同时保持创新，以确保行业的长期稳健发展。

四、加速研发平台算法

媒介即信息，媒介即数据，媒介即关系。形形色色的新兴视听媒体的出现，正在逐步重塑我们的人际交往模式和社会结构。媒介不仅是传递信息的工具，更是数据的集合体，是连接人与人、人与社会、人与世界的桥梁。社交媒介平台的覆盖范围和影响力日益增强，不仅提供了丰富的内容，还为用户构建了一个庞大的社交网络。在这个网络中，人们可以分享生活点滴、交流观点、建立联系，形成一种全新的社交模式。而这些平台之所以能够如此成功，是因为用户产生的海量数据。这些数据不仅记录了用户在平台上的行为轨迹，还反映了用户的兴趣、偏好、需求等。通过对这些数据的深度挖掘和分析，平台可以为用户提供更精准的内容推荐、更加个性化、细致入微的服务体验。同时，这些数据也成为平台与广告主、内容创作者等合作伙伴进行价值交换的重要资源。

抖音、快手等短视频平台除根据用户所产生的信息数据提供用户喜好的内容，进行智能化的推送外，还通过大数据分析想方设法粘贴用户，比如记录用户使用的痕迹、通过智能推荐机制给用户提供便捷有效的视听服务。对于传统电视而言，无论是与社交媒介平台融合，还是搭建全新平台，都需要关注几个核心问题：如何生产优质内容；如何有效存储、分析、处理和应用平台上产生的用户数据；如何利用大数据实现精准传播；针对具有相同文化背景和特征的用户群体，如何实现智能内容推送并做好关系转换，等等。这些都会成为基本的业务模式和发展条件，竞争的必备技能。

当一个视听媒体的品牌能够在多个屏幕上称霸，为消费者提供不同的收视体验，那么这家媒体就掌握了当下媒介生态格局中传播的重要方式。这种方式的实现，依赖于对受众生活习惯、兴趣、偏好的准确把握。只有深入了解受众的需求和喜好，才能让视听信息产品或服务嵌入受众的生活逻辑、消费逻辑、交往逻辑和发展逻辑当中。为了更好地满足受众的需求，视听媒体需要不断创新，提供更加个性化、多样化的内容和服务。例如，可以通过分析受众的观看行为和喜好，为他们推荐更加符合他们口味的节目或内容。同时，视听媒体还可以利用社交媒体等互动平台，与受众互动，听取他们的反馈和建议，不断优化和改进自身的产品和服务。

除此之外，视听媒体还需要注重与其他媒介的整合和联动，打造跨平台、跨媒体的传播体系。通过与其他媒介的合作，可以扩大传播范围，提高传播效果，进一步增强品牌的影响力和认知度。在未来，视听媒体的发展将更加注重受众体验和服务质量。只有真正站在受众的角度，提供更贴心、便捷的服务，视听媒体才能在激烈的市场竞争中脱颖而出，打开视听媒体传播和服务的"蓝海"。

第六章 人工智能时代视听新媒体传播路径

当今,全球范围内的广播电视网、通信网、互联网等基础网络加速融通,一个万物感知、万物互联、万物智能的信息网络空间正在逐步形成,数据和技术进一步成为网络视听行业的核心驱动,而网络视听行业在发挥优势,在成为新技术的实验场、应用场的同时,也加快了自我迭代,成为信息化、数字化、网络化、智能化发展潮头上的"冲浪者"。本章就视听新媒体如何在人工智能时代实现发展这一问题进行探讨。

第一节 视听新媒体的数智化变革

一、视听媒介数智化变革特征

(一)新旧媒介的融合演进

数字技术的融合演进特性更加凸显。特别是5G、人工智能等具有极强溢出带动性的"新基建",赋能相关技术和行业的效能显著,如5G为超高清视频、扩展现实(XR)等技术提供了强有力支持。一系列新兴视听技术与业态,以大数据为燃料、AI为催化剂、云计算为基石,叠加物联网、5G、区块链、XR等技术,实现跨越式发展。如元宇宙(Metaverse)技术理念就需要AI、XR、电子通信、数字孪生、区块链等多类技术的共同构筑。

视听产业不再被视为独立行业,它借助新兴科技赋能千行百业,逐步从消费者业务(to C)向产业端业务(to B)渗透。随着文化科技的深度融合,网络视听在支持其他行业发展方面的基础、催化和增值功能逐渐凸显,通过"视听IP+""视听数据+"等路径,注入相关行业的生产要素之中,满足了移动医疗、智能交通、智能家居、智能制造、环境监测等领域的发展需求。新视听媒体已成为推动经济社会数字化、网络化、智能化转型的重要支柱。

（二）数智赋能的视听媒体

当前，全球数据量呈指数级增长。美国、欧盟、英国、日本等全球主要经济体均通过出台国家数据战略、完善国内数据立法、加强国际数据合作等多种方式，将数据作为战略资源进行开发利用。

数据要素具有非竞争、可共享、无限增长的特性，是数字经济的重要"燃料"。在提升网络视听行业创作、传播、消费等各环节的效率和质量方面，数据的乘数作用不断凸显。在生产链条，企业可以更精准地洞察用户需求，网络视听创作与生产智能化、工业化加深。如腾讯云发布"视立方"音视频终端引擎，集视频采集/推流、移动直播、互动直播、短视频编辑、视频通话等多种工具于一体，并提供基于云原生的低代码集成环境，能够极大降低集成难度和云视频的使用门槛。在分发链条、技术再造、网络视听供给与传播、交互、消费方式方面，呈现出"场景化流通、数字化消费、沉浸式体验"特点。例如，优酷积极投身于"冰雪赛事交互式多维观赛体验技术与系统"的研发工作，通过创新性地运用"全景视角"视频技术，为用户提供了全新的观赛体验。利用这一技术，观众可以积极互动，自主选择并连续变换观看冰雪比赛的视角和位置，从而彻底突破了传统观赛模式中的定点和被动限制。这一技术的运用，不仅丰富了观众的观赛选择，也推动了体育赛事观看方式的革新。在治理链条上，政府、园区企业等主体能对视听动态运行数据、资源数据等进行挖掘、整合、分析、可视化，可形成智能化监测和服务体系。如马栏山视频文创产业园构建的马栏山视频产业云平台，提供了计算、存储、网络、视频、AI、大数据等功能，满足了视频生产、制作、分发等各个环节的云服务需求，大幅提升了入驻企业的视频处理速度。

（三）虚实共生的媒介系统

虚实共生的媒介系统是指现实世界和虚拟世界之间相互融合、互相影响的一种系统。例如，通过增强现实技术，在真实环境中叠加虚拟信息，使人们可以在现实世界中体验虚拟内容，比如在手机屏幕上通过 AR 应用看到虚拟的三维模型。这种虚实共生的媒介系统让人们能够更深入地参与到虚拟世界中，同时保持与真实世界的联系。随着大数据、人工智能、增强现实、元宇宙、虚拟数字人、非同质化代币等新兴虚拟技术的快速发展和广泛应用，互联网迈向以新型视听为支撑的交互形态，数字技术对现实世界的一切组成部分进行模拟和重构，真实和虚拟的边界更加模糊。

以由实向虚为路径，视听科技推动"数字化生存"日益成为现实——视听互动创造的沉浸式、实时社交体验表现出强劲的生命力，衍生出云演艺、云旅行游戏、云语聊、虚拟艺人演出等多种新型云上视听业态。如爱奇艺推出"虚实之城"演唱会，以影视级LED写实化虚拟制作和XR技术，打造了一座立体多维的虚拟城市。元（Meta）、微软（Microsoft）、英伟达（NVIDIA）、腾讯、字节跳动等科技巨头布局元宇宙，将加速打造未来数字世界，为网络视听产业开拓新增量。

以由虚入实为路径。借助海量数据和丰富应用场景优势，视听科技也持续向实体经济领域辐射，推动视听产业融入实体经济、城市转型、乡村振兴等领域。在新型立体视频技术体系的支撑下，结合了XR、AI、全息投影等技术的沉浸式视听以其强科技感、高互动感在2021年广泛融入商圈、景区、博物馆等场景。以美国的Pokémon Go游戏为例。Pokémon Go是一款基于增强现实技术的手机游戏，玩家可以在现实世界中捕捉虚拟的Pokémon角色。游戏通过手机GPS定位玩家的位置，并在真实环境中叠加虚拟内容，让玩家可以在城市街道、公园等地方寻找并捕捉Pokémon。这种虚实共生的媒介系统让玩家在现实世界中体验虚拟内容，同时促使他们走出家门，探索周围的环境，增强了与现实世界的互动和连接。Pokémon Go在美国引起了巨大的轰动和社交现象，展示了虚实共生媒介系统的潜力和吸引力。

（四）普惠共享的渠道平台

网络视听作品和服务已成为满足人类美好生活需求的重要途径。网络视听行业更重视利用新技术新业态，实现行业成果普惠共享。

一是提升治理智能化水平。网络视听平台综合运用大数据、AI、区块链等技术，在网络安全、个人信息保护、算法推荐、娱乐信息等方面提升治理的精准性、协调性和有效性。如针对日益增长的弹幕数量，哔哩哔哩网上线基于AI的弹幕和评论自净系统"阿瓦隆系统"，每天可以自动处理超70万条社区负向弹幕内容。

二是促进公共文化服务的普惠。云演艺、云展览、云旅游等先进的视听技术，成功地降低了文化服务的门槛和费用，使更多用户随时可触达。同时，在知识、人文艺术等领域，视听内容迅速增长。欧洲的许多国家和地区都在努力推动公共文化服务的普惠。例如，法国的卢浮宫博物馆通过数字化技术和在线展览，使全球观众能够在家中通过互联网浏览其珍贵藏品，实现了文化服务的线上普惠。英国的大英图书馆也利用数字化资源和在线阅读平台，让更多用户能够免费获取丰富的知识和文学作品。此外，意大利的歌剧院和西班牙的艺术画廊等文化机构也通过云演艺和在线展览等形式，提供更多的文化服务给广大观众，促进了公共文化服务的均衡普惠。这些案例表明，欧洲各地正在积极探索利用先进技术手段，推动公共文化服务的普惠共享。

三是通过创新手段来保护和传承传统文化。我们可以利用先进的 XR、全息影像、AI 等技术，对非物质文化遗产进行全面的保护、展示和传播。同时，通过网络剧、网络综艺等多种形式的视听内容，将这些宝贵的文化遗产数字化呈现给观众，实现了文化传统的"重生"。另外，我们还专注于开发全产业链衍生产品，进一步推动非物质文化遗产的传承和发展。以中国的京剧为例，利用 XR 技术，可以将京剧表演实时转化为全息影像，使观众可以身临其境地欣赏传统京剧表演。利用 AI 技术对京剧演员的声音、表情、动作等进行数字化分析，进而实现对传统演艺技艺的保护和传承。同时，通过网络剧、网络综艺等新媒体形式，将京剧故事以现代化的方式呈现给年轻观众，吸引更多人了解和喜爱京剧。此外，开发京剧相关的衍生产品，如周边商品、文化创意产品等，也可以为京剧的传承与发展提供更多可能性。通过这些创新手段，京剧这一非物质文化遗产得以在当代社会中生生不息地传承发展。

四是优化特殊群体视听使用体验。爱奇艺、优酷、抖音、喜马拉雅等视听应用均针对老年人推出大字体、轻交互、简操作的"长辈模式"。哔哩哔哩网上线依托 AI 技术的色觉优化、旁白功能适配、智能字幕等多项无障碍功能，分别针对色弱人群、视障人群、听障人群进行功能优化。

二、视听技术发展与应用实现新发展

（一）5G 建设赋能网络视听应用

建成全球最大 5G 网，形成"2+2"共建共享发展格局。中国 5G 网络、用户、终端等基础条件进一步完备。5G 网络建设为网络视听产业凸显流量经济特征，打造传播新优势、开拓辐射新版图提供良好基础。中国电信与中国联通、中国移动与中国广电共建 5G 网络，初步形成"2+2"网络共建共享新发展格局。其中，中国广电与中国移动共建共享 700MHz 5G 构建 700M "网络+内容"生态，专注于媒体、应急、警务、电网、港口、制造、农林等关键领域，特别是在疫情防控、抗洪救灾、企业复工复产方面，为全国多个重要事件和关键场所提供 5G 直播传输和公共 Wi-Fi 服务。

5G 技术推动网络视听行业应用场景的扩展和用户体验的提升。5G 的发展推动了用户终端设备的升级和移动数据消费的增长，同时也促进了芯片、射频器件、显示器、摄像等相关数字技术的更新和商业化普及，为网络视听行业的应用带来显著效果。在个人应用方面，网络视听行业利用"5G+大数据+人工智能+增强现实"等技术组合，在游戏娱乐、赛事直播、居家服务、文化旅游等消费市场积极探索，在超高清视频、互动视频、沉浸式视听、云演艺、云展览、云游戏等领域布局。在行业应用方面，借助 5G 连接人与物、物与物的特性，网络视听行业与其他行业融合，广泛应用于移动医疗、智慧教育、车联网、智能家居、环境监测等领域。

在美国的网络视听行业中，5G 技术发挥着重要作用。例如，美国的体育赛事直播平台利用 5G 技术提供的更快速、更稳定的网络连接，实现高清晰度、流畅的比赛直播体验，吸引了大量用户。在娱乐领域，美国的视频流媒体服务商利用 5G 技术提供更高质量的视频内容，支持更多用户同时在线观看，提升了用户体验。另外，在美国的智能家居领域，5G 技术也被广泛应用。通过 5G 网络用户可以实现智能家居设备之间的互联互通，实现远程控制、监控和智能化管理，提高家居生活的便利性和舒适度。此外，美国的医疗保健行业也在积极探索 5G 技术的应用，例如利用 5G 网络传输高清医学影像，实现医护人员之间远程协作和远程医疗服务，提高了医疗效率和患者体验。

（二）AI 向"认知智能"转化

AI 已成为引领第四次工业革命的通用技术，我国在"十四五"规划中将 AI 纳入国家战略科技力量。随着算法的进步、算力的不断提升和数据原料的丰富，在网络视听产业关联较大的语音识别、图像识别等领域的某些特定任务中，AI 的水平已达到甚至超越了人类水平，由感知智能不断迈向认知智能。AI 与云技术结合紧密，推进了物理世界和数字世界的全面连接、交互和融合。借助智能云平台的媒体处理先进技术工具、媒体内容超大云存储、媒体服务超强云算力和媒体内容极速分发能力和云制播、云工具、云审核、云分发、云储存等定制化产品及服务，进一步提升全产业链智慧化水平。

AI 在多个环节赋能网络视听行业：在内容生产方面，AI 协助智能创作、剪辑、修复及视频关键帧提取，加速视频内容输出。如爱奇艺智能系统，帮助制片人分析历史数据，预测流量、收入、用户画像，从而更有针对性地进行内容创作。在传输转码方面，AI 的视频处理模块有助于移动视频的转码优化，以更低的成本、更快的传输速度进行内容分发。在运营阶段，AI 采用大数据、用户画像等相关算法，精准进行流量分发，实现内容的智能推荐。在内容安全环节，利用内容安全大数据、AI、知识图谱等技术，逐步实现对字幕、音频以及视频、直播等视听数据审核的全覆盖和实时响应；通过情感识别、自然语言识别等相关方法，实现对社会热点的分析建模，及时应对。

（三）网络视听虚拟技术的新场域

新冠肺炎疫情的爆发，无疑为全球扩展现实（XR）产业带来了前所未有的机遇与挑战。疫情的肆虐使得人们对"非接触式"服务、线上办公和个性娱乐的需求持续旺盛，这为 XR 技术提供了广阔的应用空间。XR 技术的虚拟化、沉浸式体验价值在这场全球卫生危机中得到了重新定义。网络视听平台与虚拟现实行业相关主体在内容分发、优质生态资源虚拟化以及虚拟现实原生概念和场景方面展开深入合作，在元宇宙、NFT、数字人等技术上有了初步探索，让真实世界更丰富、虚拟世界更真实。

元宇宙概念从诞生以来就与视听领域联系紧密。一方面，为视听创作者提供了无限的遐想和创作素材，《黑客帝国》《头号玩家》《失控玩家》等影视作品蕴含了人们对元宇宙的想象、解读和反思。另一方面，虚拟现实、游戏、社交等视听领域的主要应用场景被视为元宇宙的初始形态。2021年，元宇宙概念得到广泛关注和快速发展渗透，游戏、影视、社交等内容之间的融合程度越来越高，但其社会价值和商业价值有待进一步探索。如在线上社交领域融合虚拟现实、游戏设计、影视内容等手段，通过虚拟化身、表情识别等更具个性化、更具表现力和丰富沉浸感的互动形式，或能突破传统线上社交的瓶颈。虚拟现实技术将可能成为打开元宇宙大门的钥匙，消费级虚拟现实设备将是用户通往元宇宙的桥梁，各类扩展现实技术也将是搭建元宇宙场景的工具。目前，元宇宙产业价值链由体验、发现、创作者经济、空间计算、去中心化、人机交互、基础设施等部分组成，一些企业已经进行了初步布局（表6-1-1）。

表6-1-1 元宇宙产业价值链构成表

产业价值链	内涵	布局企业
体验	用户直接参与的体验，包括游戏、社交、电子竞技、戏剧、购物等	任天堂、育碧、奈飞、优兔、推特、爱奇艺等
发现	用户获取发现、获取体验的平台，包括在线广告、社交、评分系统、应用商店、代理商等	Meta、谷歌、Steam、苹果等
创作者经济	创作者生产、经营的机制，包括设计工具、资产市场、工作流程等	Epic、Roblox、微软、Adobe等
空间计算	3D引擎、手势识别、空间映射和AI等空间计算技术	Unity、Occipit、Google、AI、Open AI等
去中心化	实现分散式和更民主化结构的方式和技术，包括边缘计算、智能代理、区块链等	微软、IBM、Dapper、以太坊等
人机交互	实现超感官感知的软硬件，包括智能手机、可穿戴设备、神经反馈等	Oculus、苹果、Xbox、华为、雷蛇等
基础设施	构建元宇宙的生产资料和技术，包括半导体、材料科学、云计算和电信网络等	英伟达、AMD、英特尔、AWS、高通等

NFT是一种存储在区块链上的数据单元，通常以一长串的英文字母和数字代码形式存在，用于与特定区块链及其中的智能合约进行连接。NFT具备不可复制、不可篡改、不可分割、可交易以及全程可追溯等特点。它已经在元宇宙、数字艺术、去中心化金融、收藏品、游戏、体育、域名等多个领域得到应用，并逐渐扩展到实体资产领域，为艺术作品、汽车、不动产等高频交易领域提供了一种相对

高效、安全的选择。例如，阿里巴巴推出了 NFT 数字艺术专场，并发行了"敦煌飞天"和"九色鹿"等付款码 NFT 皮肤；腾讯发布了 NFT 交易平台"幻核"App，提供 NFT 拍卖、NFT 盲盒以及各种加密艺术展览，不断拓展 NFT 艺术的边界，为推动文化遗产数字化、年轻化和生活化提供了新的机遇。此外，NFT 还可被用来标记视听作品的版权，有助于有效解决现实世界中的产权争议和盗版问题，同时确保所有者在各种数字环境中使用它们的通证。NFT 交易依赖智能合约机制，每次视听作品交易都会自动为创作者带来相应收益。同时，区块链的透明和公开特性使每笔交易的详细信息都可以被查阅，为版权保护和交易公平性提供了新的可能性。然而，尽管 NFT 为数字资产领域带来了许多新机遇，但也存在一些弊端。其中一些主要的缺点包括：一是环境影响：NFT 在创建和交易过程中消耗大量的能源，因为它们依赖区块链技术来存储和验证数据。这导致了大量的碳排放和能源消耗，对环境造成了负面影响。二是泡沫风险：NFT 市场存在泡沫风险，价格可能会被炒作和投机推高，导致波动剧烈。这可能会导致投资者在市场崩盘时遭受重大损失。三是缺乏标准化和监管：NFT 市场目前缺乏统一的标准和监管机制，这可能导致欺诈和不当行为的发生。缺乏透明度也可能使消费者难以确定 NFT 的真实价值。四是数据安全性：NFT 存储在区块链上，但区块链并非绝对安全。如果区块链遭受攻击或数据被篡改，NFT 的所有权和价值可能会受到损害。

数字人（Digital Human）是通过计算机图形学技术创造出的与人类形象接近的具有特定身份的数字化形象，其只依赖显示设备存在，不具有实体。2021 年以来，数字人的应用场景更加成熟和丰富，与网络视听行业融合更加深入。越来越多新媒体平台都上线了数字人新闻主播、专门的手语主播，这些数字人的外观、声音和动作表达多是基于真实主持人，编辑原型、采集训练后实现智能驱动。在电商直播领域中，大量商家使用虚拟客服进行商品和服务的营销、售卖。如快手推出的电商虚拟主播"关小芳"，已完成了多次直播，并能与真人主播配合完成直播带货、连麦 PK 等。此外，数字替身、虚拟化身或衍生类艺人和虚构"人设"的虚拟角色受到越来越多的关注，用虚拟数字人 IP 拍衍生剧、开发周边产品、商业代言、直播带货等衍生产业链也不断完善。如哔哩哔哩网打造的虚拟艺人洛天依，参与过主流媒体举办的各种大型晚会。

（四）超高清显示交互技术持续升级

超高清视频产业发展已经上升为国家战略，成为推动智慧广电发展、建设文化强国、满足人民群众美好生活期待的重要支撑。2021年，我国8K电视迅速普及，一批国产摄像机、采编播系统实现产业化并投入使用，成为新兴产业发展的领头羊。8K是一种超高清视频分辨率标准，也称为超高清电视，其分辨率为7680×4320像素，是目前广播电视和网络视频中分辨率最高的标准。与传统高清（HD）视频相比，8K视频拥有更高的分辨率和更清晰的画面，可以呈现更细腻、更逼真的视觉效果。8K视频技术被视为未来电视和影视制作的发展趋势，能够提供沉浸式的观影体验。广电总局发布了超高清晰度电视信号实时串行数字接口等广播电视和网络视听行业标准，促进了超高清视频创新应用的探索。中央广播电视总台和北京广播电视台相继推出了8K超高清电视频道和冬奥纪实8K超高清试验频道。各大网络视听平台积极采用超高清技术，如爱奇艺、优酷、腾讯视频、咪咕、华为视频等，在内容上支持HDR Vivid（菁彩HDR），哔哩哔哩网推出了8K超高清视频画质，并提供UP主画质提升的4K超分功能。超高清视频技术与5G、人工智能、虚拟现实等前沿科技深度融合，在疫情防控常态化背景下，为远程医疗、远程教育、远程办公等非接触式经济模式的快速发展提供了重要支持。

以2022年北京冬奥会等大型赛事转播为契机，云转播、360度环拍、自由视角、智慧场馆、VR观赛等典型视听应用实现更多场景突破，带给用户"身临其境"的交互体验。超高清方面，2022年北京冬奥会首次全程用4K超高清信号制作，在所有项目上完全实现UHD+KDR制作，并对滑雪等进行8K制作或直播。云转播方面，云转播平台基于云架构支持，制作人员可以实现远程导播切换，并充分利用云端GPU的强大计算能力来处理超高清视频，原生态客户端的引入也为视频同步和试验提供了精确的控制手段。互动观赛方面，央视频推出"数字雪花"互动项目，用户通过上传照片、爱好选择等方式生成自己的"数字雪花"，这是用户参与冬奥和冰雪运动的数字身份；咪咕视频依托5G云XR，运用Inside-Out定位技术、多实例播放技术、多路独立视频同时播放功能，通过Nreal AR眼镜实现三维空间观赛体验，打造六度自由空间的赛事体验场景。

三、视听技术的风险趋势

网络视听技术发展和应用还面临着一些问题和风险。诸如关键领域创新能力不足，自研创新技术进展慢，AI 等底层技术的价值潜力还没有充分释放，产业链、供应链核心软硬件受制于人的局面尚未根本改变，法律合规、数据管理以及算法、深度伪造等新技术应用领域依然存在安全风险等。未来，网络视听行业仍需坚持技术发展和安全、绿色、可持续应用，强化风险防范，补齐关键技术短板、强化优势技术供给、抢先布局前沿融合技术，加快数字化绿色化融合技术创新研发和应用，增强老年人、残疾人等特殊群体享受视听服务的便捷性。在泛在连接、万物互联的时代，网络视听将向未来视听演进，将拥有更广阔的应用场景和市场空间。

第二节　视听新媒体传播内容创新

一、视听新媒体生成式内容变革

新媒体的出现和快速发展改变了传统媒体的格局，使传播方式和内容生成方式发生了根本性的变革。在这种变革中，传统媒体的单向传播被打破，新媒体使用户能够更加主动地参与内容的生成和传播，形成了一种更加多元、开放和互动的媒体生态。由于信息符号、传输技术、接收终端不同，视听新媒体自身的媒介特性决定了它将承载着不同于传统媒介的内容。一方面，视听新媒体将改变传统广播电视的节目形态；另一方面，视听新媒体的创新集中体现在内容服务上，为受众提供个性化的服务。

（一）视听新媒体与广电节目形态的改变

在传统概念中，节目形态指的是广播电视媒体组织传播活动的基本形式和播出方式。在新媒体时代，可以简洁概括广播电视节目形态的变化：数字化使传统的单一的节目形态向未来多元化、交互式的播出终端的全新形态转变。具体而言，传统的广电节目形态转变表现在这四大方面：节目传播的非线性、节目的双向互动、节目传播的跨平台性、节目的个性化。节目传播的非线性是指节目打破了以往的线性传播模式，不用再按照线性时间顺序播出。当节目资源推出之后，受众可以根据自己的喜好、需要等选择是否观看、何时观看以及如何观看，充分享有自主权。

在过去，传统媒体的播出环节通常是由媒体机构决定的，他们可以按照自己的时间表和规划来安排节目的播出。然而，在新媒体时代，随着数字化技术的发展和互联网的普及，观众拥有了更多的选择权和控制权。现在，一旦节目制作完成并上线，观众便可以根据自己的喜好和时间安排来选择观看节目，而不再被动地接受媒体的"强制性"播出安排。他们可以通过各种平台和设备随时随地观看节目，还可以通过互动功能参与节目互动，例如评论、点赞、分享等。这种互动性和个性化的观看体验使得媒体的播出环节被大大延伸，媒体难以完全控制节目的传播和影响力。因此，在新媒体时代媒体机构需要更加关注观众的需求和反馈，积极拓展互动功能和个性化定制服务，以适应观众的多样化需求和观看习惯，提升节目的吸引力和影响力。传统的"强制性"播出方式已经过时，媒体需要更加灵活和开放地面对观众的选择和参与，只有这样才能在激烈的市场竞争中脱颖而出。

节目的双向互动，即媒体与受众之间"你来我往"的互动，可以使受众的参与感得到更大满足。受众不仅可以自主选择节目内容，与收看同一节目的其他受众进行实时交流，还可以按照自己的意愿和喜好，参与到节目设计中。而这种交互性是建立在较完善的受众反馈机制的基础上的。在视听新媒体时代，"数据分析统计化"不再是天方夜谭。每个用户的每种选择、每个收看动作都被专用的日志记录服务器记录下来，并提交到专用的数据统计服务器。传统的受众抽样调查不可避免地存在一定的误差，而数据分析统计可以进行"受众跟踪"，这意味着媒体可以更准确地掌握收视情况，与观众形成良好互动，从而更准确地把握受众市场。

节目传播呈现出跨平台性。传统的电视传播形态开始向全新的网络化形态转变，多终端的环境赋予了受众前所未有的自由选择机会。网络照搬电视的节目内容，这种跨平台现象的出现是由于内容产业尚未完善。今后，企业将根据不同平台的特点，为不同平台设计和研发其专有节目，以适应不同平台和终端的收视环境和特点。此外，跨平台性还表现在不同平台之间形成的内在联动，不同平台播出的节目形式和内容都有所差异，但节目之间却又密切关联，从而增强传播效应。

节目的内容和方式皆呈现出个性化转型。在媒介技术的支撑下，受众可以获得个性化的信息，媒体通过各种增值业务和定制内容使受众获得个性化体验。影响受众信息选择的重要因素就是节目自身的个性特征。当前，节目产品市场竞争处于一片红海，如果节目被赋予个性化特征，创意新颖，定位明确，自然能脱颖而出，获得受众青睐。因此，不少媒体从自身出发，开始注重节目类型和品质的创新与个性化发展。新媒体剧就是类型创新的例子，它是一种在流媒体平台（网络、手机等）和地铁、公交、车站、机场、KTV等公共场所播出的小型连续剧，近年来在国内不断走俏。为了进一步彰显个性，体现现在年轻人快节奏的生活特点，网络门户剧应运而生。总的来说，随着新媒体时代的发展，节目个性化定制的特点将会变得越来越显著。观众可以根据自己的兴趣和需求，随时选择自己喜欢的节目进行观看，因此，媒体机构需要更加注重观众的反馈和需求，积极开发互动功能和个性化定制服务，以提升节目的吸引力和影响力，以及适应观众日益多样化的观看习惯。

（二）传统内容的快速索引与精确定制

随着信息社会的到来，海量信息铺天盖地，个体在面对大量复杂的信息时，很容易产生"信息恐慌"心理，即害怕自己所知道的东西越来越赶不上自己应该知道的东西，使个体产生"信息超载"现象。学者沃尔曼在其著作《信息焦虑》中，提出了"信息焦虑"这一概念，用以描述信息使用者在面对海量信息时，难以有效提取所需信息的困境。沃尔曼指出，"信息焦虑"主要源于个体理解的内容与其期望理解的内容之间存在差距。在快节奏的生活中，人们往往缺乏足够的时间反思，导致"信息超载"现象日益严重，因而个体转变为机械的信息查询机器。心理学研究证实，个体的信息处理能力与其所接收的信息量之间存在一种倒U型关系。当所需处理的信息量逐渐增加时，个体的信息处理能力会达到峰值；然而，当信息量进一步增加并超出一定阈值时，会出现"信息超载"现象，导致个体的信息处理能力迅速下降。这表明，人类的有效信息处理能力是有限的。

要减轻或者解除人们的这种信息焦虑，除了提高受众的媒介素养，媒体自身还应该人性化地为受众梳理信息，确保受众在海量信息中快速找到自己所需要的信息。学者施拉姆在20世纪50年代提出了选择或然率公式：选择的或然率＝报偿的保证／费力程度。换言之，人们总是倾向于选择最能充分满足其需要并能够最方便而迅速得到满足的途径。费力程度，指在进行信息行为时所需承担的信息成本，包括了人们在获取及利用信息过程中所产生的所有精力、物资及经济投入，信息成本可细分为信息采集成本与信息甄别成本。媒体若能从"报偿的保证"和"费力程度"上为受众考虑，尽可能降低受众的信息成本，就能赢得受众和市场。所以，在视听新媒体环境中，能使受众毫不费力地提取欲求信息，提高信息针对性和有效性的方法是内容资源的快速索引与精确定制。

内容资源的快速索引依赖于搜索引擎技术的进步。当前，Google等搜索引擎虽然为信息检索提供了很大的便利，但是当用户向搜索引擎提交查找要求后，往往得到很多与需求无关的信息。视频搜索引擎是当前搜索引擎技术的一大突破，其主要特征是智能化搜索。视频搜索引擎不仅涵盖了各种信息形式的搜索，而且其搜索方式更加多样化和人性化，它能够对用户的搜索需求进行智能化分析，搜索出最贴近用户需求的信息条目，实现快速索引。

学者雷赫认为视频搜索引擎是人类大脑的延伸，他说："当数字化技术把一切视频、音频和文本都融入电脑时，这些外在的电脑终端就等同于人体的耳朵、眼睛和鼻子，连接这些终端的内在网络就等同于人体的中枢神经系统，而以海量的数字化信息为知识库和以智能化的搜索方式为运作基础的互联网搜索引擎就是掌控所有网络和电脑终端，为受众个体提供各种信息服务的网络大脑。"[1]

营销学中有定制营销的概念。一个企业若能在大规模生产的同时，实现产品定制，那么其在市场竞争中将更具优势。这种能力不仅体现了企业的技术实力和生产效率，更反映了其对消费者需求的深刻理解和精准把握。因此，那些能够在大规模生产的基础上提供定制产品的企业，往往能够在激烈的市场竞争中脱颖而出，获得更大的市场份额和更高的消费者满意度。

精确定制是一种大规模的定制，通过将规模生产与定制生产这两种看似相互矛盾的生产模式巧妙融合，使得其在保持经济效益的同时，成功满足了每个客户的个性化需求，实现了二者的和谐统一。

---

[1] 雷赫.互联网搜索引擎的传播学意义[J].青年记者，2006（10）：82-83.

在媒介市场中，精确定制是受众细分、数字技术进步的产物。在传统经济条件下，精确定制的成本极高，不具备推广价值。只有当媒介技术使专门为单个用户生产的小批量个性化产品的成本降到足够低时，大规模定制才能成为一种可能。内容的大规模定制包括两种方式：第一种是受众在海量的内容产品中选择自己所需的内容；第二种是指内容产品平台本身就能满足受众的需求，也就是让受众可以根据自己需要使用某种媒介。受众不仅可以在内容产品的"大超市"中挑选节目，还可以主动反映自己的需求，让"超市的负责人"，即内容提供商、集成商洞悉受众的个性化需求，使受众以一种"下订单"的方式影响内容制作环节，获得定制的内容产品。总之，在面对海量信息时，"定制"成为将"规模化生产"转化为"个性化消费"的必然手段。通过"定制"解决了"大生产"与"分众化"的矛盾冲突。

（三）创新内容的节目开发和用户生成

在渠道四通八达的时代，内容的重要性进一步凸显。当前内容资源的匮乏迫切需要我们加快创新内容的节目研发，建立并完善节目研发机制。

首先，建立节目的柔性化生产机制。内容产品的柔性化生产是指媒体在提供基本产品的基础上，根据受众的需求对产品进行分层开发和结构性再造，为受众提供多元化的增值产品和服务。一方面，为了更好地满足广大受众的需求，媒体在内容制作与传播过程中，应注重内容的层级开发。这就要求媒体多层次、多角度地发掘信息资源，还要在编辑和加工层面对初级内容产品进行精心的整合与梳理。通过文字信息与影像信息、图片信息、声音信息的交叉组合，媒体可以创造出更加生动、形象的内容形式，提高受众的阅读体验和沉浸感。另一方面，在数字新媒体时代，简单地将传统媒体的节目内容平移，是一种"泛电视化"的做法，无法真正发挥视听新媒体的特性，也无法满足受众的收视期待。因此，在节目生产的初级阶段，媒体还应依据不同平台的特征定制节目内容。例如手机电视、楼宇电视、移动电视等，不同的平台有着不同的终端载体特征和传播环境，适合不同的节目内容。以手机媒体为例，手机媒体偏向于短小化、系列化，内容轻松愉悦，以近景和特写镜头为主的节目，因此，我们需要针对平台来"量身定做"，实现创新内容的定制研发。

其次，建立节目的类型化生产机制。内容产品的类型化是不同媒介的内容表达类别，每一种类别都有自己的特色和统一的格式。我们可以将节目类型化生产理解为：对从创意策划到拍摄制作等一系列生产流程进行整合，并以"程式化"的模式固定节目生产机制。这一机制首先要建立在对受众需求充分认知的基础上。只有符合受众的审美习惯和偏好，节目的特定制作流程和模式才会被保留下来。当然，类型化生产机制并不是一成不变地、机械地复制内容生产的固有模式，它需要实时监测受众的收视情况，一旦某一类型的节目的目标受众大量流失，不再有市场，内容制作者就会跟进创新。因此，类型化生产是一种效益较高的内容创新机制。

最后，以数据库为基础的内容集成。内容的数字化集成是未来内容产业化的关键步骤，是实现信息定制和快速索引的前提。内容集成意味着媒体可以自由选择订购的选项或不同数量的内容素材资源来生产内容产品，通过丰富的内容基础和强有力的品牌，向用户提供丰富的内容服务。在数字新媒体中，由于数字模式可以建立跨媒体的服务平台，各种软件开发商提供了大量可以用来编辑和调整数字内容的工具，大大降低了数字内容制作和集成的成本。同时，个性产品的集成是数字内容集成中的重要一环。用户制作的内容因其原创性、草根性而具有创新内容的特质。所以，一方面媒体创建"自媒体"平台，对用户原创内容进行数字化处理，建立用户内容资源数据库，将微内容集纳到特定平台。用户制作的原创内容可以供受众自行观看、下载，并使其获得参与感和互动感，由此实现了"自媒体传播"。另一方面，媒体也会积极关注自媒体平台上的实时动态，寻找受众的兴趣点，将其作为内容创新的灵感来源，使原创产品成为专业产品的有益补充。

二、视听新媒体内容生产的流程再造

流程再造是管理学的理论。流程再造，即对企业业务流程进行深刻反思，并对其进行全面重构，旨在优化成本、提升质量、增强服务、加速运营速度，从而在企业业绩的关键指标上实现显著的提升。目前，流程再造理论已在多种行业应用，并获得了较高的生产效率和综合效益。

媒介内容生产工作流程的再造，可以理解为媒体内容生产环节的"瓦解"和

"重新捆绑"。在媒介融合大背景下，视听新媒体对传统媒体的内容生产流程提出了挑战。视听新媒体同传统媒体一样，其内容生产也包括节目制作、编排节目播出时间和传送三大步骤。但不同的是，在新的媒介环境里，这三大步骤将被拆分和重组。数字化、技术融合和管制松懈使得每一步中可供选择的对象的数量以及提供这种选择的组织的数量都成倍增长，而这正是流程再造的空间所在。

（一）宏内容的生产流程再造

宏内容指的是在专业机构内由专业人士制作的，通过特定渠道发布的信息产品。面对媒介融合的大趋势，专业内容在制作流程上需要有新突破，以提高生产效率。

1. 媒体机构的内容生产流程再造

为了提高生产效率，我们可以设立一个媒体中心来统筹不同的子媒体，实现资源优化。媒体中心下设总编部、业务部和数据部：总编部在中心内部起指挥作用；业务部根据总编部的调度，安排各个记者组开展具体业务，负责视频信息采集；数据部主要采集各种背景资料，包括音视频、文字等，作为业务部采集内容的补充，同时，数据部又下设两个小组分工合作，一个小组搜集该电视媒体之外的现有背景资料，另一个小组调度属于该电视媒体自身的用户管理中心下的信息库内容。于是，一条内容生产线就生成了：在总编部的统一安排下，媒体中心的业务部组织人员出去采集信息，数据部也在同一时间调度现有的一切背景资料。在这些工作完成后，网站、电视台和其他的子媒体机构就可以根据自身需要，将信息资料调过去，进行二次加工，形成具有自身特色的内容产品。可以说，媒体中心相当于一个"内部通信社"，这样的设置实现了信息一次采集多介质发布，从而节约了成本。同时，为了进一步扩展产品的产业链，这些初级信息还可以作为商品销售出去，这也就是电视媒体将内容资源向电视内容资产转化的过程。

当然，为了保持旗下不同媒体机构内容的异质性，单单靠这样的二次编辑显然过于单薄。各个媒体除了利用媒体中心提供的"大杂烩"之外，还应该有自己的一套生产流水线，也就是说根据传播介质和接收终端的不同而设计独特的内容产品。在媒介融合的背景下，传播渠道和接收终端越来越多元化，"内部通信社"

在一定程度上可以减轻不同媒介依据接收终端设计内容的生产成本，但是不容忽视的问题是：在后期加工时各个媒体如何再根据自身特点进行加工处理，例如手机电视接收终端的特质要求内容偏于轻松娱乐和资讯化，节目的短小化与系列化，镜头运用上以特写和近景为主，声效清晰简单。因此，手机电视媒体要如何套用"内部通信社"的初级产品还是个难题。正如学者所说，目前的内容平台还远不能生产出媒介融合时代的融合新闻，适应融合新闻媒介的新闻还未显现出真身。不过，传播介质的统一化趋势预示着这并非技术发展所不能解决的难题。

2. 记者工作流程再造

媒介融合下的记者将从单质性媒介记者转化为多媒体记者，这一点已成为共识。在网络时代，数字技术使得媒体工作者的传统职业划分或技能分工逐渐消失。记者必须熟悉不同媒体的风格，掌握文字、音频、视频等不同媒介的运用技能，并在日常新闻产品的生产过程中能为不同介质的媒体从不同角度、不同风格撰写同一题材的新闻报道。这意味着今后媒体单位对于"背包型"记者的需求将越来越大。所谓的"背包"记者就是指一专多能、熟练掌握各种媒介技术并能够采集各种媒介信息的记者人才，其中的一大特征就是拥有移动记者工作台。移动记者工作台的设备包括数字音频和视频装置，以及新一代的百万像素的相机。移动记者工作台就是记者的全套采访设备，记者可以依靠这些技术设备在现场完成工作，包括采写和编辑，无须再赶回编辑室抢发新闻。因此，记者的工作流程与以往相比将会有所不同。

今后记者将在移动记者平台工作上。数字音频设备可以帮助记者记录现场同期声，并自动产生相应的文本，还可以根据记者需要（男声、女声等），为解说词配音。视频装置可以在拍摄之后直接连接到网络，实现即时编辑。此外，每位记者都有一个内部账号，可以随时进入后台数据库查询到相关事件的背景资料，使记者能够迅速反应、捕捉新闻点并核查相关信息。当记者完成采编后，只要轻轻点击鼠标，就能快速将视频作品传回总部编辑室。至此，记者的一项任务就完成了。在新技术的帮助下，节目的采集流程将更加顺畅，同时减少了传统的业务程序，提高了工作效率。

美国学者约翰·帕夫利克在其《新闻业与新媒介》一书中谈到了"记者：濒

危物种"这一残酷的现实问题。随着新媒体技术和人工智能的不断发展，传统新闻业的记者面临不小的挑战，因为集文字处理、语法、拼写和检测等功能于一身的软件包实际上已经能够写出新闻报道了。约翰·帕夫利克也提到，在体育和经济报道领域，许多报道是软件包根据具体统计资料（如赛事比分、股市变化等）编写出来的。只需要导入各种不同的新闻来源软件包便可直接获取电子资料，随即自动编写报道。当然，目前由软件包编写出的报道还不成熟，在报道风格上远不如人工报道活灵活现，似乎只适合于常规性的简单报道，但这对于新闻记者来说无疑是个挑战，也鞭策着记者提高新闻采写的能力。

（二）微内容的流程化处理

微内容是相对于宏内容而言的，是受众创造的内容，通常需要媒体予以二次加工。在媒介融合时代，微内容是媒体实行"蓝海战略"的有力武器。媒介融合带来了媒体资源的整合传播，各种媒介之间的界限更加模糊，而保持媒体个性的重要因素就是媒体自身的忠实受众以及受众贡献的内容。因此，我们有必要为微内容设计一条流水线，以最大限度地挖掘微内容的价值，同时通过用户制作内容平台，使用户的主动选择权得到满足，使用户同网络平台、用户与用户实现交流互动。

遵照以上的设计理念，我们可以设立用户管理部门专门处理受众创作的内容，它下设三个流程小组。

数据输入组。此组负责微内容数据的输入与管理。受众可以通过在线上传或者开通个人视频主页等方式，分享自己的创作，与目前的视频分享网站不同，多种媒介形式、多种传输介质均可以提供该服务，媒体与受众的互动更加频繁和便利，这在一定程度上又依赖于技术的进步。而数据输入组在提供用户服务的同时，也要对这些内容进行必要的把关，维护网络信息安全与健康，实现内容上传的审查化。

数据分析组。此组负责对数据库搜集到的用户贡献内容进行分类和归纳整理，具体可以按题材或者风格等划分不同的用户子数据库以便于随时检索素材和用户数据分析，这些数据同时可以作为专业内容生产时创意的来源和背景资料的补充。分布式的数据库通过宽带网络连接在一起，将原创内容的单个数据库、基础的分类素材数据库、应用层面的数据库以及消费者消费用途的数据库连接在一起，构成内容产业的整个企业组织形态。不过，对如此海量的视频内容进行编码处理是一个劳动量很大的过程。工作人员不得不浏览所有的视频内容并作出恰当的文本描述。但随着技术的不断发展，数字视频图像处理技术可以使人们不必再对内容做索引，它可以自动索引和检索视频内容，并且索引的内容更加广泛。

数据处理组。此组负责对受众创作的内容进行优化筛选。上传到用户子数据库里的微内容可以直接置于微内容视频分享平台。例如 Myspace，不仅为受众提供了免费上传、转载、下载内容的服务，还为受众提供了一个展示自我的内容发布平台，Myspace 还成立了自己的音乐品牌，并同环球音乐合作出版发行了首张由用户自己上传的歌曲专辑。诸如这样的分享平台是增强媒体与受众互动的最佳渠道。我们还可以在用户数据库里挑选一些优质的作品，进一步优化处理，再传输到下一个编辑中心，由编辑把关，将其作为宏内容库的补充。

三、提高视听新媒体内容生产能力的方式

当前，内容生产能力是视听新媒体发展的最大瓶颈。提高内容生产能力的关键是依靠产业链各个环节的合作打造一条新传媒产业链。

（一）建立合理的利益分成模式

视听新媒体在不断摸索盈利渠道的基础上，应建立合理的利益分成模式。在传统媒体的盈利模式中，广告收入是主要的利润来源。电视台作为播出平台占据了垄断性地位，因而成了最大赢家。而其他的节目制作商处于被宰割的不利地位，他们依赖电视台而存活，往往收入甚微，这严重挫伤了其创造新产品的积极性。由于不合理的利益分成，内容生产就进入了恶性循环。然而，如今的媒介生态环境逐渐改变，渠道的多样化削弱了电视台"一家独大"的格局。并且受众对低质内容产品的忍耐程度也已经达到了极限，所以，受众对高品质内容产品的需求提高了内容提供商的议价能力。为了使新媒体能够迸发出区别于传统媒体的内容优势，我们必须改变这种不平等的利益分配格局。而在某种程度上，这种利益格局的转变也是现实趋势使然。

在视听新媒体时代，媒介卖方市场上主要有五种角色：内容提供商、内容集成商、服务提供商、平台运营商、终端制造商。内容提供商处于产业链最上游，专注于打造内容产品，目前主要包括传统媒体的节目制作机构以及新兴的节目制作商两大类原创型内容机构。内容集成商相当于分销商，它先将内容提供商的内容产品集纳进来，一方面根据受众需求将内容进行分类、编辑、压缩、储存，另一方面将加工过的内容销售给不同的媒介运营商，将内容数据库直接连入运营商的服务接口，通过智能搜索引擎满足"碎片"用户的个性化定制需求。服务提供商充当着受众和内容集成商之间的沟通桥梁，它为用户提供付费下载、互动等增值服务。平台运营商承担着内容传输的任务，在产业链中占有重要地位，它是受众接触内容产品并进行反馈的传播通道。终端制造商就是生产各种终端设备的企业，终端设备不断多样化、人性化，当技术成为内容的一部分，再融合新的编辑思想，便可以通过播放终端的差异化使同质的视频节目显现出异质的特征。

这五大角色也是未来媒介价值链中的重要组成部分，彼此紧密相连。视听新媒体时代的利益由这五者分享，而具体的利益分成则取决于各自的议价能力。不过，随着媒介市场环境的不断更新，利益分成方式也必须随之更新，以形成最为合理完善的商业模式。

（二）注重微内容生产

微内容（microcontent）和传统媒体制作的宏内容（macrocontent）相对应，雅各布·尼尔森（Jakob Nielsen）最早提出了这一概念。微内容指的是网页上展示的"超小文字段"，例如页头和标题等。这种导引性的文字段虽然寥寥数字，却在整个网页的结构中具有重要的作用。微内容是指在网页或其他数字平台上展示的短小而精炼的文本或信息片段。这些微内容通常在页面的关键位置，用来吸引用户的注意力、概括主题或引导用户下一步操作。微内容的作用是快速传达信息，让用户快速了解页面的主题或目的，从而提高用户体验和页面的可用性。常见的微内容包括标题、摘要、标语、按钮文字、元数据等。通过简洁明了的语言和设计，微内容能够有效地引导用户进行目标行为，提升页面的效果和用户交互体验。

在新媒体环境下，微内容的生产日益得到了关注。学者罗森格伦（Rosengren，1974）提出了"问题—解决理论"。他认为，受众选择某一特定渠道媒体来满足其需求的行为有了两个前提条件：对现有渠道的不满（即"问题"）的认知以及对其他可供选择渠道（即"解决问题"能力）的认知。罗森格伦的观点为我们进一步了解受众的媒体使用行为提供了参考。在新媒体环境下，一方面，随着受众自我意识的增强，他们不再满足于传统的传收关系，不再满足于做被动接收者；另一方面，媒介技术的进步使传播介质、传播终端的多元化，这为受众提供了"其他可选择的渠道"，因而使他们得以打破传统媒体对话语权的垄断。由此可见，微内容的崛起既是新时代受众的需求爆发所致，同时得益于新媒体技术的进步。这意味着传统媒体将无法压制日益庞大的微内容市场，相反，传统媒体应随需而变，积极接纳微内容，并抢占微内容生产的先机。

那么，微内容产品的价值何在？

首先，微内容的价值源泉在于"长尾理论"。2004年，美国《连线》杂志主编克里斯·安德森深入研究了美国新兴数字企业的成功之道。他发现，这些企业并非依赖少数热门产品获取利润，而是通过长尾策略取得成功——即利用市场中众多难以触及的产品和丰富的用户评价来创造财富。安德森提出一个引人注目的观点：在互联网时代，长尾已经成为主要的价值来源，我们的文化和经济正快速从追求少数热门产品转向追求大量非热门产品的市场。微内容就是这些非热门产品的一部分，它们是长尾中创造80%利润的重要组成部分。这80%是长尾理论中的概念，即那些销量较低、不太热门的产品或服务所带来的收入。长尾理论认为，市场中存在大量的小众产品，虽然每个产品的销量可能不高，但当把这些小众产品的销售额累加起来时，它们可以贡献出整个市场的大部分收入。因此，长尾中的非热门产品，虽然单个销售额可能不高，但总体上却能带来相当可观的利润。安德森指出，微内容在互联网时代变得极为重要，因为它们构成了长尾中的大部分，并为企业带来了可观的经济利益。

"分众化"的提出宣告着以往大批量、整齐划一的传播内容和传播方式不再适用，受众的多元化需求逐渐被重视。媒体依据受众偏好等共同特征，将其划分为不同的受众群，以增强传播的有效性。但在这里，受众依旧是被动地等待媒体来发现自己的需求。而新媒体语境下的微内容，则可以视为受众个体需求的"自我彰显"，它将分众化模式下的受众需求进一步细分，长尾变得更长了。

再从媒体实践上看，对微内容的重视以及微内容产品的开发是媒体为了吸引受众、巩固受众所作出的战略选择。在如今的媒介环境中，信息传播异常活跃，各家媒体所接触到的信息其实大同小异，所谓的"独家"资源变得越来越稀缺。要想在激烈的媒介竞争中脱颖而出，就要在内容产品上独树一帜。而此时涌现出来的微内容正是对宏内容的最好补充，微内容成为媒介新一轮竞争中的独门秘技。媒体重视微内容生产，提供聚合微内容的平台，在微内容中寻找素材和话题，进行产品二次加工，甚至是让受众协同参与到产品的制作过程中来。由此，媒体可以增强与受众的互动，并使得媒体内容具有个性化特征。

当前，国外一些媒体已经率先采用了"群体外包"的模式，即媒体将原本由内部员工完成的工作通过互联网交由他人完成。"他人"通常是不确定的而且数量众多的人。媒体的这种让渡方式可以视为是让微内容充实到宏内容中来，这不仅节约了媒体的人力，而且能激发受众的参与感，可谓一箭双雕。

（三）孵化专业内容集成商

内容集成商将在未来的媒介市场上扮演重要角色，它先把内容提供商手中的内容产品集纳起来，再将节目的播出权分销给不同的媒介运营商。内容产品的每一次成功出售，内容提供商和集成商都可以分得利益。如此一来，获利的多少取决于节目播出权的销售，而播出权的销售取决于节目本身的质量，取决于节目是否具备市场潜力。在这一过程中，内容提供商的任务就是研发和制作节目内容，不再"自产自销"。内容集成商作为专业的节目销售组织，对节目进行专业化、市场化的管理，解决了以往销售渠道单一和不通畅问题。内容集成商在成功出售节目时，不仅增加了节目盈利的途径，最大限度地挖掘了节目资源的内在价值，也在自己分得一杯羹的同时，为内容提供商的节目创新分担了部分风险。因此，强大、专业的内容集成商在内容产品的价值链中起到了关键性作用，它能够保证内容供应的持续性和稳定性。那么如何培养内容集成商呢？

首先，内容集成商对节目的版权进行保护与营销。内容集成商其实是在进行节目的版权营销。因此，为了顺利实现节目播出权的出售，必须保证节目的版权归节目制作方所有，并禁止任何形式的抄袭、剽窃。尽管我们常常喊"内容为王"，但我国的节目版权保护、节目模板的版权保护还很欠缺。无论是政策层面,还是社会认知层面,往往把焦点放到了信息的传播渠道上面,对于信息制造者的利益,却越来越漠视。百度产权纠纷正是这种利益不平等事件的典型事例。

2011年3月,百度陷入产权纠纷,50名作家联名声讨百度文库以"免费分享"为由,侵犯作家利益,但是双方谈判最终还是未取得任何成果。根据最高人民法院所颁布的《网络著作权司法解释》,只有在服务商"明知或应知"属于侵权作品仍不作处理,未尽到注意义务,才构成侵权。这一法律规定无疑为网络侵权留下了很大的操作空间。版权不明晰是滋生侵权行为的温床。在这种情况下,内容集成商想要靠销售节目版权获益便无从谈起。

其次,在版权保护的基础上进一步推行制播分离。制播分离是将节目生产与节目播出分开,实现节目专业化生产与管理,这是打造新媒体产业链的重要一步。打造新媒体产业链既需要政府的政策导向与鼓励,也需要市场建立起优胜劣汰的公平竞争机制。制播分离的一个重要结果就是内容市场的进一步开放和内容提供商队伍的壮大,从而提高内容提供商的市场议价能力,摆脱备受压制的局面。

有学者认为电视媒体具有丰富的节目制作经验、专业化水准以及长期发展建立起来的公信力、品牌力,是内容提供商的不二选择。但作者以为,在培养内容集成商初期,传统媒体可以作为内容产品的提供者,但不能直接承担内容集成商的角色,否则,传统媒体既拥有播出渠道,又占据着内容提供商和平台运营商的中间环节,势必建立起其垄断地位。虽说由于渠道的多样化和播出平台的多元化,昔日传统媒体的绝对垄断地位不复存在,但其他的内容提供商在一定程度上仍会受制于传统的广电媒体。因此,美国在设计辛迪加商业模式时,就要求电视网剥离其辛迪加业务,并禁止其参与建立内部辛迪加机构,禁止电视网黄金时段的节目全部由自己提供。

第三节 视听新媒体传播渠道拓展

一、视听新媒体在传统广播电视方面的发展

步入21世纪以来，媒体格局发生了翻天覆地的变化，受众的习惯、接收终端的变化都使传统媒体的发展面临挑战。以广播电视为例，随着视听新媒体的迅速崛起，广电媒体在内容制作和播出平台方面都面临着全新的机遇和挑战。新媒体的高科技和市场化属性与广电媒体传统的"四级办广电"模式之间产生了尖锐的矛盾；新媒体对资本最大化增值的追求，迫使传统广电媒体必须迅速调整宣传和经营关系以符合法规；广电媒体的内生发展与新媒体合作共赢之间也存在着矛盾。新媒体的兴起打破了传统媒体内部平衡，激发了传统媒体的改革创新。如以传统广播和电视为基础的英国广播公司BBC和美国有线电视新闻网CNN等世界级媒体，在过去十多年里持续不断地进行创新尝试，开拓了各种全新的媒体平台，成为全球领先的全媒体传播机构。

（一）BBC全媒体战略

英国广播公司，简称BBC，是英国政府资助但独立运营的公共媒体机构。自1922年创立以来，BBC曾在相当长的一段时间内垄断了英国的电视和广播行业。在多媒体融合变革的道路上，BBC一直积极拓展新媒体业务。从20世纪90年代中期开始，BBC就寻求广播电视与新媒体的融合，如今BBC的新媒体战略已经相对成熟。

1.BBC的新媒体之路

1989年之前，处在传统广播时代的BBC依托的是传统的模拟广播。从1989年BBC第一次使用数字技术进行广播节目制作，至1995年9月BBC率先在世界上推出了数字化广播服务——DAB（DigitAl Audio Broad-casting），BBC开始了其数字化改革。

在互联网技术开始突飞猛进时，BBC也开始酝酿将广播与互联网结合。1994年，BBC开始筹建网站，三年后"BBC在线"获得英国政府的批准，开始正式

对外发布并运行。"BBC 在线"的最大特色是改变了传统的广播接收终端，受众可以通过网站在线收听与电台同步的网络广播，这标志着 BBC 开始进入网络广播时代。

2.BBC 的新媒体平台

（1）互联网在线服务平台——BBC Online&BBC iPlayer

基于 Red Button 的互动电视业务、基于 BBC Online 的网站业务、基于 iPlayer 的跨屏融合业务是目前 BBC 在电视、PC 电脑终端、移动终端的重点新媒体业务类型。

BBC 自 1997 年开始发展网络业务，BBC Online 是其数字化未来的核心组成部分。BBC 曾拥有三十多个垂直网站，后逐渐融入 BBC Online 旗下。BBC Online 既是 BBC 的官网，也具有英国综合门户网站特征，BBC Online 有十个特色产品，包括：新闻、体育、天气、节目、游戏、学习、广播与音乐、电视、主页以及搜索。

iPlayer 是 BBC 于 2007 年推出的一项网络视频服务。用户通过 iPlayer 可以在 BBC 网站以直播、点播以及下载等方式收听和收看 BBC 播出的 7 个月以内的广播、电视节目。自 2007 年起，BBC iPlayer 沿着全媒体、无线视频点播、社交媒体、认知媒体方向不断发展。

从 2005 年预热至现在，iPlayer 的功能不断完善并向纵深发展，它成功地实现了广播、电视与互联网等传输渠道的深度整合，形成了跨平台的统一体系。同时，它也广泛覆盖了个人电脑、游戏平台、平板电脑、智能手机等各类接收终端，为用户提供了全面而丰富的选择，真正完成了全媒体转变。2012 年，它与微软合作进行游戏平台延伸，并以此为基础，开始试验"认知媒体"。

（2）互动电视平台——Red Button

Red Button，作为 BBC 推出的互动电视服务，允许英国的数字电视用户与电视节目进行实时互动。其运作机制主要基于数码频道上富余的带宽，利用这部分资源提供增值服务，从而丰富电视节目内容，为用户提供更多个性化服务。

Red Button 并没有改变传统电视的节目内容、传输方式和接收终端，而是延伸了传统电视的服务内容，给予用户更多的决定权，目前其服务内容涵盖了点播、投票、时移等，此外，当转播大型赛事时，它还赋予观众观看不同场地赛事的选择权。

（3）手机终端平台——BBC Mobile

随着智能手机持有率的快速提升和手机网民规模的不断壮大，手机这一移动平台在BBC拓展新媒体业务中的作用日益突显。考虑到苹果iOS系统和Android系统对手机市场的占有率，BBC推出了iPlayer、BBC News，World News等手机应用程序。iPlayer满足了手机用户通过手机收看或下载电视电台节目的需要，而BBC News和World News满足了用户随时收看国内外新闻资讯的需要。目前，BBC手机网络用户最大的浏览量仍旧聚焦于实时新闻和体育资讯。

2012年伦敦奥运会前夕，BBC发布了Android、iOS和黑莓平台的奥运应用，支持无线和3G覆盖的24个奥运会直播流频道，旨在第一时间通知手机用户最新赛况并随时切换24个赛场进程。BBC未来媒体与技术中心主任埃里克·哈格斯介绍，手机媒体特别适合于时效性强而又大众化的体育报道。

3. BBC的全媒体策略

（1）搭建全媒体平台，延伸受众群体

BBC一直致力于建设全媒体平台，先后建设了BBC Online、BBC iPlayer、BBC Mobile等多个全媒体平台，取得了巨大的收益。2010年及2011年，BBC美国版和亚洲版相继开通，进一步扩大了自身影响力和用户范围；BBC的全媒体平台是一个集多种功能于一体的综合性服务平台，它支持40多种移动设备和平台，用户可以在各种终端设备上享受到BBC电视节目的即时观看和回放点播服务；BBC不断开发适用于各种移动终端的应用程序，如智能手机、平板电脑以及网络电视等，让用户可以随时随地观看BBC的优质内容；"孤独星球"旅游类应用程序则为用户提供了丰富的旅游信息和实用指南，帮助用户规划出更加完美的旅行路线；而iPad版杂志则为用户带来了更加舒适的阅读体验，让用户可以在平板电脑上畅享BBC的精彩内容。

多渠道、多平台的传播，满足了不同年龄受众的需求。"BBC在线"更是成为年轻人青睐的观看选择。

（2）打造全媒体产业链

自20世纪90年代开始，BBC就已经构建了一条围绕电视内容展开的完整产业链，涵盖了投资、研发、生产、销售以及配套服务等各个环节。随着新媒体的崛起和技术的飞速发展，BBC并没有满足于过去的成就，而是积极应对挑战,持续创新。它依托自身强大的制作能力和品牌影响力,推出了一系列出色且具有创意的品牌节目,如《地球脉动》《蓝色星球》等,这些节目在全球范围内都享有极高的声誉,BBC以这些品牌节目为依托,逐渐构成一条完整的全媒体产业链。

(3)建立新型视听关系

据BBC前新媒体技术部总监阿什利·海菲尔德(Ashley Highfield)介绍,BBC未来所有数字内容和服务的提供都将紧密围绕三大主题展开：共享(Share)、导航(Find)和点播(Play)。在"共享"方面,BBC鼓励用户在其网站上创建个人空间,并积极参与到BBC网站的建设中。而"导航"方面旨在进一步完善BBC在线检索功能,为用户提供人性化的搜索代理服务。此外,"点播"理念的核心载体是BBC iPlayer。这三大主题都强调了新媒体中受众的高度参与性。近年来,BBC iPlayer在技术上不断升级和改进,提供了更加优质和流畅的观看体验。用户可以通过多种设备(包括电脑、手机、平板等)访问BBC iPlayer,随时随地观看他们喜欢的BBC节目。

在媒体变革的浪潮中,BBC以其独特的视角和前瞻性策略,站在了新媒介技术的最前沿,并且BBC在新媒介技术研发和平台打造上秉持受众中心理念。这种理念不仅体现在技术层面,更在内容生产、传播模式以及受众参与等多个维度上有所体现。在多样化的平台中,BBC特别强调了用户生成内容(UGC)的重要性。UGC不仅改变了BBC的受众角色,让他们不再是被动接收者,同时也将BBC从传统的广播电视内容提供商转变为一个集聚各类媒体的平台。通过UGC,BBC成功吸引更多消费者参与节目内容的制作、交流和创作。这种转变丰富了BBC的内容生态。BBC还通过UGC模式将传统媒介单向传播的特性转变为双向、互动传播模式。受众可以通过平台发布自己的观点、分享自己的故事,甚至可以参与到节目内容的制作过程中。这种互动传播模式不仅提高了受众的参与度和黏性,也让BBC的内容更加丰富多彩、更加贴近受众。

(4)调整组织运营结构,降低运营成本

自2000年格雷格·戴克时代以来,BBC尝试改革其组织结构,以应对内容的全媒体播发。BBC的大体运营结构如表6-3-1所示。

表 6-3-1　近年来 BBC 组织结构图

	视觉团队	所有视频节目制作
	音频与音乐团队	所有广播频道和广播音乐节目制作
	新闻团队	全平台新闻节目制作
	北部中心团队	体育、儿童节目制作
执行委员会	未来媒体与技术团队	新媒体与技术开发和技术保障
	市场与受众团队	市场与受众调查和研发
	金融与商务团队	节目经营
	人力资源团队	人事管理
	机构运营团队	政策、战略、法律、资产管理等运营内容

这一组织结构打破了传统的按照节目类型、频道进行节目划分的方式，将同类型服务生产人员集中起来，负责所有平台同类服务的生产，大大提高了工作效率，减少了人员冗杂，降低了运营成本。最为典型的是新闻团队，它作为一个跨平台多媒体新闻中心，是由原来独立的电视、广播和网络新闻运营平台整合而成。改制后的新闻团队，能够根据受众的不同需求，对新闻资源进行调整和优化。无论是电视、广播、网络、手机还是互动电视，新闻团队都能提供适合的内容，满足不同平台的播出需求。这种灵活的内容制作模式，不仅节约了新闻成本，还扩大了新闻的传播范围和影响力。同时，新闻团队还可以借助多媒体平台的优势，实现新闻的互动传播和即时反馈，进一步增强了新闻的社会价值。与新闻团队相似，原先的娱乐、喜剧、戏剧、少儿节目等部门经过融合，形成了全新的"视觉团队"。视听团队提供的视频节目内容，同样可以在手机、互联网、互动电视、数字广播等全媒体平台播出。视觉团队的改制，不仅实现了节目内容的跨平台传播，还促进了节目形式的创新和发展。

（二）CNN 的全媒体战略

CNN（美国有线电视新闻网）对于新闻传播的独特贡献在于其对全天候新闻直播的开创。这一模式使得观众能够随时随地获取最新的新闻动态，无须等待固定的新闻播报时间。这种全天候的新闻直播模式不仅提高了新闻的传播效率，还增强了观众对于新闻事件的参与感和现场感。该电视台不仅积极开拓网络电视、手机电视、移动电视等新的电视形态，还紧跟 Web 2.0 时代的潮流，推出了博客、播客、RSS 订阅服务等互动性强、个性化高的新媒体产品。这些创新举措使得

CNN能够更好地适应数字化时代的需求，满足观众对于多元化、个性化新闻内容的需求。此外，CNN还积极与Twitter、Facebook、YouTube等新媒体平台合作，通过共享资源、互通有无，实现了媒介之间的深度融合。

1. 搭建全媒体平台

自20世纪90年代以来，国际电视媒体，尤其是以CNN为代表的传统媒体巨头，受到互联网快速发展的冲击，传统电视媒体的收视率逐渐下降，受众流失严重，突发新闻的第一时间报道权也逐渐被新媒体夺走。这种局面对于传统媒体来说，无疑是严峻的。然而，CNN及时调整了策略，大力发展新媒体业务，实施媒体融合战略。CNN敏锐地认识到新媒体技术的巨大潜力，并不断利用这些技术来拓展新的业务领域，包括手机电视、网络电视、移动电视等。

1995年8月，CNN创立了CNN.com网站，开始积极推进电视与互联网的融合。CNN主网站页面简洁而有特色，旗下包括新闻网、财经网、体育网等十余个子站点，还包含了RSS订阅、Blog、CNN Mobile等11个功能设置。CNN网站不仅涵盖了视频、音频广播等传统媒体形式，同时亦接纳了桌面新闻（Desktop Alert）、播客、互动新闻（iReport）等新媒体形式。历经十多年的稳健发展，CNN网站在美国电视媒体网站中一直稳居前十名，CNN的网站全球日点击量在千万以上。

1992年2月，CNN率先建立专门通过移动设备向世界各地提供新闻和信息服务的CNN Mobile（CNN移动）。最早的CNN无线建立在无线应用协议标准（WAP）上，是一个只有新闻、天气预报、股市讯息、体育赛事和娱乐信息等内容的手机互联网业务。2005年，CNN无线在高通的手机电视服务平台上进行了节目内容的测试，随后还和部分手机制造商合作，将"一键进入"功能的CNN Mobile频道内置进手机中。2010年7月CNN推出了针对iPhone的国际版新闻，12月接着推出了iPad版本。

2. 改变传统新闻播报方式

对技术创新和渠道拓展的不懈追求，是CNN新媒体战略取得成功的关键因素。被称为魔术墙（Magic WAIl）的触摸屏技术在2008年美国总统大选的直播中被CNN搬到了电视上。"魔术墙"应用界面的屏幕设计、多视窗对话、全息投影等高科技手段，把有限的资源通过更为立体、震撼和具有强烈视觉冲击的方式展现出来，给观众耳目一新的感受，突破了传统的、严肃呆板的、平面化、视角狭隘的新闻呈现方式，使得 CNN 在美国大选的"新闻战"中创下收视率新高。

2014 年 3 月 8 日在马航失联事件中，CNN 再度发挥其敢于创新的特色。CNN 的主持人，坐在波音飞机的模拟驾驶舱里，讲解、演绎各种飞行中的假设情景，展示几条假设的飞行路线，并用虚拟技术推测马航"隐身"的过程，这一创新举措使得其在马航失联事件报道中备受关注，在事件发生的第一周，CNN 的收视率上涨了将近 100%。

3. 积极与自媒体平台合作

2007 年 7 月，全球知名的新闻机构 CNN 携手当时崭露头角的视频分享平台 YouTube，为美国总统大选候选人的辩论进行了一场前所未有的全球直播。这一合作标志着传统媒体与新兴社交媒体之间的首次大规模联手，为新闻传播和观众参与设立了新的标杆。通过这次合作，CNN 不仅扩大了其报道的覆盖面，还成功吸引了大量年轻和数字化的观众群体，而 YouTube 则借助 CNN 的品牌影响力和专业内容，进一步巩固了其在视频分享领域的领先地位。仅仅不到两年时间，2009 年 1 月，CNN 再次展现了其在数字化转型方面的敏锐洞察力和创新能力。这次，他们选择与当时风头正劲的社交网站 Facebook 合作，共同推出网页报道，全面覆盖美国总统奥巴马的就职典礼。在这次报道中，CNN 与 Facebook 的合作方式颇具创意。网页的左上侧嵌入了来自 CNN 的直播视频画面，让观众能够实时观看就职典礼的盛况，而右侧则展示了 Facebook 网友的个人状态信息，这些状态信息不仅反映了网友们的即时情绪和看法，还为观众提供了一个互动交流的平台，下侧则是其他好友和有关就职典礼的信息。Facebook 用户能够在观看直播的同时即时评论。借助社交网站的人气和交互评论功能，CNN 创造了 2000 万人观看的纪录，收视率大获全胜。2012 年 8 月，CNN 再次携手 Facebook，报道美国总统大选，搜集和整理 Facebook 站内的大量用户数据，实时展现相关的动态图表、可视化图像和其他数据资源。创新的合作方式再次使 CNN 在总统大选报道战役中拔得头筹。几次成功的合作促使 CNN 与 Facebook 展开全面联手，CNN.com 中嵌入 Facebook 的社交插件，方便了用户对网站内容的分享和评论。

4. 创新自传播机制

在见证了网络科技的优势和发展趋势后，CNN 于 2006 年 8 月 1 日正式推出 iReport。这个栏目向全球民众征集突发事件的图片或影像，用户可以通过该平台以文本、图片、视频、音频等多种形式上传自己的见闻并发表观点。经过 CNN 的严格核实和编辑，优秀的作品将有机会被纳入常规新闻报道中，为公众呈现更加全面、深入的突发事件报道。作为一个完全由用户自制内容的新闻版块，iReport 的横空出世带动了全民报道的热潮。

iReport 早期只是 CNN 在线媒体运营的一部分，以独立服务的形式为 CNN 提供新闻源。2007 年 4 月"弗吉尼亚理工大学校园枪击案"发生后，该校一名学生将其用手机拍下的枪击案视频上传到 iReport，成为当年点击量最高的视频，于是 CNN 决定将 iReport 独立成新闻网站。新版 iReport 除拥有独立域名外，与 CNN 网站的关系也更为密切，成为 CNN 新媒体品牌塑造的重要频道，CNN 还特别设立了一档名为"iReport for CNN"的月度电视节目。每期节目均严格控制时长为 30 分钟，专注于展示由 CNN iReport 平台发布的杰出新闻作品。

iReport 新闻网站不仅为公民新闻提供了在线平台，也为更多希望进入新闻报道领域的公民记者提供了便捷的通道，成为全球新闻媒体台网融合的经典范例，在印度洋海啸、日本地震、美国总统大选等一系列重大事件的报道中，iReport 都凭借网民的现场报道赢得了时间和资源，从而发挥出巨大作用。

（三）CCTV 的新媒体战略

中国中央电视台（CCTV），自 1958 年 5 月 1 日试播以来，一直是中国电视媒体的领航者，经过几十年的发展与变革，成为全国乃至全球知名的电视传媒机构。CCTV 的发展历程见证了中国电视媒体的崛起和变革，同时也为中国的社会、文化和经济发展作出了重要贡献。

1. 全面搭建新媒体平台

早在 1996 年，央视就开通了 CCTV.com，作为发布央视节目相关信息的网络发布平台。最初 CCTV.com 的视频业务只限于把现有的电视频道、电视节目和栏目放到网上进行直播和点播，除了广告收入没有其他增值业务。2006 年 4 月，中央电视台成立网络传播中心和央视国际网络有限公司两个机构，以 CCTV.com 为平台，集中力量打造中央电视台新的网络媒体业务。

CCTV.com 作为最早发布中文信息的网站之一，在过去近 20 年里承担着央视节目网络渠道传播、推广的任务，成为颇具影响力的网络共享平台。

2009 年 12 月 28 日，中国网络电视台（CNTV）正式开播，这一机构是中央电视台利用央视网创建的国家网络电视播出机构。其以互联性为核心，融合了网络和电视的特点，是一个全球化、多语言、多终端的公共服务平台。首期推出了新闻台、体育台、综艺台、爱西柚（播客台）和爱布谷（搜视台），以及客户端 CBox 等服务。

此外，中央电视台还积极拓展新媒体领域，包括 IPTV、网络电视、手机电视、移动电视等。这一举措旨在适应快速发展的数字化媒体环境，满足不同用户群体在不同平台上获取信息和娱乐的需求。通过多渠道覆盖，中央电视台将更好地服务于观众，并在全球范围内扩大影响力。在 2006 年 12 月第十五届多哈亚运会期间，中央电视台购买了新媒体传播权，并与中国移动、中国联通合作开通了手机电视。同时，这次的新媒体传播也成功地在 CCTV IP 电视业务上进行了技术测试。2007 年 12 月 18 日，央视国际与国际奥委会正式签署协议，确立央视国际为 2008 年北京奥运会官方互联网及移动平台的转播机构。中央电视台是奥运历史上首次被授予新媒体转播权的电视媒体，为全球观众提供了全新的奥运观赛体验。2008 年奥运期间，央视国际致力于打造网络电视、手机、IPTV 和公交移动四大应用平台，实现了跨越式的发展。

中国网络电视台在近年来的发展中，不仅推动了新媒体技术的进步，更是构建了一个全面而高效的全媒体互动传播体系。这个体系的核心在于"一云多屏、全球传播"的战略布局。"一云多屏"是指通过云计算平台，将海量的视频内容统一存储、管理和分发，实现电视终端、电脑终端和移动终端的全面覆盖。用户无论身处何地，只需通过网络连接，就能随时随地观看到最新的节目内容。这种跨平台的传播方式，不仅提高了内容的传播效率，也满足了用户多样化的观看需求。而"全球传播"则体现了中国网络电视台的国际化视野和战略布局。通过与全球各大媒体平台合作，中国网络电视台的节目内容得以传播到世界各地，让全球观众都能领略到中华文化的魅力。这种传播方式不仅促进了文化交流，也为中国文化的国际化发展开辟了新的道路。

2. 台网联动，整合渠道及内容资源

早在 2006 年 4 月 30 日，CCTV.com 就在第十二届 CCTV 青年歌手电视赛中作出尝试，提出了"台网联动"的新策略，在线访谈、博客、论坛的应用，增强了节目的互动性。台网联动不仅将电视台传统优势延伸至互联网，还通过互联网平台吸引了部分年轻观众的关注。此外，CCTV.com 还与新浪、搜狐、百度、腾讯等九大网站合作，与中国移动、中国联通等两大运营商建立了网络联盟，共同合作共赢，网络联盟为 CCTV.com 引进了大量的信息源。

中国网络电视台（CNTV）成立后，其媒介融合策略主要体现在"台网捆绑"模式的节目整合上。央视与国内互联网巨头联手，和 53 家国内电视台互联网站达成协议，进行网络视频合作，共享优质视频节目资源。中国网络电视台同步上线的客户端软件 CBox，将每天逾千小时的播出节目和 45 万小时的历史库存节目进行激活重组。根据官方介绍，CBox 是一个权威的视频客户端，可以通过网络收看中央电视台以及全国几十套地方电视台的节目，还拥有丰富的影视资源和多样化的频道选择，是用户观看各类节目和影视作品的理想选择。它拥有"视频直播、点播、电视台列表智能节目单、电视预约、收藏"等节目功能链接，为网友提供视频直播、点播、上传、分享、搜索等全功能服务。除整合各方资源外，CNTV 还致力于深度挖掘中央电视台丰富的历史库存节目，同时自办各种特色鲜明、互动性强的栏目，包括"网络春晚""中国公开课"等。

3. 打造参与式电视平台

CNTV 首期上线的两个视频网站"爱西柚"和"爱布谷"则分别定位于用户分享和在线直播。以互动、分享为核心理念的"爱西柚"和用先进技术打造的"爱布谷"为网民创作、发布、搜索和欣赏互联网视频内容提供了更加便捷有效的途径。"爱西柚"的定位是个人播客台，用户可以将视频上传到平台上，在这个视频分享与互动社区中，用户可以享受到"UGC+SNS"型视频分享的乐趣，同时爱西柚将电视特性与互联网属性融合在一起。用户可以上传自己喜欢的视频内容，整理个性化的专辑，编辑独特的节目单，还可以通过"我的电视"功能，打造专属于自己的定制化电视体验。"爱布谷"作为专业的搜视台，致力于为广大网民提供全面、便捷的电视节目观看体验。平台提供网络互动直播、分类点播以及 7×24 小时回看的视频服务，确保用户能够随时随地观看想看的电视节目。在

新媒体环境下，"爱布谷"拥有丰富的正版授权影视作品和精品电视栏目，为用户提供高质量、合法合规的观影选择，同时"爱布谷"先进的视频传输和播放技术完全可以满足网民电视级观赏需求。

此外，CNTV还充分利用互联网电视互动便捷、参与感强的特征，打造了一批极具特色的原创网络节目，其中"网络春晚"尤为著名。"网络春晚"强调受众参与，在节目主题、节目形态、舞美设计、参演明星等各个环节引入互动机制。2020年CCTV网络春晚小年夜在央视综艺频道、央视网多终端、央视频客户端、央视新闻客户端同步播出。此次网络春晚以"青春嘉年华"为主题，节目呈现效果更加"年轻态"，充满时代流行色，网络综艺的特点十分突出。2023年1月14日，中央广播电视总台2023网络春晚以"一起开新，共造未来"为主题，通过"思想＋艺术＋技术"的创新融合，以开放的姿态打通各个圈层，打造了一档高质量的小年晚会。

二、视听新媒体在国家通讯社方面的发展

（一）美联社的新媒体战略

成立于1848年的美联社，距今已经有176年历史了。美联社最初是美国六家报纸的合作社，旨在共享新闻报道和资源。它的成立标志着美国新闻业合作报道的开端，加强了新闻业的发展和影响力。作为世界上最大的新闻通讯社，美联社是美国乃至世界新闻业的典型代表和标杆，它是首家租用永久性新闻电报线路、利用卫星发送新闻、为摄影记者提供数码相机的通讯社。随着时间的推移，美联社逐渐发展成为全球最大的通讯社，在世界范围内报道新闻事件并提供新闻服务。在诸多传统媒体中美联社率先实施了"全媒体报道"策略。目前，美联社的新媒体业务已扩展至在线视频、新闻博客、网络游戏等多个领域。

1. 重组内容采集平台

随着媒介融合的持续推进，未来的新闻报道将更加注重多媒体手段的运用，要求记者能够同时完成文字、摄影、摄像等多元化的报道任务。在这一背景下，美联社已经率先进行了多媒体报道的尝试和推广。为了拓宽信息采集渠道，美联社积极运用各类媒体资源。2007年6月12日，美联社宣布对北京分社进行整合

改革，将新闻、图片、电视和多媒体功能整合至一个综合型的新闻编辑室。改革后的北京分社配备了先进技术，支持新闻工作者提供多样化的新闻报道，覆盖从报纸到多媒体的各个平台。这一举措体现了美联社对媒介融合趋势的深刻理解和积极应对。

美联社在全球范围内推行部门整合措施，优化后的组织架构大幅提升了部门间的信息共享效率，使得所有美联社记者能够为不同平台提供统一、高质量的多媒体内容，从而为客户带来更加一致和专业的服务体验。

2. 实现资源跨媒体整合性传播

2006 年 3 月 1 日，美联社进军网络视频新闻领域，为成员新闻单位提供免费的流媒体网络视频新闻服务（AP Online Video Network）。在线视频网络服务是美联社和微软 MSN 合作开发的，微软负责提供视频播放器软件和技术，美联社全面控制视频内容的编辑。视频内容主要由美联社视频新闻采集部门 APTN 提供，这些覆盖国际、国内、技术、商业和娱乐的新闻视频既可以是专业人员制作的，也可以是受众自制的。在线视频网站有效地扩大了美联社视频节目在网上的影响力。

美联社通过与内容网站 CNET 整合，以及与 ReAI-Networks 合作，成功地拓宽了其新闻传播渠道，并推动了媒体内容的多媒体化，丰富了新闻内容。美联社每天采用 CNET 网站 5—10 条新闻，这些新闻内容涵盖科技、娱乐、商业等多个领域，为美联社的新闻报道增加了新的视角和维度。同时，CNET 网站也得到了美联社提供的在线即时新闻服务，包括美国国内新闻、国际新闻和体育娱乐新闻等内容。这种资源共享不仅拓宽了美联社的新闻传播渠道，还提升了 CNET 网站的内容质量，扩大了其影响力。此外，美联社与 ReAI-Networks 合作推出的"美联社源流新闻"（AP Streaming News）服务，为媒体网站带来了革命性的变革。该服务提供口播新闻摘要、定期电视新闻播报以及主要新闻报道的录音和录像，还包括部分电视节目的现场直播。通过这项服务，媒体网站能够实现内容多媒体化，而无需大幅增加人力和技术投入。这不仅降低了媒体网站的成本，还提高了新闻传播的效率和覆盖面。

除了互联网战略，传统通讯社还十分重视手机等移动媒体在新媒体战略中的地位。2008 年 4 月，美联社和超过 100 家的报业成员单位宣布推出"移动新闻网络"——一个针对智能手机提供多媒体新闻信息产品的网络平台。2008年5月，美联社发布AP Mobile（美联社移动应用），浏览者可通过苹果iPhone手机和其他移动设备进入AP Mobile网站浏览国际国内新闻、搜索内容、下载应用等。AP Mobile被视为通过移动装置发布新闻的"最成功的典范"，曾被《纽约时报》称为最佳iPhone新闻软件。

3. 不断完善新闻使用系统

近年来，除了大力开发、优化内容采集平台和传播平台，美联社也一直致力于完善和规范其信息使用及购买系统，不断进行独具特色的创新。

2009年7月，针对自己投巨资生产的新闻内容在网络上长期被广泛侵权使用的问题，美联社推出了新闻注册系统（news registry）来追踪其新闻使用情况。美联社积极拥抱技术创新，利用先进的技术平台来提升新闻服务的效率和质量。美联社采用的技术平台具有强大的追踪和监管功能，能够确保新闻使用者按照规定的章程使用新闻内容。这一平台通过智能算法和数据分析，实时监控新闻的使用情况，一旦发现违规行为，如未经授权转载、恶意篡改等，能够迅速向违规者发出稿件撤出通知。在保障新闻使用合规性的基础上，美联社进一步推出了创新的收费服务——"优先发布"。这项服务允许特定使用者提前获取某些新闻内容，但其需要为此支付一定的费用。此后，美联社推出"互动新闻"（interactive news）服务，这是美联社提供的一种新闻多媒体持续服务，以代码形式实现，此代码通过互联网与美联社数据库实时连接，确保用户能够及时获取美联社的最新新闻报道，很大程度上解决了内容生产商（美联社）和内容购买商之间信息时间差的问题，第一时间满足受众在重大新闻事件中对信息的需求。

（二）路透社的新媒体战略

路透社是世界前三大的多媒体新闻通讯社，提供各类新闻和金融数据，因报道迅速、准确而享誉国际。路透社的服务主要分为买卖与交易、研究与资产管理、企业和媒体及相关产品的开发四个部分。世界几大通讯社中，最早建立网上信息系统的便是路透社，其财经资讯和金融市场行情一度垄断了全球金融资讯服务领域。经过了一路的风雨，路透社现在已经发展成为集新闻资讯、财经服务、投资管理于一身的世界性集团。

1. 优化采集渠道

在媒体竞争中，内容至关重要。为了扩大新闻来源和渠道，路透社采取了两种主要策略：一是通过参股博客公司收集网络信息；二是接受公众投稿并采纳公众创作的新闻信息。2006年11月，路透集团投资了美国博客科技公司Pluck，这是该集团在全球推广博客新闻战略的一项重要举措。Pluck公司运营着为媒体提供博客服务的最大网站Blog Burst，包括《华盛顿邮报》和《卫报》等客户。作为博客联合网络，Blog Burst汇聚了约2800个博客，向报纸和媒体网站介绍这些博客，满足传统媒体在各个专业领域如政治、体育、健康、医疗、科技、旅游、视频、娱乐等获取信息的需求。路透社参股Pluck公司的举措不仅填补了博客新闻报道的不足，还为自身提供了更加丰富的网络新闻线索。除了参与博客网站，路透社还与雅虎公司合作推出"You Witness"新闻投稿系统，邀请公众提供新闻事件的照片和影像资料。2006年底，这一公共投稿系统正式启动，雅虎负责建设接收公众稿件的投稿系统，而路透社则负责选择、编辑公民提交的新闻并提供给其他新闻媒体。通过此公共投稿系统，路透社将网络受众转化为通讯员，让网民参与新闻信息的采集、制作和传播，从而获取丰富的新闻图片和视频资料。2007年，路透社再次创新，设立了专为媒体用户提供的新闻专线，用于接收来自公众的新闻图片和视频信息。这一举措无疑大大丰富了其内容来源，使新闻报道更加多元化、全面化。

2. 发展网络视频

1964年，路透社与BBC和NBC合作成立VisNews公司，共同经营电视新闻业务。为了扩大视频服务业务，路透社重视与传统电视机构、平面媒体、网络新媒体和移动通信运营商的合作。自2003年起，路透社开始提供网络视频服务。2004年10月，路透社与微软合作开通了网络电视新闻频道，使使用微软多媒体电脑的网络用户能够获取路透社提供的未经编辑的全球突发事件的电视新闻素材，以及娱乐、时尚、社会新闻和来自主要金融中心城市的最新商务和市场信息。同年，路透社与网络视频运营商Brightcove建立了新的合作关系。网络视频运营商Brightcove是一家提供视频内容管理和分发解决方案的公司。他们为媒体公司、品牌和企业提供视频发布、管理、分发和分析等服务，帮助其在各种平台上展示和推广视频内容。Brightcove的服务包括视频播放器、云存储、视频广告技术以及视频内容管理系统等。通过与 Brightcove 合作，客户可以更轻松地管理和传播视频内容，提高在线视频的观众体验和营销效果。Brightcove 负责在其网站上发布路透社的信息内容，包括电视节目、名人、旅游、美食和新闻等信息。

2005年12月，路透社启动了"网络视频联盟项目"，邀请报纸、杂志和网络媒体加入，这些媒体只需安装相关播放软件即可在自己的主页上播放路透社的视频新闻。2007年6月，路透社与第一视频集团旗下的公司北京互联时代娱乐文化发展有限公司签署了合作协议，将向其即将开通的财经频道提供全面的财经信息服务。此外，路透社还积极发展手机视频业务，在多个国家推出了手机电视服务，大部分视频内容都已实现在移动终端上播放。

3. 积极寻求跨界合作

在发展新媒体业务的过程中，传统通讯社在网络技术上并不具备优势，因此积极寻求与新媒体技术公司的合作成为传统通讯社拥有高新技术的一条捷径。

早在21世纪初，随着信息技术的迅猛发展和互联网的普及，路透社就与微软公司联手推出了名为"RDD 网络产品"（the Reuters DigitAI Dashboard）的创新服务。这一产品旨在让用户方便地访问路透社的实时和历史信息，并将这些数据资源与个人、内部网和因特网内容整合在一个统一环境中。用户无须在多个平台之间切换，只需通过 RDD 网络产品即可轻松获取和管理来自不同渠道的信息。为了更好地满足用户需求，路透社与微软公司于2003年达成即时通信服务合作协议，使路透社即时信息通信服务系统与微软 MSN 系统相连接。此前，路透社已与 IBM、Lotus 和 AOL 签署了类似的合作协议。2004年5月，路透社引入 RSS 技术，提供自动新闻更新服务。2005年，路透社与微软 MSN 和美国在线再次签署合作协议，向这两大信息服务商提供网络即时信息通信服务。这些合作使路透社在新媒体领域的实力和影响力迅速增强。

2008年4月17日，汤姆森集团并购了路透集团，成为全球最大的金融资讯和数据供应商。合并后，新集团在技术研发方面进行了大量投资，并于2009年5月开始为苹果 iPhone 和黑莓手机免费提供不同的新闻服务应用程序。2010年4月，汤姆森路透集团宣布为"Google 一代"定制网络平台，将在线搜索与收费内容结合。汤姆森集团近期实施了一系列具体举措，以进一步提升其在金融信息和数据领域的领先地位。

技术创新和数字化转型：汤姆森集团不断投入资金和资源用于研发新技术和数字化解决方案，以提高产品的智能化和个性化水平。集团致力于开发更先进的数据分析工具和人工智能技术，以满足客户日益增长的需求。

产品和服务拓展：集团持续扩大产品和服务范围，提供更全面的金融信息和数据解决方案，包括市场数据、财经新闻、研究报告等。汤姆森路透集团还推出了一系列新产品，如数据分析工具、交易平台等，以满足不同客户群体的需求。

专业知识和经验分享：汤姆森路透集团在专业领域拥有丰厚的知识和经验，不断举办行业研讨会、培训课程等活动，与客户分享最新的行业动态和趋势。集团还定期发布行业报告和研究，为客户提供权威的信息和数据支持。

（三）新华社进军新媒体领域

新华社是我国的国家通讯社，也是世界性现代通讯社。目前新华社已经建立了比较健全、覆盖全球的新闻信息采集网络，形成了多语种、多媒体、多渠道、多层次、多功能的新闻发布体系。尤其是在面对传播领域以手机终端和社交媒体为代表的新媒体革命时，新华社加快由传统新闻产品向现代多媒体新闻信息业态转型的步伐，初步建成了融通讯社、报刊、电视、网络、金融信息等业务于一体的全媒体机构。

1. 全面覆盖多个终端

新华社对于新媒体平台的认识和建设较早，自1997年成立新华网以来，不断创新，先后建设了数十个新媒体平台，为新华社应对媒介环境变化提供了强大的支持。

新华网自1997年11月正式上线，新华网由位于北京的总网、十多家子网站以及遍布全国各地的30多个地方频道共同构成，形成了立体而全面的新闻报道体系。这一庞大的网络布局使得新华网能够迅速捕捉到国内外发生的重大事件，为公众提供及时、准确、全面的新闻信息。借助新华社遍布全球的分支机构，新华网构建了涵盖全球新闻信息的采集网络，以确保其能够提供丰富多样的新闻内容，还保证了其新闻报道的权威性和时效性。无论是国内重大新闻、重要人事任免，还是重大突发事件，新华网都能迅速作出反应，为公众提供第一手的新闻资讯。

2003年3月1日，新华社推出了新华短信业务，运用文字、图片、音视频等多种形式为手机用户提供新闻信息服务。新华社在手机新媒体市场上的合作对象涵盖了中国移动、中国联通和中国电信三大运营商。此后，新华社先后与中国移动、中国联通合作开通了手机报，内容涵盖时政财经要闻、体坛娱乐热点、生活休闲信息等。2009年，新华社再次携手中国移动推出"新华视讯"手机电视业务。2011年10月，新华社新闻信息中心与中国联通签署合作协议，根据协议内容，双方将在新媒体领域展开广泛而深入的合作，包括手机报增值服务、信息化合作等多个方面。这一合作标志着新华社的新闻信息产品将全面覆盖中国联通的终端用户群体，为用户提供更为丰富、多元的新闻信息服务。

新华社在电视新媒体领域起步相对较晚。2007年，新华社先后与巴士在线、广源传媒签订了供稿服务协议，开启了新的合作模式。随后，2009年8月10日，新华社音视频部与上海文广新闻传媒集团达成合作协议，涉及手机电视、IPTV等新媒体领域，这标志着新华社在电视业务发展方面迈出了重要的一步。同年12月31日，新华社主办的"中国新华新闻电视网"（CNC）隆重举行开播仪式，标志着新华社正式进军电视领域。2010年1月1日，环球频道作为CNC的首个中文直属频道在香港成功上星开播，覆盖亚太地区及欧洲部分地区，实现24小时不间断播出。节目内容涵盖《最新播报》《环球直播》《国际新闻》等实时动态新闻栏目，以及《新华视点》《新华纵横》《纪实》《人物》等专题新闻节目，旨在为观众提供全面、深入的新闻报道。同年7月，中国新华新闻电视网英语电视台（CNC World）正式开播，实行24小时滚动播出，主要播出新华社自制的英语新闻节目，为全球观众提供及时、准确的国际新闻资讯。这一系列举措标志着新华社在电视新媒体领域取得了长足的发展，并为观众提供了更加丰富多彩的新闻资讯。

2. 发展多媒体新闻信息产业

《新华社2008—2015年工作设想》提出，新华社将面向多媒体新闻信息业态拓展、面向终端受众拓展，这也是新华社在新媒体转型过程中一直秉承的方向。2001年6月，由新华社上海分社与上海电信共同出资创建的新华电信宽频网正式开通运营，其致力于宽频业务和无线增值服务的经营与发展。新华社旗下的《上海证券报》和《中国证券报》也相继创办了中国证券网和中证网等专业财经类网站，进一步拓展了财经信息服务的渠道与形式。2007年9月，新华社推出了"新华08"金融信息平台，该平台整合了实时资讯、行情报价、历史数据、研究工具、分析模型和在线交易等功能，涉及宏观经济、外汇市场、货币市场、证券市场等多个领域。

此外，新华社还充分利用资源优势，相继推出了搜索引擎和客户端。2008年年底，新华社推出了全方位新闻搜索引擎"新华搜索"，其具备多语种、多媒体、多站点等特点。2010年8月12日，新华社与中国移动联合成立搜索新媒体国际传播公司，致力于构建国内一流的搜索引擎。

2011年6月15日，新华社推出了"中国网事新媒体客户端"，这是国内首个集文字、摄影、视频、微博报道于一体的"融媒体"新闻信息产品。该客户端主要针对平板电脑、智能手机以及互联网等新媒体领域，融合了《中国网事》报道的权威性、时效性、思想性和新媒体的发展特点。目前，客户端设有6个多媒体栏目，涵盖动漫网评、调查类新闻、草根人物故事、网络热点、图片集锦以及新华网微博等内容。

2018年，新华社建立了第一条互联网专线——日本专线互联网专供。2019年，新华社开通了英文互联网专线，并相继建成意大利专线、泰国专线、印尼专线、巴基斯坦乌尔都语专线等融媒体线路。

2020年8月18日，新华社成功上线了法文、西班牙文、俄文、阿拉伯文、葡萄牙文五条互联网专线服务，至此新华社的11条外文发稿线路已全面实现融媒体转型，显著提升了向海外网络新媒体用户供稿的能力和效率。2024年，新华社将继续强化国际化发展战略，加强与海外媒体机构的合作与交流，扩大海外影响力，增加外文发稿线路，提供更多全球化、多语种的新闻报道和服务，进一步提升新华社在国际舞台上的声誉和影响力。另外，新华社将加强数据挖掘和人工智能技术的应用，提升新闻生产和传播的智能化水平，实现更加精准、及时的信息传递，提高新闻报道的准确性和深度。

3. 借力新媒体多渠道传播

2009年5月12日，新华社音视频部将"5·12"汶川地震一周年电视直播的部分报道内容放到开心网上，收到30多万条留言，这次成功联手促成二者更为深入的合作。2009年6月16日，新华社电视成为开心网的首家机构用户，开心网用户可以观看新华社实时发布的电视节目，并与新华社的知名主持人、记者以及幕后工作人员进行互动交流。

在2012年"两会"报道中，新华社转战微博平台，借助即时性、互动性强的微博，传达有关两会的信息。新华社中国网事在新华、新浪、腾讯、搜狐、网易等五大平台上推出了"你好，中国""改革好声音""e哥在现场""e哥问答十八大"等全新栏目，涵盖了十八大前后的热点议题，24小时不间断传递网民关注的新闻内容。这一创新举措成功实现了线上线下的无缝对接，连接了大会内外的信息传播，其还根据新媒体规律改进了重要时政新闻的制作流程，有效设置了议程并吸引了广泛关注。

三、视听新媒体在报业集团方面的发展

近年来，报刊媒体受到新媒体的威胁，在电子媒体、互联网媒体以及移动媒体的三重威胁下，美国、英国、德国等西方国家的报纸营利和发行量都有所降低，报业集团的广告收入也呈现出不同程度的下滑趋势，报业在媒体中的地位出现衰退的倾向。与此同时，新媒体的受众不断增加，不断分流报纸的受众和广告资源，瓜分传统媒体的奶酪。于是有人提出报业已是夕阳产业，甚至有人悲观地预言报纸将会走向消亡。新媒体的冲击仅仅是对传统媒体格局进行重新调整，及时适应、调整、改革和取舍，这是传统媒体应对冲击的关键。新旧媒体应在相互包容中共同发展。与此同时，各种传播媒体之间的界限正逐渐模糊化。

（一）积极发展视听报纸

报纸作为一个文字载体媒介，越来越受困于传统阅读、发行和盈利模式，随着移动终端的普及和受众阅读习惯的转变，寻找新载体，契合受众阅读习惯，寻找新的增值业务是传统媒体发展的当务之急。

1. 手机报

手机媒体是网络媒体的衍生形式，手机报则是通过手机传播新闻信息，以满足用户对实时信息获取的需求。与传统报纸相比，手机报不只是改变了信息承载的终端，更改变了受众的阅读习惯。

手机报通常以简洁的文字和图片编写国内外的新闻、生活、财经、文化、体

育、娱乐等各类信息资讯，而后通过短信、彩信、WAP 等方式发送直播新闻信息，来满足用户随时随地了解信息资讯需求。2004 年，《中国妇女报》首先推出手机版报纸，被认为是真正意义上的第一家手机报。2005 年 5 月，浙江日报报业集团启动国内省级手机报《浙江手机报》。随后，手机报在全国范围全面铺开。2005 年 9 月 27 日，《华西手机报》声讯版正式启用，成为国内首家结合文字和语音功能的报纸，读者可以发表评论，参与热门话题讨论，甚至可以在手机报的公共聊天室与其他读者实时交流。

手机报在即时接收、动态传播、提供个性化服务、与受众有效即时互动和多媒体传播等方面都具备传统报纸无法比拟的优势。手机报顺应时代形式，是对报业集团媒体结构的有益补充。首先，纸质媒体以手机报的形式扩大了自身的影响力，从而巩固了原有受众群体；其次，新时代的"网络一族"也有可能通过手机报而对纸质媒体产生兴趣，进而成为纸质媒体的新读者，从而优化了媒体群受众结构。

2. "报台互动"

在全媒体时代，传播方式的单一化必将成为媒体竞争中的一大弊端，拥有新的传播渠道和传媒终端是新一轮传媒竞争的关键所在。随着电视的普及以及以互联网为代表的新兴媒体的兴起，广播电台逐渐退出传播媒介的主流舞台。然而，具有便携性、互动性、即时性、有声等优势的广播电台和报纸的合作，让视觉和听觉传播方式得以结合，在一定程度上弥补了报纸传播时效性差的缺陷。

《华西都市报》携手四川交通广播，共同构建了"报台互动"联盟，旨在充分利用报纸与广播各自的优势，弥补彼此的不足。通过实现信息资源的共享，双方将形成强大的合力，共同应对信息技术和媒介环境日新月异所带来的挑战。《南方都市报》认为，广电是介于传统媒体与新媒体之间的另一种媒体，因此南都与珠三角城市广电传媒开展了广泛的合作。2009 年《南方都市报》与广东电台开办了以南都内容为主的《南都视点·直播广东》。2012 年 7 月 3 日，中央人民广播电台与全国 15 个省市的 16 家报业传媒集团在北京正式签署战略合作协议。这一协议标志着国家级广播电台与地方报业集团实现强强联合，建立长期合作关系，共享重要新闻资源。

在新时代，传统纸媒与新媒体的融合已经成为不可避免的趋势。这种融合不仅可以增强纸媒的竞争力,也是推动纸媒创新的重要途径。纸媒工作人员可以积极开发手机应用程序,将发布的信息及时更新到手机应用上,实现新闻在线上和线下的全面传播。这种融合不仅扩大了新闻覆盖范围,还提升了新闻传播的效率。这样可以吸引更多的年轻读者,还能让读者在任何时间、任何地点都能获取到最新的新闻资讯。此外,手机软件还可以加入互动功能,如评论、点赞、分享等,增强读者的参与感。工作人员还可以将信息内容制订成不同的形式,以满足不同读者的需求。例如,可以将新闻内容分别制订成传统的纸质报纸形式和短视频的形式。纸质报纸形式适合那些喜欢阅读文字、追求深度的读者;而短视频形式则更适合那些喜欢观看视频、追求直观感受的读者。通过这种方式,纸媒可以覆盖更广泛的读者群体,提高信息的传播效率。

传统纸媒与新媒体的融合,不仅有助于提升媒体的亲和力,还可以极大地拓展信息的传播渠道和覆盖范围。该融合模式不仅可以增强传统纸媒在数字时代的竞争力,还能有效地满足广大受众对多样化信息获取的需求,促进信息的快速传播和深入沟通。这种融合将为媒体行业带来更广阔的发展空间和更多的创新机遇。通过融合,纸媒可以借鉴新媒体的传播方式和表现手法,使内容更加生动、有趣,吸引更多读者的关注。同时,新媒体的传播速度和互动性也可以为纸媒带来更多的流量。

3. "报网融合"

《纽约时报》是较早进行报网融合实践并取得不错成绩的报纸,在美国具有相当大的影响力。1996年1月,《纽约时报》建立了报纸网站www.ny-times.com,提供《纽约时报》的在线阅读服务。1999年,纽约时报公司决定对其互联网部门进行整合,进而创建了"数字纽约时报公司"(New York Times DigitAl)。通过其旗舰网站向全球读者提供《纽约时报》的丰富内容,并与美联社、CBS等合作伙伴共同分享新闻资源。2011年3月28日,改版后的《纽约时报》网络版以全新的内容和形式面世,并正式开始收费。网络版《纽约时报》可使用集团旗舰报下各种媒体的稿件、图片、音视频等新闻资源,同时网站有一支独立的采编团队,并不完全依赖于报纸。

1993年,顺应传统媒体的数字化趋势,《华尔街日报》电子版正式启动,四年后《华尔街日报》的网络版采用付费订阅机制。《华尔街日报》的网络版不仅包含了其纸媒所有版面的内容，还提供了来自道琼斯产品资源的独家新闻报道和专栏文章。通过这种方式，读者不仅能够及时获取《华尔街日报》的全面信息，还可以深入了解道琼斯产品的最新动态和专业观点。2007年改版后的《华尔街日报》网络版登场，不仅新设了"市场数据中心"，还推出一系列由《华尔街日报》记者或专栏作家写的博客和实时更新的视频等。2007年7月31日，《华尔街日报》被新闻集团收购，默多克提出免费阅览的网络版发展战略。

人民日报网络版创办于1997年1月1日，创办初期的内容全部来自《人民日报》。1998年人民日报网络版正式启用自己的平台并有了实时报道。1999年，人民日报社的一个内部文件称，要形成两个拳头：一个是《人民日报》，一个是《人民日报》网络版，网络版新开设"整点新闻"和"强国论坛"专栏。2000年人民日报网络版更名为人民网，成为独立网站。2005年4月，"人民时评"专栏在人民日报视点新闻版正式启动，由人民日报和人民网共同运营，成为两者共同打造的旗舰栏目。2010年，随着人民日报版面扩大至24版，每周二推出的新版面"新兴媒体"也正式登场，编辑工作由人民网和人民日报新闻协调部共同合作完成，为读者提供更多更丰富的信息资源。这一举措不仅丰富了报纸内容，也拓展了新闻报道形式，为读者呈现了更多元化的新闻视角。

（二）打造多媒体融合新闻

报纸在新媒体时代的改革和创新不仅体现在承载终端上，更体现在内容生产、内容呈现等各个方面，不断发展的新媒体技术，鞭策着传统报业从业者朝着融合新闻方向迈进，多媒体呈现、多平台发布成为传统新闻发展的新方向。

融合新闻在中国传统报业的发展远不及美国，但是不少报业集团都开始正视这种新闻呈现形态。烟台日报传媒集团全媒体新闻中心，拥有一支设备齐全的记者团队。除了常规的电脑、相机、录音笔等采访工具外，他们还配有专门的手机和摄像机，确保能够全方位、及时地报道新闻现场。多元化的装备，使得他们能够更加灵活、快速地应对各种新闻事件，为读者呈现更加多样化和生动的新闻报道。记者可使用多样的采集设备和技术，呈现多媒体新闻形态，给予受众新的阅读体验。

（三）发展新闻产业链

传统报业以文字新闻为主，以图片、漫画为辅，随着媒介环境的变化和技术的发展，这种形式已经很难满足受众日益多样化的阅读需求。因此，许多报业集团成立音视频等全媒体部门，发展音视频、文字等多方面新闻产业业务。

烟台日报传媒集团于2008年初，推出报业媒介融合技术平台，成立全媒体新闻中心，集中发展SP业务、多媒体视频联播、数字报刊和电子纸移动报、烟台手机报、黄海数字出版社、数字媒体软件开发等多种业务；从2009年开始，南方都市报提出内容、形态、载体影响全覆盖、城市全覆盖、信息全覆盖的全媒体集群发展方向，成立音视频制作部等全媒体团队。

美国媒体风暴公司总裁布莱恩·斯道姆认为，视频材料可以为文字新闻提供更多的视觉表达，视频新闻取代部分文字新闻将是必然趋势，因此视频新闻几乎成为所有传统报业新媒体发展过程中必争的一个阵地，其中南都报业影响尤为广泛。南都报业在2009年与广东电台新闻台合办的《南都视点·直播广东》取得成功后，又与潮声卫视合拍了《商帮之旅》，实现了报纸、广播和电视三大媒体类型的融合。

2012年8月20日，由南都全媒体集群出品的周播类24分钟新闻记录视频栏目《深呼吸》发布了第一期内容。《深呼吸》作为南都向电视平台输出节目的探索战略，建立在南都固有的新闻传统价值与题材资源之上。与电视台合作是南都全媒体战略布局的一部分，但电视并不是南都视频的唯一播出平台。为了能在与电视的合作中仍旧保持自身的独立，纸质媒体需要在视频节目的新闻深度、节目发布频率和周期性等方面有所改进。南都《深呼吸》的栏目介绍"国内外重大题材的深度报道，制作精良，有态度，有观点，输出南都价值"就表明南都的视频产品有明确清晰的定位，与其纸质媒体的定位相一致。

目前，南都视频的目标渠道是互联网界面、电视界面、便携终端界面、户外户内的公共展示界面，但南都对这四个渠道都没有绝对控制权。纸质报纸的视频产品缺少数字平台的支撑成为传统媒体融入电视界面的强大阻力。也就是说，无论南都制作的视频在SNS平台赢得多么高的点击量，都不会构成其可量化的利益。因此除了重视视频的内容和质量，纸质媒体还必须建立稳定的数字平台以及一套基于数字出版物思维的流程与制度。

四、人工智能技术在广播电视中的应用

随着科技的不断进步，人工智能技术已经渗透到我们生活的方方面面，其中在广播电视领域的应用尤为突出。特别是在交互式网络电视（IPTV）和互联网电视（OTT）上，人工智能技术的内容推荐功能已经变得不可或缺。通过智能算法，我们能够为用户提供更为个性化、精准的节目推荐服务，从而极大地提升用户体验和节目观看率。基于用户兴趣和行为的推荐算法，是现代人工智能技术的重要组成部分。利用这种算法对用户观看历史、喜好、行为模式等数据进行收集和分析，能够准确掌握用户的喜好和需求。随后，根据这些分析结果，精准推荐用户喜好的影视节目。例如，四川金熊猫新媒体公司在四川IPTV集成播控平台推出的"随心看"影视推荐系统，通过收集和分析用户的观看历史、喜好、年龄、性别等，为用户量身定制影视节目。这种个性化推荐不仅提升了用户的观影体验，还让广播电视台更准确地洞察用户需求，实现了双赢，从而优化节目编排和播放策略。

在内容审核和直播增值服务方面，人工智能技术的作用愈发凸显。传统的内容审核方式主要依赖人工，这不仅耗时耗力，而且难以避免主观干扰。然而，通过引入人工智能技术，内容审核的效率和准确性都得到了显著提升。AI系统能够自动对音视频内容进行智能分析和识别，实现对违规内容的快速、准确筛查。这不仅大大减少了人工审核的工作量，还减少了人为因素导致的误判和遗漏。在直播增值服务方面，人工智能技术同样展现出巨大的潜力。借助人工智能技术的语音识别、图像识别和语义分析等功能，广播电视台能够实现实时文字转语音，为听力障碍人士提供了便利，使他们能够畅享广播电视节目，消除了观影障碍。同时，人工智能技术还能够实现实时翻译，极大地方便了国际交流和跨语言观看。

人工智能技术在体育赛事转播领域也发挥了重要作用。在运动员监测方面，AI技术通过实时监测运动员的动作、表情等细节，实现了对球员的自动识别，为观众提供更准确的球员信息，同时能捕捉比赛中的精彩瞬间，确保观众不会错过任何一个重要瞬间。此外，AI技术还可以对运动员表现进行实时分析，为教练团队提供反馈，帮助他们调整战术和训练计划。在观众互动方面，AI技术结合虚拟现实（VR）、增强现实（AR）等技术，为观众带来了沉浸式的观赛体验，让观众

仿佛置身于比赛现场。AI技术还可以根据观众的兴趣和需求,推送个性化的赛事信息和互动内容,进一步拉近观众与比赛的距离。

此外,人工智能技术还在广播电视制片流程中发挥着重要作用。利用AI技术的大数据分析和模式识别功能,广播电视台能够收集和分析历史观众数据,了解观众的喜好、评价和需求。这些信息为制片团队提供了宝贵的参考,帮助他们制订更加精准的制片策略,优化节目内容,提高观众的满意度。

第四节 数智视听的发展亮点与展望

信息技术的进步为视听新媒体的发展开辟了新赛道、提供了新动能、创造了新场景。视听新媒体立足宣传思想主阵地,在自身转型演进过程中,实现与更多行业领域的相互融合,更广泛而深入地融入社会经济文化生活,创造更多元的应用场景和更广阔的发展空间。

一、党的百年奋斗历史经验作为指导

党的十九届六中全会通过了《中共中央关于党的百年奋斗重大成就和历史经验的决议》(以下简称《决议》),战略性地把"过不了互联网这一关就过不了长期执政这一关""健全互联网领导和管理体制,坚持依法管网治网,营造清朗的网络空间"[1]等重大论断写进决议,为互联网内容建设和网络空间治理提供了根本遵循和方向指引,《决议》是视听新媒体行业在新时代新征程中勇毅前进、行稳致远的行动指南。全行业要高举习近平新时代中国特色社会主义思想伟大旗帜,聚焦使命任务,坚定文化自信,以强烈的历史主动精神和高度的文化自觉,加快推动行业高质量创新发展,为建设社会主义文化强国奋力书写精彩华章。

坚持党的全面领导是根本保证。习近平总书记指出,"中国特色社会主义最本质的特征是中国共产党领导。作为网民使用率排名第二的互联网应用,视听新媒体必须强化党的领导"。[2] 无论视听技术如何发展,媒体影响力怎样变化,视听

---

[1] 李辽宁.中国价值观的国际传播研究[M].成都:四川大学出版社,2022:105.
[2] 中国共产党新闻网.习近平:中国共产党领导是中国特色社会主义最本质的特征[EB/OL].(2020-07-15)[2023-09-05]. http://cpc.people.com.cn/n1/2020/0715/c64094-31784847.html.

新媒体的职责使命不能变，媒体属性和社会责任不能变，只有把坚持党的全面领导贯穿落实到视听新媒体行业全领域全过程各环节，牢记宣传思想工作"两个巩固"的根本任务，牢固树立"四个意识"，坚定"四个自信"，做到"两个维护"，捍卫"两个确立"，才能真正承担起举旗帜、聚民心、培育新人、振兴文化、展示形象的重要使命和责任。

坚持以人民为中心是根本宗旨。不管是传统的影视行业，还是如今红火的互联网流媒体，视听行业在我国具有广泛的群众基础，持续从人民群众的火热实践中汲取营养，在人民群众的广泛支持中茁壮成长。只有始终把以人民为中心作为这一事业的出发点和落脚点，坚持为民惠民、书写人民，努力推出更多既能满足人民文化需求、又能增强人民精神力量的文化产品，不断满足人民群众精神文化新需求新期待，才能真正实现视听新媒体的历史责任和时代价值。

坚持把社会效益放在首位是基本遵循。视听新媒体提供的是精神文化产品和服务，具有鲜明的意识形态属性，行业的繁荣发展主要体现在社会效益、社会价值和社会影响力的增长上。实践证明，只有始终胸怀"两个大局"、心系"国之大者"，自觉服务和融入党和国家中心工作，自觉弘扬社会主义核心价值观，坚持把社会效益放在首位，推动社会效益和经济效益良性互动、相辅相成、共同增长，才能真正做强做优做大，履行时代赋予的历史使命，更好地服务社会、服务时代。

坚持改革创新是不竭动力。视听新媒体行业的每一次进步、每一次突破，都是在尊重传媒发展规律，在理念思路、内容形式、手段方法、路径模式、体制机制等方面不断创新、不断变革而取得的。需要自觉贯彻新发展理念，坚持创新驱动、融合发展，不断激发创新基因，激活创造活力，推进内容、产品、科技、服务等全领域各环节创新，打造新业态、培育新动能、促进新消费，构建动力强劲、活力充沛的高质量发展新格局。

二、元宇宙助力视听媒体新发展

基于当前的发展态势，视听媒体以其声画融合、即时传递、互动性和沉浸式体验等特点，借助网络传播技术已经成为当今社会信息传播的主要形式。在功能、形式和技术含量上，视听媒体展现出的优势是其他传播媒体所无法媲美的。

（一）内容制作方式多元化

在数字化时代的浪潮下，元宇宙技术的崛起已经深刻改变了视听媒体的面貌，将其从传统的"集视听于一体"推向了"无场景不新闻"的全新境界。这一变革丰富了信息传播的内容，也极大地拓宽了内容制作的方式和边界。借助元宇宙技术，信息传播内容的制作方式已经超越了传统的文字、图片、声音和视频的简单组合框架。传统的媒体制作手法，虽然经典且重要，但在元宇宙世界里，它们已经不再是唯一的选项。现在的传播机构，尤其是那些走在创新前沿的机构，正在积极探索如何更巧妙地将各种视听元素融合在一起，以更流畅、生动的方式呈现给受众。

2017年12月26日，新华社正式推出备受瞩目的"媒体大脑"平台，这标志着国内媒体进入智能化时代，信息智能化技术深度融入新闻媒体核心领域，引领新闻行业现代化发展的浪潮。该平台运用先进的传感器、图像识别和信息搜集技术，实现了对受众兴趣爱好的精准捕捉。通过大数据技术的"媒体大脑"平台能够以智能化方式输出精准、及时的新闻资讯。此外，"媒体大脑"还利用现代化视频合成技术，将碎片化的视频或图片整合成连贯的视频报道，为新闻媒体提供了更丰富的表现手段和传播空间。这一智能化平台的推出，将推动新闻行业的转型升级，实现新闻传播方式的革新。

（二）传播形态多样化

在元宇宙技术的推动下，视听媒体正在以前所未有的方式满足受众的多样化需求。5G直播、VR新闻、虚拟主持人、创意短视频等不仅丰富了视听媒体的内容形式，还扩展了视听媒体的传播渠道。新的传播渠道不断涌现，视听媒体传播的竞争形势加剧。从门户网站到搜索引擎，从微博、博客到播客，再到移动设备和微信、App等社交平台，这些多元化的传播渠道为视听媒体提供了无限的可能。它们各具特色，相互协作，使得信息传播在不同媒介之间更加融合，传播内容更贴合受众的多元化需求。通过不同媒介之间的互动合作，视听媒体能够更好地满足用户的多样化需求，提供更加丰富和多样化的内容体验。在信息传播过程中，视听媒体展现出智能化、数字化的趋势。借助先进的人工智能技术，视听媒体能够实现个性化推荐、智能剪辑等功能，使信息传播更精准、高效。同时，数字化技术的应用也使得视听媒体在传播过程中更灵活、便捷,大幅提升了传播效率。另外,视听媒体在传播过程、传播方式上也呈现出立体化、个性化和去中心化的特点。通过虚拟现实、增强现实等技术,视听媒体能够打造出立体化的传播环境,让受众沉浸在信息世界中。个性化的传播方式则使信息更贴近受众的需求和兴趣,提升了受众的参与度和满意度。而去中心化的传播模式则打破了传统媒体信息垄断的局面,使信息更公平、自由地传播。视听媒体的传播途径也呈现出网状化和裂变化的特点。在元宇宙中,各种传播渠道相互交织、相互连接,形成了一个庞大的信息传播网络。在这个网络中,信息可以迅速扩散、裂变,从而产生巨大的影响力。这种网状化和裂变化的传播特点使得视听媒体在信息传播方面具有更大的优势,能够更好地满足受众的需求。上述一系列传播特性都呈现出视听媒体传播形态多样化的趋势。

(三)受众互动沉浸常态化

近年来元宇宙的概念逐渐崭露头角,成为数字化时代的新宠。Facebook 创始人扎克伯格对元宇宙有着独特的理解和独到的洞察力。他对元宇宙的前景和潜力有着深刻的思考,并将元宇宙概念融入企业战略中,致力于推动元宇宙的发展和应用。他认为,元宇宙不仅仅是人们日常生活中的互联网信息技术,更是一个全球互联网,人们在互联网中的生活可以与实际生活隔离开。这一观点反映了元宇宙作为一种新型的数字生活空间,为人们提供了更加广阔的想象空间和可能性。

随着线上和线下的融合,人们更加渴望从虚拟世界中获取信息,满足自己对虚拟体验的需求。这种转变不仅改变了人们的消费行为,也塑造了新的商业模式和社会互动方式,将我们带进了全新的数字化时代。这种趋势促使元宇宙逐渐融入人们的日常生活,成为一种新的生活方式。

三、视听新媒体处于转型升级关键时期

2021 年,视听新媒体行业继续稳步发展,整体营收和用户规模持续扩大,展现了强大韧性。与此同时,视听新媒体也面临用户增速放缓、流量触顶、产业模式相对固化等新形势新挑战,整体进入转型升级阶段。

（一）行业治理

随着视听新媒体行业迅速发展，天价片酬、偷逃税、流量至上、畸形审美、"饭圈"乱象、从业人员素质不高等问题迭出，严重污染社会风气、影响行业健康发展。2021年以来，视听新媒体制度建设和治理体系更加完善，管理部门针对行业乱象加大治理力度，行业主体、行业协会、从业人员更加积极的履行社会责任，有效遏制行业不良倾向，使网络视听空间更加清朗。

一是"十四五"规划提供指引，行业立法密集出台。《中华人民共和国国民经济和社会发展第十四个五年规划和2035年远景目标纲要》《"十四五"数字经济发展规划》《广播电视和网络视听"十四五"发展规划》《"十四五"国家信息化规划》等国家战略规划整体布局聚焦文化强国、网络强国战略目标，为未来五年视听新媒体高质量发展指明了目标任务和方法路径。《中华人民共和国民法典》《中华人民共和国未成年人保护法》《中华人民共和国著作权法》等多部涉视听新媒体法律相继生效或修订，针对广播电视法、文化产业促进法、网络犯罪防治法等法律法规，我们正加快其制订与修订的进程。我们已经建立了一个相互关联、相互协调的法规体系，涵盖了内容管理、数据治理、平台治理和网络安全等方面。这一体系为保障网络空间的秩序和安全提供了坚实的基础。在这个框架下，我们能够更好地规范和管理互联网内容，保护个人数据安全，加强网络平台管理，确保网络环境的稳定和健康发展。这不仅为数字时代的发展奠定了基础，也为未来的数字经济和社会治理提供了有力支持。此体系旨在为视听新媒体治理体系和治理能力现代化提供坚实的法治保障。特别是《中华人民共和国广播电视法（征求意见稿）》正式向社会公开征求意见，为确保网络视听活动的有序发展和规范管理，我们将把网络视听活动纳入广播电视活动的管理范畴。这样可以统一劣迹艺人管理、备案管理、片酬管理等方面的监管标准，实现网络视听和广播电视领域管理的一体化。我们将把相关监管实践上升为法律条文，以确保行业规范得以有效执行，维护网络视听活动的良性发展。这一举措不仅有助于加强行业自律，也为网络视听行业提供了更清晰的法律依据和监管框架，促进整个行业的健康发展。

二是行业规范更加垂直精准，强化对新技术应用的规范与引导。国家广播电视总局（以下简称广电总局）和相关部委相继制修订30多个部门规章和规范性文件，对电商直播、互联网用户公众账号、网络安全审查、反垄断、未成年人保护、个人信息保护等问题进行全面规范，为视听领域相关的大数据、人工智能、深度伪造等技术制订了更加细致、更具前瞻性的管理规定，法规政策制订和执行的系统性、整体性、协同性进一步增强，科学完备的行业规制体系构建加快，逐步实现视听新媒体各领域各环节全业态有法可依、有矩可循。如《互联网信息服务算法推荐管理规定》要求算法推荐服务提供者应当坚持主流价值导向，不得利用算法实施影响网络舆论、规避监督管理以及垄断和不正当竞争行为；《网络短视频内容审核标准细则》（2021）对照党的十九大以来宣传思想领域的工作部署，结合文娱领域综合治理的新要求，对原有21类100条标准进行了与时俱进的完善。

三是文娱领域综合治理深入开展，对行业沉疴痼疾实施重点整顿。主管部门贯彻落实中央影视业综合改革和文娱领域综合治理的工作部署要求，从严从实、标本兼治，我们将对涉及人员、企业、媒体等各类主体，以及内容制作、营销、引进、播出等各个环节的违法违规行为，坚决进行整治。2022年的"清朗"系列专项行动将进一步集中精力解决视听领域网络直播、短视频、MCN机构信息内容混乱和流量造假、黑公关、网络水军等问题。通过集中整治这些问题，建立更加规范和透明的视听行业环境，为行业的可持续发展提供有力保障。

（二）舆论宣传

隆重庆祝中国共产党成立100周年、深入开展党史学习教育，是2021年党和国家政治生活的大事。视听新媒体行业以主力军和主阵地的担当，紧紧围绕党和国家中心工作，做强做优网上政策宣传，唱响时代主旋律，壮大主流思想舆论。

一是主管部门强化舆论宣传统筹引导。广电总局精心组织建党百年网络视听主题创作和征集展播，继续实施"弘扬社会主义核心价值观共筑中国梦"主题原创网络视听节目征集推选和展播、优秀网络视听作品推选等活动，开展"唱支山歌给党听一首歌一座城"庆祝中国共产党成立100周年全媒体活动，营造隆重热闹喜庆的氛围。

二是视听媒体倾力打造宣传高地。视听新媒体行业牢记初心使命、积极担当作为，牢牢把握"党的庆典、人民的节目"定位，推出了《百炼成钢：中国共产党的100年》《中国梦·我的梦——2022中国网络视听年度盛典》等具有较大社会影响力的网络视听作品，在网络空间唱响了"共筑中国梦、奋进新征程"的主旋律。网络视听平台在最高优先级推荐入口开展庆祝中国共产党成立100周年大会等重大活动宣传，在首页首屏开设统一标识的"建党百年"主题频道，短视频平台开展"首屏首推工程"，做好排播展播。

三是创新元素让主题宣传入眼入耳入心。视听新媒体平台强化时代元素与新技术结合，让主旋律产生更高频率、正能量，获取更大流量。短视频征集推送直播答题活动、微博公开课、说唱歌曲等生动有趣的视听内容形式，不仅可以吸引更多观众的关注和参与，还可以丰富用户的视听体验，推动视听产业的创新与发展。这些形式的运用，不仅能够增加内容的多样性和趣味性，还有助于打造更具吸引力和影响力的视听平台，为用户提供更丰富的内容选择，促进视听产业的蓬勃发展。如 bilibili 上线党史学习教育问答"党史知多少"活动，抖音联合多个媒体账号积极开展建党百年党史教育以及党的十九届六中全会系列专题知识竞答直播活动，有效调动广大网民特别是青少年参与的积极性。

（三）内容创作

在政策调控、市场选择、网民需求等多重因素影响下，越来越多的视听新媒体从业者认识到商业价值和社会效益是紧密相连且高度统一的，而优质内容才是实现两者的根本，视听新媒体行业更加重视提升内容品质和价值引领，视听文艺创作向"质量本位"回归。

一是内容创作引导和管理机制持续优化创新。为了确保网络视听内容健康、有序发展，广电总局积极采取措施，进一步健全完善一系列管理机制，以巩固网络视听内容创作生产向上向好的态势。在重大题材规划引导机制方面，广电总局明确了鼓励和支持的主题和方向。通过定期发布指导意见和规划方案，引导网络视听内容创作者积极投身于具有时代价值、社会意义和文化内涵的创作之中。在内容审核与备案管理机制方面，广电总局加强了对网络视听内容的审核力度，严格执行相关法规和标准。通过设立专门的审核机构，配备专业的审核人员，对提交备案的网络视听内容进行严格把关，确保内容的合法性和合规性。在播出调控机制方面，广电总局根据市场需求和观众喜好，科学合理地安排网络视听内容的播出时间和频次。在节目评价机制方面，广电总局积极推动建立科学、公正、透明的评价体系。通过引入第三方评估机构、开展观众满意度调查等方式，全面了解网络视听节目的质量和口碑。同时，还鼓励社会各界参与节目评价，促进网络视听内容的多元发展和创新。头部网络视听平台积极响应广电总局的号召，继续加大对优秀创作主体的扶持力度。从资金、技术、宣推等多方面加大扶持力度。如芒果TV建成25个影视制作团队和30家"新芒计划"战略工作室，助力平台内容由"定制"向"自制"转型。优酷、腾讯视频、哔哩哔哩网分别推出"一千零一夜计划""2021年中国青年动画导演扶持计划""小宇宙新星计划"等，向行业征集创意，并提供各类支持。

二是主旋律内容量高质优，主题性创作与大众化表达取得新突破。视听新媒体行业围绕建党百年、脱贫攻坚、抗击疫情、北京冬奥会等主题主线，根据题材特点充分发挥新媒体接地气的叙事风格，创作了一批兼具主流价值和大众表达的优秀作品。网络剧方面，2021年现实题材网络剧占比约六成，如建党百年献礼剧《约定》、脱贫攻坚题材剧《黄文秀》《在希望的田野上》等网络剧激励新时代中国人自信自强、团结奋斗。网络纪录片方面，2021年上线《百年党史潮青年》《跨越时代的旋律》等21部党史题材网络纪录片，讲述党史故事、介绍党史人物、普及党史知识，从多视角、多维度反映波澜壮阔的百年党史。2021年，网络电影产业蓬勃发展，共推出了包括《浴血无名川》《藏草青青》《我们的新生活》在内的58部主旋律网络电影。这些作品通过网络平台传播，不仅为观众带来了更多优质的电影内容，同时也为主旋律电影的创作和宣传开辟了新的途径。这一举措进一步丰富了网络电影市场的内容形式，提升了网络电影的社会价值，为网络电影产业的发展注入了新的动力，分账票房破千万的作品数量大幅增加。

三是鲜明"网生特色"引导年轻人追梦圆梦。创作者更加重视用年轻人喜欢的表达方式，传递积极正向的价值观。

在形式上，网络微短剧发展势头强劲。年轻人是短剧创作和消费的主要群体。部分平台推出针对微短剧的分账合作与扶持计划，设立独立剧场和版块，如腾讯视频"十分剧场"推出了《大妈的世界》等轻喜微短剧。

在题材上，推理、时尚、电竞、说唱、冰雪运动等新题材和关注年轻人学习生活的网络视听内容增多。如《初入职场的我们》《令人心动的 Offer 第三季》等综艺探讨了年轻人职业选择、恋爱生活等话题；《我在他乡挺好的》等网络剧展现了大城市中异乡青年的写实生活；网络剧《冰球少年》和网络综艺《超有趣滑雪大会》等融合了年轻人喜爱的冰雪竞技元素。此外，泛知识视频引起广泛关注，主流网络视听平台均开设了知识类视频专区，涵盖生活、教育、人文、财经、军事等众多领域。如抖音上线"萌知计划"，扶持知识创作者；哔哩哔哩网邀请各领域名师入驻。

在人物形象上，更加注重塑造可感受、可共鸣的人物，展现青年一代在时代浪潮中的所作所为所感。如网络剧《黄文秀》讲述脱贫攻坚青年干部的责任和担当；网络纪录片《青春正当时》聚焦各行各业为祖国建设奋斗的年轻党员群体等。年轻人正成为网络视听内容创作的主体。

四是传统文化内容常做常新频"出圈"。视听新媒体的内容创作者通过运用先进的技术手段、独特的创意以及新颖的设计，将优秀传统文化与现代生活、当代审美以及当代价值观相融合，从而打造出富有时代特色、深受大众喜爱的优秀传统文化新型载体和表现形式。如河南广播电视台和优酷联合推出的"中国节目系列"利用创新性表达使传统文化"火"起来、"活"起来；河南广播电视台和哔哩哔哩网合作的网络综艺《舞千年》以"文化+剧情+舞蹈"的融合形式展现中华历史文化；网络动画片《非遗传承，少年敢当》则以当代青年传承国风手作等非遗手艺为切入点。行业持续深化对文化 IP 的多样化开发，探索实现更大传播效果和商业价值。例如，国潮晚会《小芒种花夜》通过现代声光电舞台回溯中华文化记忆，诠释优质国货品牌中蕴含的传统文化流变，推广优质新潮国货产品。

（四）产业发展

面对会员增速普遍放缓、内容成本居高不下、盗版侵权仍然存在、商业模式不够明晰等新旧挑战，视听新媒体行业积极调整创新，寻找新的增长点。

一是产业规模稳健增长，发展韧性足。网络视听收入实现大幅增长，网络直播、短视频等其他收入增长迅速，主要网络视听平台营收也均有不同程度增长。网络视听平台上市融资进程加速，网络视听也是独角兽企业竞争的火热赛道。

二是积极创新业态，迎来更加多元化的应用场景。长、短视频竞合关系持续存在，对用户的争夺加剧，均推出中视频、微短剧等融合创新型业态。用户规模仍呈扩大趋势。网络音频领域，以"云听""听听FM"等为代表的传统广播电台建立的网络音频平台，以喜马拉雅、荔枝FM等为代表的商业音频平台以及以凯叔讲故事、樊登读书等为代表的声音创作者平台三类主体竞争激烈。网络音频行业依托新技术不断完善全场景音频消费生态，多家网络音频平台在2021年积极探索与大型车企、智能家居以及可穿戴设备制造商合作，共同布局车联网和物联网生态。这不仅为用户提供了更加便捷的智能化生活体验，还为企业间的跨界合作提供了新的可能。通过整合音频内容和智能设备，将进一步丰富用户的生活场景，推动智能技术与传统行业的融合发展，为用户带来更加智能、便捷的生活体验。采取跨界合作的方式引入优质IP版权。如喜马拉雅与上海电影集团有限公司达成合作、蜻蜓FM与中文在线合作，扩大内容库。播客也成为重要赛道，如荔枝FM推出"荔枝播客"App、百度上线"随声"、腾讯对播客平台"播动"开启内测。

三是顺应文化与科技融合大潮，在增量环节持续创新。新产品方面，云演艺、云旅行、云游戏、云语聊、虚拟偶像演出等"云上视听"产品吸引力不断提升。沉浸文博、剧本杀等线下视听场景也不断拓展，如芒果TV的线下实景推理主题馆芒果MCITY的满场率高达100%。新生态方面，视听内容衍生产业链不断完善，剧场模式更加垂直细化。如芒果超媒成立独立电商平台"小芒电商"，多家电商平台与芒果TV的影视内容展开合作，实现了电商业务与影视内容之间的联动，形成了"种草+拔草"的闭环。在影视剧中展示产品，并在电商平台上进行商品推广和销售，用户通过影视内容种草购买产品，从而形成闭环式消费体验。同时，爱奇艺借助其"迷雾剧场"推出了手机壳、立体书、主题餐厅、剧木杀、线下体验区等产品，实现了影视IP与衍生品的深度结合。这种跨界合作不仅为用户提供了更丰富的消费选择和体验，也为企业带来了更多的商业机会和更大的增长空间。通过整合影视内容和衍生品，将进一步扩大用户对产品的认知和购买欲望，推动品牌的影响力和市场竞争力的提升。

（五）国际传播

《决议》明确指出，加快国际传播能力建设，向世界深入阐述中国故事、中国共产党故事，有效传播中国声音，推动人类文明交流互鉴，显著提升国家文化软实力和中华文化影响力，是我们必须落实的重要任务。作为易于打破文化、语言隔阂的传播形态，视听新媒体在中国加快国际传播能力建设，加大文化出海扶持力度的大背景下，以内容、平台和技术为抓手持续开拓国际市场，正成为国际传播主渠道。

内容方面，视听平台继续通过合拍、版权出让等方式扩大中国内容影响力，网络纪录片是国际合作最为成熟的领域之一。

平台方面，爱奇艺、腾讯视频、芒果TV、快手均推出了国际版应用，实现内容平台一体化进入国际市场，沉淀了数量可观的海外用户。华为等智能手机厂商依托规模庞大的手机用户，推动中国视听内容在移动端的国际传播，如华为视频已在华为终端覆盖量比较大的62个国家和地区陆续上线。部分平台在东南亚等多个国家和地区设立了本地运营团队和内容创作团队，持续增强本地化内容生产能力，如爱奇艺在东南亚推出自制剧集《灵魂摆渡·南洋传说》。

技术方面，中国互联网平台持续向海外输出技术解决方案，并助力中国企业出海。例如，阿里云在海外国家建设云数据中心，为海外国家的客户提供云计算和人工智能服务。

中国视听新媒体行业在近年来取得了长足的进步，无论是在内容创新、技术突破还是在用户规模上，都呈现出蓬勃的发展态势。然而，与国际市场相比，我们还面临着一系列问题和挑战。我们必须承认，中国视听新媒体行业在国际市场上的份额和出口规模相对较低，这主要源于我们在国际市场的影响力有限，以及缺乏具有全球竞争力的视听产品；内容海外版权售价低也是一个亟待解决的问题，这在一定程度上反映了中国视听新媒体行业在内容创新、品牌建设等方面的不足；视听平台全球辐射弱也是制约中国视听新媒体行业国际发展的重要因素。这些问题，既是挑战，也是机遇。在困境中寻求解决之道，视听新媒体行业一定会迎来新的发展。

四、数智视听新媒体发展的趋势展望

立足新发展阶段,视听新媒体行业需要深刻认识新形势新任务新要求,完整、准确、全面贯彻新发展理念,深化改革创新,加快构建新发展格局,推动高质量发展,走出发展"阵痛期"。坚持走健康可持续发展之路,提供强大的价值引导力、文化凝聚力、精神推动力,更好地服务党和国家工作大局。

(一)进一步完善精品视听内容供给

优化精品视听内容供给,需要深刻认识人民对视听新媒体的新需求。习近平总书记强调:"源于人民、为了人民、属于人民,是社会主义文艺的根本立场,也是社会主义文艺繁荣发展的动力所在。"[1] 目前,公众对更高质量和高水平的视听文艺精品的需求日益增大。数智视听新媒体行业面临的主要挑战已从内容数量的不足转变为高品质内容供应不足与低品质内容过剩。视听行业需要进一步增强文化自觉、坚定文化自信,用跟上时代的精品力作开辟文艺新境界,以文弘业、以文培元,以文立心、以文铸魂,推动社会主义文艺繁荣发展,在社会主义文化强国建设中扮演更重要的角色。

优化精品视听内容供给,需要加强优秀作品创作。新时代新征程是当代中国文艺的历史方位,视听新媒体要树立大历史观、大时代观,热忱描绘新时代新征程的恢宏气象。数智视听新媒体要把心、情、思沉到人民之中,用向上向善的文艺作品,使人民的精神生活更加充盈。数智视听新媒体要努力挖掘中华优秀传统文化的人文精神、思想观念,运用新技术新手段,使文艺创作呈现更有内涵、更有潜力的新境界。数智视听新媒体是讲好中国故事、讲好中国共产党故事、推动对外文化交流和文明对话的重要着力点,要发挥人文交流和内容产品价值传播优势,创作更多彰显中国审美旨趣、传播当代中国价值观念、反映全人类共同价值追求的优秀作品,提升视听国际传播效能,展示真实、立体、全面的中国。

扩大优质视听文化供给,提升视听公共服务适用性。习近平总书记强调:"发展公共文化事业,完善公共文化服务体系,不断满足人民群众多样化、多层次、

---

[1] 刘明. 坚守新时代文艺的人民立场 [EB/OL]. (2022-06-29) [2023-09-05]. https://news.gmw.cn/2022-06/29/content_35844306.htm.

多方面的精神文化需求。"①数智视听新媒体行业既有大量专业的制作传播机构，也有海量的产消者（Prosumer）。各类视听平台汇聚了大量的创作者，个性化的海量内容以令人惊叹的速度不断生产，不受地域限制，为全球各类用户提供着丰富的视听服务。数智视听新媒体行业需要充分调动各类资源，补短板、强弱项、提质量，优化优质视听资源配置，提供多样化个性化视听服务，提升公共服务适用性。一方面，助力"一老一小"共享信息化发展成果。数智视听新媒体行业需提高供给的精准性和有效性，优化未成年人和老年人的视听体验。另一方面，缩小城乡"数字鸿沟"，新媒体业态如短视频和电商直播在助力乡村振兴方面发挥了重要作用。这些数智视听平台，可以将乡村美景、传统文化和特色产品进行展示和推广，从而促进乡村经济的发展和传播村文化的传承。短视频和电商直播为乡村提供了更广泛的曝光和传播途径，吸引了更多的游客和消费者，带动了当地农产品、手工艺品等的销售和产业发展。同时，通过这些新媒体平台，乡村居民也可以更便捷地了解市场需求，学习经营技巧，提高自身的创业能力，这推动了乡村产业结构的升级和转型。这些数智视听新媒体业态的发展成果，为乡村振兴注入了新的活力，为农村经济的可持续发展和乡村文化的传承提供了有力支持。数智视听新媒体行业应继续推动优质内容向基层下沉、向乡村覆盖。

（二）进一步强化科技创新支撑引领作用

深刻把握数智视听新媒体前所未有的时代机遇，强化科技创新引领支撑作用。新冠肺炎疫情暴发之后，创新跃升为众多国家政府工作的核心战略，通过深化公私合作，科技和产业合作，以使命导向型、组合型、精准型的创新政策促进经济复苏和转型，加强对前沿技术和产业领域的布局以提升竞争力。党的十八大以来，中国数字经济规模连续数年位居世界第二。数字技术持续赋能创意、生产、传播、消费等全链条、全过程，推动视听新媒体产业突破各种介质、载体及时空界限，实现跨载体呈现、跨时空交互，并向实体经济领域辐射，逐步凸显出视听新媒体在支持其他行业发展方面的基础、催化和增值功能，形成以新型数字视听为基座的"大视听+"生态体系。这需要数智视听新媒体机构进一步坚持高起点、高标准，紧盯科技前沿，夯实技术基座，大力促进云计算、大数据、物联网、区块链、

---

① 人民网.公共文化服务水平不断提升（奋进新征程 建功新时代·伟大变革）[EB/OL].（2022-05-12）[2023-09-05]. http://politics.people.com.cn/n1/2022/0512/c1001-32419795.html.

IPv6、人工智能、5G等新一代信息技术革命成果在行业内广泛融合应用，提升视听内容制作、传播、存储、播出、消费全产业链条智慧化水平。

积极履行社会责任，努力实现社会效益和经济效益有机统一。视听新媒体服务已逐步成为文化信息消费领域的核心组成部分。展望未来，随着数字化与智能化技术的深入应用，数智视听新媒体的内容数量、用户规模及经济收益均有望实现显著增长，需要进一步优化升级产业结构，引导促进视听消费升级。数智视听新媒体行业必须深刻领会并深刻理解自身肩负的社会责任，积极对接国家的重大战略部署，展现出行业新风貌和广阔视野。行业企业应当自觉践行社会责任，传播积极向上的正能量，引导舆论导向，促进社会和谐稳定。在回报社会、服务经济社会发展的过程中，行业应当发挥积极作用，为社会的繁荣与进步作出更大的贡献。如坚持绿色发展，助力"双碳"目标。截至2022年3月，阿里巴巴、腾讯、百度等互联网公司均发布"碳中和"规划，将在2030年前实现自身运营碳中和。数智视听新媒体行业还可以通过信息技术提供的大数据消费分析、城市碳管理云平台等服务其他行业的减排。又如，助力灵活就业，推动共同富裕。数智视听新媒体平台通过创造"互联网营销师""电子竞技员"等新职位、传播行业知识等方式，有效带动就业，缩小区域差距，创造社会价值。相关机构测算，快手创造了创作者、主播、电商机构、MCN机构等就业机会3463万个。[1]

在数字化和智能化技术的浪潮中，主流媒体应发挥应有的作用，为推动深度融合和创新发展，积极做好规划部署。

（三）进一步数据联通，构建一体化底层支撑体系

在媒体融合的浪潮中，数据不仅是当下最为重要的生产要素，更是整个行业运营的基石。如何充分发挥数据的联通优势，已经成为媒体行业实现整体效益最大化的关键。近年来，一些媒体科技公司已经开始积极探索数据联通的路径，并取得了显著的成就。以新华智云为例，该公司在2022年推出了"中国农民丰收

---

[1] 中国人民大学劳动人事学院课题组.《短视频平台促进就业与创造社会价值研究报告》发布[EB/OL].（2022-03-09）[2023-09-05]. https://mp.weixin.qq.com/s?src=11&timestamp=1702620325&ver=4957&signature=pzHDy9vCcQfyNlI2397lY-8jlBA7ZBv8frXVwn7UWxfWnP-0WT4qSkyGi-2AIMCtl293hmcjfGBNthljNq32c-YCD4Z34I5j3yJMABiWsQX93ANOJrODsKr*PwSJ9GPv&new=1.

节共享媒资库"项目。该项目利用先进的算法技术智能聚合了媒资数据，为全国50多家媒体提供了智能化的"存储、管理、审核、应用"功能。这一创新举措不仅提高了媒体数据的使用效率，还大幅提升了媒体内容生产的质量和速度。因此，该项目荣获了王选新闻科学技术奖一等奖，充分证明了数据联通在媒体行业中的重要作用。

数据联通的重要性不仅体现在媒体内部，还体现在媒体与外部世界的连接上。在外部合作方面，数智视听新媒体也需要与政府、其他企业、咨询公司等建立更紧密的数据共享联系。通过与外部机构的紧密合作，媒体可以获取更广泛、更丰富的数据资源，为内容生产和技术创新提供有力支持。同时，这种合作模式也有助于优化数据资源的集成和整合，进一步增强媒体在数字化时代的竞争力。

（四）进一步强化跨界跨域合作，打通全产业链通道

基于规模化效应和延展效益，跨界融合和跨域融合已经成为媒体融合发展的趋势。这种趋势为媒体的创新发展注入了新的活力。

以湖南广电为例，他们巧妙地利用芒果系IP，多维度开发特色文旅资源，成功打造了一系列备受观众喜爱的综艺节目。其中，"密室大逃脱"和"明星大侦探"等综艺节目不仅在荧幕上取得了巨大成功，还衍生出了线下实景娱乐门店，为观众提供了沉浸式的娱乐体验。这种"媒体+文旅"的融合模式，不仅丰富了媒体的内容形式，也为文旅产业带来了新的发展机遇。同样，广东广播电视台与京东的战略合作也为媒体融合提供了新的范例。他们接入知名电商平台，销售推广湾区农特产品，不仅使农民的收入增加了，0也推动了乡村振兴建设。这种"媒体+电商"的模式，拓宽了媒体的商业渠道，也为电商平台带来了更多的优质产品，实现了互利共赢。此外，《南方日报》和南方+客户端也积极探索"媒体+生活服务"的模式，打造的"在+求职"服务应用及专属南方号，为群众提供了便捷的就业服务，打通了就业渠道。这种服务模式不仅体现了媒体的社会责任，也为群众提供了更贴心的服务体验。

在数智化融合阶段，数智视听新媒体需要勇敢地进行跨界合作。通过与智能技术企业、文化旅游创新企业等跨界合作，实现全产业链的衔接，从生产到消费等多个领域提升传播效率，实现各方共生共赢。这种跨界合作既可以带来更多的

创新资源和技术支持,也可以拓宽媒体产业的商业模式和盈利渠道。

　　善弈者谋势,善谋者致远。视听新媒体行业已发展二十余年,正处在价值变革、质量变革、效率变革、技术变革的关键时期,既需要脚踏实地抓当下,更要仰望星空看长远,统筹谋划,推动行业高质量、可持续发展。视听新媒体行业要以习近平新时代中国特色社会主义思想为指导,坚定文化自信,立高远之志、担时代之责,不断开创视听新媒体繁荣发展新局面。

结　语

在科技人文主义勃兴的时代背景下，生成式人工智能将颠覆人类传统的生活实践模式和认知观念。从当下视听媒介与国际传播的实践角度看，以互联网、大数据算法为基础的多元智能传播体系改变了传统的传播关系，从过去大量信息单向传播到如今交互式传播，人们的传播观念和行为方式已经转变。区域与国别、本土与地方、个体与群体的关系将被再度重塑。媒介是具有主体性的能动者，视听媒介多元化、特性放大化、传播策略多重化、运作主体资本化、接收主体移动化与智能化；受众发展个性化与主动化、信息匹配精准化、媒介本身与受众日渐一体化，诸多全新变化将成为当下视听媒介最明显的传播形态特征。

全球范围内人工智能技术的博弈、市场利益的驱使和竞争的结果会让视听媒介向高级状态发展。当前，外国媒体机构持续依靠雄厚的资本力量来实现视听媒体内部结构的升级和核心技术的创新，使其向更加人性化、品牌化、智能化、社交化、全球化方向发展。我国在党的二十大以后，也开始重视数字媒体经济及技术创新发展，通过并购、兼并或者合理重组等形式建立起新型视听内容产业链，使得各类视听媒体愈发呈现出灵活稳健的形态，依托数智技术在信息产品上打造品牌内容，以开放共享共建的平台赢得更多国际用户，且媒介本身的设计也会越来越趋于轻薄化、艺术化、智能化，甚至会成为人体内部构件，未来的中国视听媒介将更具国际核心竞争力。然而，不论是技术的创新升级还是资本的强势支持，视听媒介技术及媒体机构仍应该坚持以"人"为本，回归人本、人文主义的根基，在多屏时代及大数据背景中始终保持便捷、舒适、人性化、智能化的核心要素，提高人类的思考力和判断力，培育真善美价值观。值得注意的是，视听媒介技术的传播与迭代更替，可能也会引发一系列的问题，最有可能出现的问题是信息过载和受众个体价值消失。这可能会让受众感到手足无措，无法应对海量的信息输入。因此，提早意识到这种媒介情景状态，并有效培养受众的媒介素养，是每一个研究者需要努力思考的课题。

参考文献

[1] 曾祥敏. 视听传播主流媒体融合、社交、垂直、智能、沉浸、场景的逻辑演进 [M]. 北京：人民日报出版社，2023.

[2] 高宪春. 智媒生态下视听主流媒体发展研究 [M]. 成都：四川大学出版社，2023.

[3] 高红波. 电视媒介进化论 新技术应用对视听媒介的影响 [M]. 北京：社会科学文献出版社，2023.

[4] 尹鸿，梁君健. 视听传播与创意媒体研究前沿 [M]. 北京：中国社会科学出版社，2022.

[5] 国家广播电视总局网络视听节目管理司，国家广播电视总局发展研究中心. 视听新媒体蓝皮书 中国视听新媒体发展报告 2022[M]. 北京：中国广播影视出版社，2022.

[6] 庞亮. 视听传播：基于历史视角的考察 [M]. 北京：中国传媒大学出版社，2021.

[7] 周勇，赵璇. 跨屏时代的视听传播 [M]. 北京：中国人民大学出版社，2021.

[8] 王晓红，周结. 中国网络视频案例库 视听新传播赋能与进阶——中国网络视频年度案例研究 [M]. 北京：中国传媒大学出版社，2021.

[9] 高晓虹. 中国新闻传播研究 视听传播新图景 2022[M]. 北京：中国传媒大学出版社，2022.

[10]（美）马克·斯劳拉. 大冲突：赛博空间和高科技对现实的威胁 [M]. 黄锴坚译. 北京：中国人民大学出版社，2011.

[11]（英）安德鲁·查德威克. 互联网政治学：国家、公民与新传播技术 [M]. 任孟山译. 北京：华夏出版社，2010.

[12] 笑阳. 偷窥历史学家的书桌 [M]. 北京：中央编译出版社，2011.

[13]（美）威廉·麦克高希.世界文明史 观察世界的新视角[M].董建中，王大庆译.北京：新华出版社，2003.

[14]杨明品.广电蓝皮书：中国广播电影电视发展报告（2014）[M].北京：社会科学文献出版社，2014.

[15]（加）马歇尔·麦克卢汉.理解媒介——论人的延伸[M].何道宽译.南京：译林出版社，2011.

[16]黎斌.电视融合变革——新媒体时代传统电视的转型之路[M].北京：中国国际广播出版社，2011.

[17]郭小平.新媒体导论[M].北京：北京大学出版社，2014.

[18]（美）莱文森.数字麦克卢汉：信息化新千纪指南[M].何道宽译.北京：北京师范大学出版社，2014.

[19]（美）威尔伯·施拉姆.传播学概论[M].陈亮，等，译.北京：新华出版社，1984.

[20]（美）拉斯韦尔.社会传播的结构与功能[M].何道宽译.上海：复旦大学出版社，2011.

[21]（美）约翰·H·麦克马那斯.市场新闻业——公民自行小心？[M].张磊译.北京：新华出版社，2004.

[22]张绍刚.全球金牌电视节目解析[M].北京：北京大学出版社，2011.

[23]宋金宝.媒体融合与传播策论[M].北京：中国传媒大学出版社，2022.

[24]庞井君.中国视听新媒体的现状与发展趋势[J].新闻战线，2011，(09)：54-56.

[25]王珺.视听新媒体的"数字吸引力"美学建构与传播[J].未来传播，2023，30（05）：52-58.

[26]曾祥敏，张星再.对外话语重塑：视听传播动能激活与国际传播效能提升[J].当代电视，2023，(10)：94-98.

[27]涂凌波，边歌.建构新闻传播学自主知识体系视野下广播电视学的回顾与展望[J].中国新闻传播研究，2023，(01)：19-37.

[28]潘明歌.视听新媒体与电视媒体的互助与共生[J].当代电视，2015（6）：36-37.

[29] 王仝杰. 从"中国视听"平台建设看全国一体化传播体系的构建 [J]. 中国传媒科技, 2023,（09）: 11-14.

[30] 曾子雯. 时代洪流下的变革——媒体融合视域下的视听艺术数字化传播 [J]. 现代艺术, 2023,（08）: 126-128.

[31] 崔凯. 传统广播新闻节目如何提升传播影响力 [J]. 全媒体探索, 2023,（06）: 106-107.

[32] 陈鹏. 网络视听内容创新与海外传播研究 [J]. 现代视听, 2023,（08）: 20-21.

[33] 胡正荣. 网络视听精品新使命: 中华民族现代文明传播 [J]. 现代视听, 2023,（08）: 171-173.

[34] 许翠兰, 李丹阳. 碎片化传播时代的网络微视听 [J]. 现代视听, 2023,（06）: 4.

[35] 赵丽. 试论电视节目主持人的传播策略 [J]. 山西广播电视大学学报, 2010, 15（02）: 101-102.

[36] 余志为. 电视会消亡吗？——论新媒介格局下电视媒体的未来 [J]. 现代传播（中国传媒大学学报）, 2012, 34（09）: 19-23+50.

[37] 崔保国. 技术创新与媒介变革 [J]. 当代传播, 1999,（06）: 23-25+33.

[38] 刘卫东, 荣荣. 网络时代的媒介权力结构与社会利益变迁——以当代中国社会意识形态为视角 [J]. 新闻与传播研究, 2012（2）: 20-27+110.

[39] 高宪春, 解葳. 媒体融合背景下视听媒体创新途径再分析 [J]. 电视研究, 2014（1）: 62-65.

[40] 莫智勇. 数字传播媒介平台化与产业机制探析 [J]. 现代传播, 2015, 37（06）: 114-117.

[41] 景义新, 秦赞. 移动互联网条件下视听媒体的新形态、新特征及演进趋势 [J]. 中国电视, 2015（8）: 84-88.

[42] 高钢. 媒体融合: 追求信息传播理想境界的过程 [J]. 国际新闻界, 2007（03）: 54-59.

[43] 刘振. 浅析强、弱电视媒体联合中的品牌溢出问题 [J]. 中国电视, 2010（12）: 43-45.

[44] 石长顺，柴巧霞．人性化智能化：电视媒介的进化方向 [J]．视听界，2013（3）：17-21．

[45] 杨现．广电传媒与互联网巨头的融合之路 [J]．新闻传播，2015（13）：32-34．

[46] 周俊，毛湛文．敏感的螺旋：网络公共议题中敏感信息的传播渠道研究 [J]．国际新闻界，2012（5）：55-63．

[47] 谢天勇，张朋．以人为本的智能化传播——作为媒体的手机引发的传播变革与启示 [J]．淮北师范大学学报（哲学社会科学版），2011，32（06）：48-51．

[48] 崔凯．传统广播新闻节目如何提升传播影响力 [J]．全媒体探索，2023，（06）：106-107．

[49] 史迪菲．信息流广告的视听传播效果及优化路径研究 [D]．蚌埠：安徽财经大学，2022．

[50] 冶进海．变革中的视听媒体发展格局与传播形态 [D]．西安：陕西师范大学，2016．

[51] 张成瑞．论人工智能对视听信息传播的影响 [D]．哈尔滨：哈尔滨师范大学，2019．

[52] 卢一铭．融媒时代主流媒体抖音号情感传播研究 [D]．烟台：鲁东大学，2022．

[53] 张路路．微信阅读、视听内容的传播特征与影响探析 [D]．上海：上海师范大学，2016．

[54] 曹婷．新视听时代网络电视传播的建构 [D]．合肥：安徽大学，2010．

[55] 张晓东．视听语言在国际化传播中的功能优势 [D]．济南：山东师范大学，2010．

[56] 张佳．CGTN热门视频在国际网络视听平台的传播研究 [D]．成都：成都大学，2023．

[57] 李佳宜．行动者网络视阈下视听媒介传播研究 [D]．苏州：苏州大学，2021．

[58] 赖尔曼．模式、情境与体验：视听信息接触中的倍速播放行为研究 [D]．广州：暨南大学，2022．

[59] Anne Friedberg.The Virtual Window：From Alberti to Microsoft[M].Cambridge：The MIT Press，2009．

[60]Carolyn Marvin.When old technologies were new: thinking about electric communication in the late nineteenth century[M].New York: Oxford University Press, 1988.

[61]Erkki Huhtamo.Illusions in Motion: Media Archaeology of the Moving Panorama and Related Spectacles[M].Cambridge: The MIT Press, 2013.

[62]Jay David Bolter, Richard Grusin.Remediation: Understanding New Media[M]. Cambridge: The MIT Press, 1999.

[63]Lev Manovich.Cultural Analytics[M].Cambridge: The MIT Press, 2020.

[64]Siegfried Zielinski.Variations on Media Thinking[M].Minneapolis: University of Minnesota Press, 2019.

[65]Zhao Yinuo, Kang Yuxin, Guo Kun.Chinese New Media Stocks Liquidity Risk And Spillover Effect[J].Procedia Computer Science, 2022（214）: 1007-1014.

[66]Chun, Wendy Hui Kyong.Updating to remain the same: Habitual new media[M]. Cambridge: The MIT Press, 2016.

[67]Geert Lovink.Uncanny Networks[M].Cambridge Mass: MIT Press, 2002.

[68]Eugene Thacker, Alexander Galloway.The Exploit: A Theory of Networks[M]. University of Minnesota Press, 2007.

[69]Lev Manovich.The Language of New Media[M].Cambridge Mass: MIT Press, 2001.

[70]Lev Manovich.Cultural Analytics[M].Cambridge: MIT Press, 2020.

[71]Mike C.Poetry Unbound: Poems and New Media from the Magic Lantern to Instagram[M].Manhattan: Columbia University Press: 2020.